FORSCHUNGEN ZUR
PÄDAGOGIK
UND ANTHROPOLOGIE

Herausgegeben von
Otto Friedrich Bollnow, Wilhelm Flitner
und Alfred Nitschke †

Band 1

MARTINUS J. LANGEVELD

STUDIEN ZUR ANTHROPOLOGIE DES KINDES

3., durchgesehene und ergänzte Auflage

MAX NIEMEYER VERLAG TÜBINGEN
1968

1. Auflage 1956
2., erweiterte Auflage 1964

Druck: Fotokop Darmstadt
Einband von Heinr. Koch Tübingen

Inhaltsverzeichnis

Vorwort

Aus meinen Forschungen über die Anthropologie des Kindes habe ich mehrfach in Gastvorträgen an der Hamburger Universität berichtet. Das geschah auf Veranlassung von Wilhelm Flitner und im Rahmen seiner eigenen akademischen Arbeit. Meine Gedanken fanden bei seiner Studentenschaft, die auf glückliche Weise durch ihn vorbereitet war, vielfachen Widerhall, und unsere Zusammenarbeit entwickelte sich zu einem festen Brauch. Im Kreise der Hamburger Kollegen war ich zu Hause wie in meiner eigenen Fakultät. Nach Hamburg hatten mich schon früher die Namen von William Stern und Ernst Cassirer geführt, bei denen ich in den zwanziger Jahren gehört habe; jetzt fand ich zu meiner freudigen Überraschung auf meinem Gebiete eine noch erhaltene und wieder aufgerichtete Tradition und ein neues, produktives Gedankenleben vor.

Deshalb war es mir äußerst wertvoll, daß ich gerade von diesem Kreise aufgefordert wurde, einige meiner Untersuchungen ins Deutsche zu übertragen. Schon Theodor Litt hatte veranlaßt, daß meine Theoretische Pädagogik in Deutschland erschien (Klett 1951) — auch mit Litt verbanden mich, seit den zwanziger Jahren, alte Beziehungen aus der Zeit in Leipzig, wo ich bei ihm hören durfte.

In Bonn hielt ich 1950, wieder auf seine Einladung hin, einen Vortrag, aus dem mein Essay *Über das Wesen der pädagogischen Psychologie* entstand; er wurde in erster Fassung in der „Sammlung" abgedruckt. Umgearbeitet und fast um das dreifache erweitert, erschien er dann in holländischer Sprache in den *Acta Paedagogica Ultrajectina* (J. B. Wolters, Groningen). Jetzt kehrt er als neue Bearbeitung der dort erörterten Frage wieder in die deutsche Sprache zurück und bildet den zweiten, einer einleitenden Betrachtung folgenden Abschnitt dieses Buches.

Ein dritter Abschnitt schließt sich an diesen Versuch einer anthropologischen Klärung des Psychologie-Begriffs und einer Wiedergewinnung der Einheit des pädagogischen Denkens unmittelbar an. Diese Einheit war bedroht und ging oft verloren in der Scheidung von „Philosophie" oder „Ethik" und „Psychologie" als wesensverschiedener Quellgebiete einer Pädagogik ohne eigene, einheitliche Erfahrungsgrundlage, ohne einen Gegenstand eigener phänomenologischer Wesenserhellung und eigener systematischer Entwicklung. Dieser dritte Abschnitt gibt auf schlichte Weise ein Kapitel *Entwicklungspsychologie* vom pädagogischen Blickpunkt aus, wo die psychische Entwicklung nicht von vornherein gesehen wird als ein sich abrollender Schablonenzylinder, der mit autonomer, biomechanischer Gewalt seine Bilder abdruckt, sondern wo systematische Prinzipien der seelischen Entwicklung aufgezeigt werden, die von der vorgegebenen Tatsache des Menschen als immer schon irgendwie „erzogenen" Wesens ausgehen. Über den Menschen als „animal educandum" hatte ich schon im letzten Kapitel meiner *Einführung in die Pädagogik* gehandelt.

Noch einmal wird meine Auffassung über die anthropologisch vorbestimmte Einheit des pädagogischen und des sogenannten „psychologischen" Denkens beleuchtet in dem phänomenologisch entwickelten Abschnitt über *Das Ding in der Welt des Kindes*. Ich hatte darüber an der Universität Utrecht ein Semester lang gelesen, als mich Oswald Kroh einlud, nach Berlin zu kommen, um dort im Kreise seiner Studenten und sonstiger Interessenten einige Vorträge über dieses und verwandte Themata zu halten. Von diesen Vorträgen fand der über „Das Ding" unter seinen Studenten besondere Resonanz, und Kroh schlug sofort vor, sich für eine deutsche Veröffentlichung mit einzusetzen. Als Flitner mir dann die Gastfreiheit nicht nur seines Hauses und seines Arbeitskreises, sondern auch die einer von ihm mitherausgegebenen Schriftenreihe anbot, war es aus wissenschaftlichen Gründen wie aus Gründen der Gesinnung gegenüber der Berliner Studentenschaft gegeben, diesen Vortrag in erweiterter Fassung hier aufzunehmen. An anderer Stelle werden zwei weitere Berliner Vorträge erscheinen.

Daß die Fragestellung der Anthropologie des Kindes jung, ja kaum geboren ist, hängt auch damit zusammen, daß die *Entdeckung der wesentlichen Bedeutung des Kind-Seins* als Modus der Menschlichkeit jung ist und daß sich die menschliche Natur dagegen sträubt, mit diesen Tatsachen konfrontiert zu werden. Damit beschäftigt sich der letzte Abschnitt dieses Buches.

So lege ich dem deutschen Leser eine zusammenhängende Reihe von Arbeiten vor, die dem einheitlichen Wiederaufbau einer anthropologisch gegründeten und phänomenologisch vorgearbeiteten Pädagogik dienen soll. In der Einleitung zu diesen Beiträgen werden die Fragestellung sowie der Zusammenhang des Gebotenen systematisch entwickelt.

Utrecht - Holland, Sommer 1955 M. J. Langeveld

Zur dritten Auflage

Die vorliegenden Studien sind ein Beitrag zu dem Versuch, die Pädagogik anthropologisch zu begründen. Sie stehen damit in Deutschland nicht allein da. Die neueren Veröffentlichungen von Muchow, Loch, Andreas Flitner, Roth, Moritz und anderen zeigen deutlich das gleiche Bestreben.

In die zweite Auflage dieses 1956 zum erstenmal erschienenen Buches sind fünf Arbeiten neu aufgenommen. Sie behandeln bestimmte Einzelfragen des Themas. Zwei von ihnen, *Die Bedeutung des eigenen Körpers für das Selbsterlebnis des Kindes* und *Die „Projektion" im kindlichen Seelenleben,* habe ich früher bereits in der „Psychologischen Rundschau" veröffentlicht. Sie erscheinen hier jedoch verschiedentlich ergänzt und umgearbeitet. Besondere Freude macht es mir, daß mein Aufsatz über die Intelligenz aus der Festschrift für Theodor Litt („Erkenntnis und Verantwortung", Düsseldorf 1960) hier wieder anderen Lesern zugänglich wird. Der Aufsatz ist in dieser Auflage erweitert. Die Auflage enthält außerdem bei dem Aufsatz über die Intelligenz erstmals eine Bibliographie.

Auf Veranlassung von Kollegen und auf Grund ihrer Erfahrungen mit dem Buch in Seminarübungen habe ich die Anordnung der einzelnen Teile seit der 2. Auflage geändert.

Dem Verlag für Psychologie Dr. C. J. Hogrefe, Göttingen, und dem Pädagogischen Verlag Schwann, Düsseldorf, danke ich für ihre freundliche Zustimmung zum Wiederabdruck der drei Aufsätze, den Kollegen an deutschen Universitäten und Pädagogischen Akademien für ihre Hilfe und positive Kritik.

Bilthoven, Dezember 1967 M. J. Langeveld

I

Die Notwendigkeit einer Anthropologie des Kindes

(An Stelle einer Einleitung)

Es ist mit der wissenschaftlichen Entwicklung der Pädagogik im weitesten Sinne schlecht bestellt. Seit dieses Wissenschaftsgebiet im Laufe des 18. Jahrhunderts sich herauszukristallisieren begann, hat es an Ansätzen immer wieder als endgültig gedachter „Pädagogiken" nicht gefehlt. Es hat sich eine deutliche Aufgliederung der Fragestellung ergeben, wie sich das nicht anders erwarten läßt, wenn ein großes, bisher fast nur intuitiv oder allgemein philosophisch betrachtetes Gebiet ständig weiterbearbeitet wird. Es sind aber auch Probleme nebeneinander stehen geblieben, deren Wesenseinheit weder dem 18. noch dem 19. Jahrhundert bewußt waren. Im 20. Jahrhundert neu einsetzendes Denken, phänomenologisch der Methode und anthropologisch seiner Richtung nach, gibt dem Erziehungswissenschaftler Möglichkeiten, einen neuen Versuch zu wagen, gibt ihm nicht nur Werkzeuge in die Hand, sondern stellt ihm auch eine grundlegende Problematik zur Verfügung, die ihn – bereichert mit der Denkarbeit zweier Jahrhunderte – an die historische Stelle zurückführt, wo das Denken über das Kind sich zum ersten Male als *Grund*problem anmeldete.

Denn über das Kind wurde von altersher gedacht: freundlich, behaglich, streng, lieblos, aber meistens nur gelegentlich bei bestimmtem Anlaß. Das Kind war ein zu überwindendes Stadium – es sollte so schnell wie möglich aufhören dumm zu sein; es war ein liebliches Wesen; es war ein zukünftiger Bürger und deshalb ein Mittel zum politischen Zwecke und dergleichen mehr. Was aber war es nun *selbst?* Was für einen Sinn hat die einfache Tatsache, daß der Mensch klein beginnt, daß Mensch-Sein als Kind-Sein *anfängt* daß irgendwie „ursprünglich" – wie hat dieses Wort dem 18 Jahrhundert gefallen! – der Mensch *Kind* ist? Oder müßte man sagen, daß Kind wäre „ursprünglich" *Mensch?* Das letzte wußten wir schon bis zur problemlosen Selbstverständlichkeit, das war es eben, *daß* wir es wußten!

Ein Unbehagen aber blieb bestehen. Die Praktiker und die Theoretiker liefen aneinander vorbei, wie Wesen verschiedener Dimensionen, wie anständige dreidimensionale und gespenstische vierdimensionale Wesen glitt man durch einander hindurch. Verzweifelt und krampfhaft hat man immer wieder versucht sich zu treffen in der dreieinhalbdimensionalen Welt, und hat man sich gegenseitig Besuche erstattet.

So hat sich ein bloßes Nebeneinander, ein wohlwollendes Mit-aber-ohne-einander in der gespaltenen Struktur der Pädagogik gezeigt. Es gab einen Dualismus der Aufbauprinzipien – Ethik und Psychologie, oder Psychologie und Anwendungsgebiet –, wobei sich immer wieder feststellen ließ, daß man auf einmal anderswo gelandet war als man sich vorgestellt hatte: der Ethiker landete in der Seele des handelnden Menschen, wie der Psychologe in der Tatsache der Wertbezogenheit konkreten Handelns. Es gab anderseits eine apriorische Sicherheit religiöser Herkunft, die vielleicht im wesentlichen manches Richtige enthielt, die aber nur hinweisen, nicht überzeugen konnte. Denn in der religiösen Axiomatik ist über die Welt schon entschieden, im Prinzip ist alles klar, in *concreto* aber – und nur *so* konnte diese Sicherheit pädagogische Bedeutung gewinnen – muß alles noch in der Situation selbst entschieden werden. Selbstverständlich hat das Christentum gewußt, wie sinnvoll es ist, daß der Mensch als Kind beginnt. Eine Religion, die uns jedes Jahr wieder um die Krippe des Kindes zusammenführt, sollte davon schon wissen.

Aber was bedeutet dieses Kindsein nun *konkret?*

Die Bibel ist weder Lehrbuch der Naturwissenschaften noch der Geschichte oder Pädagogik. Es läßt sich aus ihrer „Wahrheit" keine „Mathematik" aufbauen, in der die Dogmen als Axiome auftreten, deren Anzahl jedoch nicht bekannt ist. Man kann jede menschliche Wahrheit im Lichte der Bibel sehen und ihre Sinnbezüge darin aufleuchten lassen. Es läßt sich fundamental aus der Bibel als Deutung von Weltsein und Menschsein schließen, wo die wesentlichen Integrationspunkte mit ihren zugehörigen Kraftfeldern liegen. Letzten Endes ist es aber *uns* ganz überlassen, mit unseren menschlichen Mitteln einander auf gleicher moralischer Ebene entgegenzutreten, in der vollen Demut unseres Verstandes.

Und so kommen dann die konkreten Fragen: Soll ein zehnjähriges Kind heiraten? – Es hat Jahrhunderte gedauert, ehe selbst die Sprecher der Kirche von einem allgemeinen und anscheinend konkret-unverbindlichen Wissen zu einem konkreten „Nein“ vorgeschritten sind.

Aber ebenso konkret fragt die Erziehung. – „Was ist das Spiel des Kindes?“ Und: „Darf es spielen?“ – Es hat Zeiten gegeben, wo die Leute ihren Kindern das Spiel aus religiös-ethischen Gründen verboten haben.

„Ist das Kind, bevor es die Sprache lernt, schon ein Mensch?“ „Und wenn nicht, ‚erzieht‘ man es dann schon in dieser vorsprachlichen Phase?“ „Wenn es aber schon Mensch ist, was für ein Mensch ist dieses sprachlose Wesen dann?“ „Wenn es stirbt, was stirbt dann: ein Über-Affe, ein Unter-Mensch?“ „Die Mutter stillt ihr Kind, und beide lächeln einander zuweilen an. Was ist das: ein gespenstisches Spiel zwischen Mensch und Tier?“ Das sind Fragen, die sich immer wieder und meistens in losestem oder gar keinem Zusammenhang aufdrängen. Die Bearbeitung dieser Fragen hat sich aber seit der Mitte des 18. Jahrhunderts aufgespalten, das eine Mal heißt sie „Philosophie“, das andere Mal sogar „Sprachphilosophie“, „Psychologie“ ein nächstes und „Pädagogik“ ein weiteres Mal. Manchmal auch heißt sie „Medizin“, „Psychopathologie“ oder „Psychiatrie“, oder man spricht von „Soziologie“, „kultureller“, „physischer“, „philosophischer“ „Anthropologie“. – Vor lauter Spezialisierung entsteht ein Vexierbild: „Wo ist das Kind?“ Das Kind ist tatsächlich nicht mehr da, solange jede Spezialwissenschaft es als Ganzes für sich beansprucht, solange – zu gleicher Zeit – jedes weltliche Interesse es für sich anfordert. „Weltliches Interesse“ als Kampf um Brot, um Prestige und um die Macht. Das Problem des Kindes aber fordert, daß man das Kind durchaus weder als Einsatz im Kampfe noch als Mehrzahl von Gegenständen einer Reihe von Sondergebieten betrachtet.

Damit ist schon eine erste Forderung, eine erste wissenschaftliche Abgrenzung in der Form seiner Wertanerkennung an uns herangetreten. Wir wissen: es gibt keine Wesenslehre des Kindes als Menschen, wenn nicht von einer Wertung aus. Es ist eine Wertung, die wir vollziehen, wenn wir sagen: wir wollen zunächst das Kind unabhängig von unseren Zwecken betrachten.

Aber ist nicht die Aufgabe der Medizin die Sorge für den *ganzen* Menschen und deshalb für das *ganze* Kind? Ist nicht das Objekt der Soziologie das ganze soziale Leben des ganzen Menschen, und umfaßt die Soziologie nicht sogar die Medizin und ihre Sorge mit, und fänden wir deshalb den ganzen Menschen mit seinem *ganzen* Kinde nicht in der Soziologie? In der Tat, so könnte man fortfahren, habe es die Psychologie dagegen nur mit einem „Teil“ des Menschen zu tun, und zwar mit dem, was man so seine „Seele“ zu nennen pflegt. Aber wer beschäftigt sich mit dem Mediziner als handelndem Wesen? Die Psychologie. Wer fragt, wie der Arzt in den Augen seines Patienten aussieht? Die Psychologie. Wer versteht die magische Wirkung des weißen Kittels? Auch die Psychologie. Wer versteht die sozialen Beziehungen der Menschen miteinander als seelische Tatsachen, als psychische Realitäten? Wiederum die Psychologie. Wenn freilich Psychologen und Soziologen krank werden, rufen sie den Arzt; solange Ärzte gesund sind, rufen sie die Psychologen und Soziologen ihrerseits nicht. Nur wenn der Arzt irrsinnig wird, ruft man den Psychiater. Die Psychopathologie kann jedoch nur bestehen, wenn es ein Bild des „gesunden" Menschen gibt, und eine Pathologie ist schwerlich die richtige Stelle für das Entstehen eines solchen Bildes. Ist aber das Bild des „gesunden" oder „normalen" Menschen nicht abermals *die* Aufgabe der Psychologie, und ist demzufolge nicht deutlich, wo wir das Bild des Kindes zu suchen haben?

Was Dichter und Denker aller Welt je Richtiges über das Kind gesagt haben, war es nicht „intuitive" Psychologie, und – wie so manche Intuition – eine voreilige, die erst psychologisch fundiert werden mußte? Hier wäre ja die Betrachtung des Kindes unseren Zwecken nicht unterstellt, wie wir es zuvor forderten!

Denn die Psychologie will nur wissen, was *ist* und was *geschieht*, und dieses will sie *aus den Ursachen erklären*. Dies aber ist überhaupt die Definition einer Wissenschaft; einer deskriptiv-analytischen, einer theoretischen Wissenschaft, einer Wissenschaft mit der vollen Selbstbeschränkung, mit der vollen Enthaltsamkeit ihrem Gegenstande gegenüber, die ihm nicht vorschreiben will, wie er zu sein hat.

Es muß aber noch einiges hinzugefügt werden. Dieser eine Gegenstand, der „Mensch", und *nur* er, ist der einzige in der ganzen Welt, der von sich aus nicht weiß, was er ist, und der einzige, der sich selber zu sagen hat, *was* er ist. Diese Tatsache selbst ist auch die Bedingung für die Möglichkeit der Psychologie. Sie wird jedoch nicht von der Psychologie, sondern von der Anthropologie festgestellt, weil diese den Menschen als solchen betrifft und nicht seine noch näher zu bestimmende Psyche.

Weiter muß gefragt werden, ob es dem Menschen genügt zu wissen, was er *ist*. Was soll das heißen, es sei ihm „genug" zu wissen, was er ist? Es würde einfach bedeuten, daß er zweierlei wüßte: erstens, was er zu sein hat und zweitens, was er jedesmal in *concreto* zu tun hätte, um zu werden oder zu bleiben, was er ist. Denn der Mensch kann manches sein, und wie die Erfahrung lehrt, muß er, um zu sein was er ist, sich dazu entschließen, es zu werden. Und wie Berdjaiew es kurz und trefflich formulierte: „La liberté engendre la souffrance"[1]. Es genügt anscheinend dem Menschen nicht, zu *wissen*, was er ist, denn schon um es wissen zu können, muß er sich zu eigenem Denken entschließen, und gerade diese Freiheit bindet ihn. Es gibt keine Selbstkenntnis des Menschen, die nur „kennt", das Sichkennen des Menschen bedeutet immer eine Bestimmung desjenigen, was er zu sein hat. Eine Anthropologie, die nicht eine *normative* Deutung des Menschen als Aufgabe seiner selbst ist, wäre nur eine Biologie. Sie käme zwar zum Organismus, aber nicht zum menschlichen Leben. Eine Psychologie, welche glaubt, sie könne als deskriptive Wissenschaft dem Menschen unmittelbar in seiner Selbstdeutung helfen, irrt sich und fällt einer leeren Prätention zum Opfer; sie wird Biologie. Wo die Psychologie glaubt, aus sich Normen hervorbringen zu können und dem Menschen sagen zu können, was er ist – wo sie also voraussetzt, sie wisse was er zu sein hat –, da unterschlägt sie die anthropologische Problematik und verirrt sich im besten Falle beiläufig und zufällig in die Anthropologie.

Sie kann dann irrtümlicherweise auch Richtiges behaupten. Wer aber im Einzelfall Unrichtiges behaupten kann, ohne im Wesentlichen unrecht zu haben, der muß von Anfang an die wesenhafte Doppeltatsache des Menschseins anerkennen. Wissen was der Mensch ist, bedeutet die Kenntnis eines *tat*bestimmten Sachverhaltes.

Die Theorie vom Kennen des Menschen bildet eine Wesenseinheit mit dem Seinsollenden. Die Wissenschaften, die sich mit diesen Fragen beschäftigen, sind auf die Praxis eingestellt, sie sind *praktische Anthropologien*. Nur *von ihnen aus* gesehen gibt es auch „theoretische" Anthropologie als Vorphase oder Zwischenphase des mit sich selbst beschäftigten menschlichen Geistes. Diese theoretische Anthropologie ist aber *Stadium*, Durchgangszustand des philosophischen Denkens, positive Wissenschaft ist sie nicht. Was da „deskriptiv" oder „normenfrei" heißt, ist nur *Methode*. So rückt die Phänomenologie an die erste Stelle und erst später und an abgeleiteter Stelle steht die „Psychologie" als Methode und als abgeleitetes Gegenstandsgebiet des praktisch-anthropologischen Denkens.

In der praktischen Anthropologie lassen sich verschiedene Gebiete unterscheiden. So kann die Lehre vom menschenwürdigen Leben Anlaß geben zu einer Lehre vom menschenwürdigen Gemeinschaftsleben. Sie kann eine Andragogik, eine Seelsorge, eine Politik, eine Lehre von der Krankheit, eine Lehre vom Verbrechen, eine Lehre von der Erziehung in allen Aspekten ergeben.

[1] „Freiheit zeugt Leiden", Esprit et réalité. Aubier, Paris 1943, S. 159.

Bei der Lehre von der Krankheit schließt sich die Medizin an, bei der vom Verbrechen die Kriminologie und die Lehre der Bestrafung, wie die der „Behandlung“ des Bestraften. Die Andragogik kann das Gegenstück zur Erziehungslehre sein, als Lehre von der Hilfe für den Erwachsenen, ein menschenwürdiges, ihm optimal erreichbares Leben zu führen.

In der „Seelsorge“ spricht sich eine Deutung des Menschen unmittelbar aus; sie spricht den leidenden Mitmenschen als irrenden oder als fehlenden Mitmenschen an. Sie will aber auch „zum richtigen“ Leben führen und enthält damit eine praktische Anthropologie in sich, auch wenn ihre Anthropologie eine theologische wäre.

Es ist verwunderlich, daß die Kategorie der „Entwicklung“ als Grundform des menschlichen Lebensaufbaus im Denken des Menschen über sich selbst so wenig Beachtung gefunden hat. Auch im anthropologischen Denken im engeren Sinne zeigt sich der Gedanke kaum, daß der Mensch als Kind anfängt. Diese Grundtatsache scheint zu selbstverständlich gewesen zu sein und zu weit abzuliegen von dem philosophischen und dem wissenschaftlichen Denken, das sich immer nur mit dem Menschen im allgemeinen beschäftigt. Recht spät und erst unter dem Einfluß von Denkern wie Rousseau tritt – z. B. bei Kant – das Kind als Mensch in der Philosophie des Menschen auf. Nur wenige Stellen sind es also, an denen man Ansätze zu einer Anthropologie des Kindes finden konnte. Weder die moderne Anthropologie, noch der Existenzialismus in seinen verschiedenen Formen hat dem Dasein des Kindes je Aufmerksamkeit gewidmet. Man findet dagegen gewisse Ansätze an anderen Stellen, hauptsächlich in der pädagogischen Literatur, die man, merkwürdig genug, nur ganz ausnahmsweise zum anthropologischen Denken rechnet.

Weiter finden wir Ansätze in der monographischen Literatur, welche sich mit anthropologischen Problemen beschäftigte, Problemen, die zufälligerweise einen genetischen Aspekt enthielten, welcher dazu veranlaßte, diese Entwicklung bis zur Kindheit zurückzuverfolgen, oder sie daraus hervorgehen zu lassen. So führte ein als differentia specifica des Menschen geschautes Merkmal, wie die Sprache, nebenbei zum Kinde hin. Das Spiel führte zum Tier wie zum Kinde hin, das Zeichnen zum Primitiven wie zum Kulturmenschen, aber wesentlich nur, um hier „das Menschliche“, dort „das Primitive“ oder „das Tierische“ zu ermitteln. Zum Kinde um des Kindes willen ging man nur selten. Deshalb verschwindet das Kind auch da, wo es als Begriff einen Augenblick möglich wird:

„Jugend, Reife und Alter sind die Schicksalsformen des Lebens, weil sie dem Entwicklungsprozeß wesentlich sind", sagt Plessner, aber damit ist die Jugend dann auch schon wieder abgetan[1].

Kann es dann noch überraschen, daß das Kind auch in den christlichen Anthropologien fehlt? Sogar in einem so systematisch-klaren, wenn auch in der Vernachlässigung der anthropologischen Kategorie der Entwicklung vom Kinde zur Erwachsenheit traditionellen Buch, wie dem des Abbé Jean Mouroux „Sens chrêtien de l'homme"[2], handelt es sich um „den" Menschen *in abstracto.* Nur William Stern hat tatsächlich auch in der Anthropologie das Kind bemerkt; aber sogar er hat nur flüchtig etwas Auffälliges an den kindlichen Lebenssituationen festgestellt. Dabei verlieren wir das Verdienst seiner klassischen *Psychologie der frühen Kindheit* nicht aus dem Auge. Jedoch auch bei ihm tritt das Kind in anthropologischem Sinne kaum auf. An zwei Stellen seiner *Wertphilosophie* (S. 259, 448) hat er jedoch schon etwas Wesentliches gesehen: „Aber diese Werthaftigkeit (sc. die besondere und unvergleichbare Werthaftigkeit der Kindheit) ist doch nicht Selbstwertigkeit: als ob „Kind-sein" schon ein letztes, in sich geschlossenes und nur auf sich zurückbeziehbares Wertphänomen wäre – sondern sie ist Entwicklungs-Strahlwert: Kind-sein ist eine besondere Ausstrahlung des Personseins und verkörpert dessen Selbstwert an seiner besonderen Stelle und in spezifischer Weise". Sicher eine wesentliche Bemerkung, die nur unausgearbeitet bleibt. Nur sehr flüchtig berührt Stern diese Problematik am zweiten Ort, wo er sieht, daß die Hilfsbedürftigkeit des Kindes einen Appell bedeutet, der zur Normrealisierung veranlaßt; daß die potentielle Selbstwertfülle des Kindes irgendein zugeordnetes Verhalten des Erziehers voraussetzt.

Es setzt sich aber in der Auffassung von dem, was ein Kind heißen darf, im Laufe der Jahrhunderte doch allmählich eine Humanisierung durch, die sich nicht auf eine allgemeine, etwa christliche Idee beschränkt oder auf die Poesie, auf elterliche Gefühle für das eigene Kind, auf bloße Nachwuchsbildung und derartiges. Es tritt in der Praxis der Erziehung selbst, der Fürsorge und Behandlung des Kindes ein tieferes Verständnis für das Kind als Menschen auf – eine wesentlich praktisch-anthropologische Entdeckung, der ein Sonderkapitel dieses Buches gewidmet werden soll. Aber noch immer kommt das

---

[1] Die Stufen des Organischen und der Mensch (Berlin – Leipzig 1928) S. 154.

[2] Aubier, Paris 1945.

Nachdenken über das Kind und seine Erziehung – und das heißt über seine Entwicklungsmöglichkeit – leicht in den Verdacht des Kindischen. Noch immer halten alte und weltberühmte Universitäten wie Oxford es für eine Ehrenpflicht, sich gegen Lehrstühle der Pädagogik zu wehren. Noch immer muß die Pädagogik fast überall um ihre Anerkennung kämpfen.

Das halte ich durchaus nicht für einen Zufall; ebensowenig scheint es mir durch zeitliche und vorübergehende Umstände bedingt. Die Erziehungswissenschaft bedeutet für den Erwachsenen eine Mahnung an die Treue des Erwachsenen dem Kinde als dem Schwachen gegenüber. Die Pädagogik vertritt eine Grunddeterminante des Menschlichen, an die der Erwachsene nicht gerne erinnert wird: das Schwache, Hilflose, dem man die Treue zu halten hat; das, mit dem man verbunden ist, weil man es ins Leben gerufen hat, oder das zumindestens nicht die Gelegenheit hatte, um seine Existenz zu bitten. Das Kind stört den Erwachsenen, es ist nicht von Wichtigkeit. Das Kind soll nur recht still sein und sich weder hören noch sehen lassen, es ist eine Frauenangelegenheit und schon deshalb der Aufmerksamkeit des männlichen Mannes nur vorübergehend würdig usw.

Die Pädagogik als überwiegend philosophische oder als überwiegend schulpraktische Angelegenheit hat ihre Zeit gehabt. Von der Philosophie hat sie zumindesten ein tiefes Verständnis für die anthropologische Problematik übernommen, und weiter für ethische, sozialphilosophische und religionsphilosophische Zusammenhänge. Von der didaktischen und schulpädagogischen Orientierung ist ihr die Wendung zum Praktischen überhaupt beigeblieben. „Philosophie“ bedeutet ihr aber nun in ihrer eigenen Grundbestimmung an erster Stelle und immer mehr: Anthropologie. Die Psychologie, die der Pädagogik als immer wertvollere Hilfsmethode zur Seite getreten ist, muß aber, will sie pädagogisch verwertbare und wertvolle Tatsachen beibringen, aus einer anthropologischen Sicht aufgebaut werden, deren Grundstruktur bestimmt wird von der pädagogischen Axiomatik. Eine vorläufig deskriptiv-phänomenologisch zu bestimmende Axiomatik ist hier gemeint. Und zwar diejenige, welche sich aus jener Grundtatsache der menschlichen Existenz entwickelt, die sich in dem einfachen Satz formulieren läßt: daß der Menschen klein anfängt und sich ohne Erziehung nie als Mensch konstituieren kann.

Von diesem Gesichtspunkte aus ist eine Revision unseres pädagogischen Denkens zu unternehmen, in der auch die Psychologie als Aspekt und Methode ein neue Bedeutung bekommt.

II

Die Vorgeschichte unseres heutigen Bildes vom Kinde

1. Einleitung

Wenn die Erwachsenen sich streiten, hat das Kind die Zeche zu bezahlen. Wenn die Erwachsenen mit sich selbst beschäftigt sind – und das sind sie meistens – ist das Kind der Leidtragende. Aber in allen Jahrhunderten haben Eltern ihre Kinder geliebt, wenn sie wirklich Eltern sein wollten[1]. Durch alle Jahrhunderte hindurch war die Welt eine Welt der Erwachsenen und haben die Schwachen, die Mütter, die Seite der Schwachen – ihrer Kinder und kranken Männer – gewählt. Die Schwachen suchten die Schwachen. Die Starken führten Krieg oder waren auf der Jagd nach Nahrung, Macht oder Geld. Kinder sind stets geliebt worden, aber sie hatten die Zeche zu bezahlen. Generationen haben ihre Kräfte zum Schutze des Kindes verbunden, aber wie kurz erst ist die Zeit, in der das Kind auch gesetzmäßig geschützt wird[2].

Die menschliche Anerkennung des Kindes blieb eine nie gesicherte Festung, und dadurch bewies sie, daß sie ein wahrhaft geistiges Gut ist, das sich nur bildet, indem man es verteidigt, dessen man als eines Besitzes nur sicher ist, wenn man es im Stande erhält und immer wieder neu gestaltet.

---

[1] Vgl. meinen Aufsatz in der Internationalen Ztschr. f. Erziehungswissenschaft I, 1 (1955): Das Erziehungsverhältnis der Eltern zum Kinde. Versuch einer phänomenologischen Studie.

[2] Vgl. J. C. Vleggert: De kinderarbeid. De geschiedenis van haar beperking door de kinderwet van Mr. Samuel van Houten. A'dam 1951. (Die Kinderarbeit. Die Geschichte ihrer Einschränkung durch das Kindergesetz).
P. A. v. Toorenburg: Kinderrecht en kinderzorg in de laatste honderd jaren. Leiden 1918. (Kinderrecht und Kinderfürsorge in den letzten hundert Jahren).

Es hat – wie wir sagten – lange gedauert, bis *die Anerkennung des Kindes als eines Menschen* begann, im gesellschaftlichen Leben *sich in objektiven, sachlichen* Formen zu verwirklichen, die den Druck der Zeit ertragen konnten. Es dauerte nicht nur lange, es war auch ein äußerst mühsamer Prozeß, bis man in Kategorien zu denken anfing, die dem Kinde gerecht wurden, dem Kinde als Menschen.

Verglichen mit der alten und ehrwürdigen Sorge für die Kontinuität der Gesellschaft und der Kultur, womit sich die Pädagogen und Didaktiker sowie die Philosophen und Politiker seit Menschengedenken beschäftigt haben, ist die Psychologie des Kindes jung wie ein Kind.

Den jüngsten Teil dieses Prozesses der Entdeckung des Kindes – sprach nicht Ellen Key (1901) von dem „Jahrhundert des Kindes"? – werden wir hier aus der Nähe betrachten. Wie nahe erscheint uns noch die Mitte des 18. Jahrhunderts; wie jung ist doch die Anerkennung des Kindes als Menschen, was für schwache Ansprüche kann unsere heutige Welt auf einfache Humanität stellen, die eine solche Anerkennung anscheinend doch voraussetzt. Wie sporadisch findet man bei dem philosophischen Anthropologen – sei er Christ oder Humanist – eine Andeutung davon, daß ihm die Tatsache, daß der Mensch als Kind anfängt, etwas bedeutet! Wie selten hat auch der Philosoph etwas über das Kind als wesentlichen Modus des Menschseins zu sagen! Eher noch spricht er darüber, was man aus dem Kinde „machen" soll, eher noch spricht er davon, daß der Mensch die Tatsache des Kindseins überwinden muß. Aber auch das nur selten, sondern meistens nur darüber, was der Mensch *nicht* ist und was er zu sein hat, um ein wahrhafter Mensch zu werden, – wobei dann merkwürdigerweise fast immer die Genese übersehen wird. Man ist anscheinend erst ein „vollständiger" Mensch, wenn man *kein* Kind mehr ist.

Und doch wählt die Bibel das innige Bild von Mutter und Kind, wenn Jahwe das Verhältnis zu den Menschen kundtun will (Jes. 49, 15–16 und an vielen anderen Stellen); und doch stehen am Anfang unseres christlichen Geisteslebens das *Kind* Jesus, der *Sohn* Gottes, die *Mutter* Maria, unser *Vater*. Unverkennbar hat die christliche Anschauung sich auch in der Welt des Kindes ausgedrückt. Allenthalben zeigt sich dies in Einrichtungen, Maßregeln und Gedanken.

Und doch, man weiß *soviel* besser, was ein Mensch ist und sein soll, als weshalb der Schöpfer diesen „merkwürdigen" Weg zu diesem Ziel über die Geburt des hilfsbedürftigen Säuglings gewählt hat, daß erst äußerst spät und langsam – nach jahrhundertealten zufälligen Ansätzen das Kind seinen Stuhl am Tisch bekam; und auch heute fehlt uns noch eine Anthropologie des Kindes! In einem Ausdruck wie „das Werden der Persönlichkeit“[1] bricht zuerst etwas von einer anderen Haltung dem Kinde gegenüber durch. Ein Gedanke übrigens, der durch lange Jahrhunderte hindurch vorbereitet wurde, der aber nur mühselig und gelegentlich seinen Platz fand unter vielen Denkern, die meinten, Wichtigeres zu tun zu haben, unter denjenigen, denen das Kind-sein nur Mittel zum Zweck oder eine biologische Gegebenheit war, zwischen den vielen, in deren Weltbild das Kind nicht vorkam, zwischen den vielen, denen in ihrer unmittelbaren Sorge für das Kind jede Möglichkeit zum systematischen Durchdenken verloren ging!

2. *Historische Grundlagen*

Das Kindesbild von heute ist ein später Sprößling dessen, was um die Mitte des 18. Jahrhunderts entstand. Jene Zeit greift nicht zurück auf den Gegensatz Erasmus-Luther, nicht auf einen Gegensatz, der noch innerhalb des Christentums liegt und der *anthropologisch* schließlich auf die Annahme einer autonomen Menschlichkeit herauskommt, die, da sie nun einmal so ist, wie sie ist, von Gott akzeptiert und von den Menschen gelebt werden muß, oder – bei Luther – einer Menschlichkeit, die nie aus dem Ich-Du-Verhältnis wegzudenken ist und die deshalb in ihrem Stehen-vor-Gott ihre Individualität erhält. Das 18. Jahrhundert wird stark von John Locke (1632–1704) beeinflußt und versucht tatsächlich, seine Kontroversen und seine Problematik ohne das Christentum, ja sogar dem Christentum entgegengesetzt zu sehen – was nicht besagt, daß es nicht auf die Dauer spezifisch christliche Gedanken ans Licht geführt hätte. Es ist Descartes' Tierbegriff – das Tier als unbeseelter Bewegungsmechanismus –, den man überwinden will. Und mit Recht überwinden will. Aber wenn das Tier aus dem Gebiete der reinen Ausdehnung zurückgenommen worden ist, kehrt es in der Alternative zurück ins Gebiet der Cogitatio, in dem es nun mit dem Menschen zusammenkommt. Die großen Lehrmeister des Enzyklopädismus, Leibniz (1646–1716) und Buffon (1708–1788), lehnten diesen Cartesianismus ab. „Die Menschen stammen von den Tieren ab“, sagt Leibniz, „diese von den

---

[1] Titel eines klassischen holländischen Erziehungswerkes des bedeutendsten niederländischen Pädagogen, Ph. Kohnstamm: „Persoonlijkheid in Wording“ Haarlem-Tjeenk Willink 1929.

Pflanzen und diese wiederum von den Fossilien, die sich ihrerseits herleiten von den Körpern, welche uns Sinne und Vorstellung als vollkommen leb- und formlos zeigen"[1]. Es ist gerade diese Kontinuitätslehre, die die Enzyklopädisten – und mit ihnen viele andere Denker in der zweiten Hälfte des 18. Jahrhunderts – besonders schätzen[2]. Buffon, der Vorbereiter des Evolutionismus, sieht – innerhalb der Welt des Organischen, die er sorgfältig von der des Anorganischen trennt – die Variabilität innerhalb des Zusammenhanges, und als eine der Varianten: den Menschen. An erster Stelle ist er Tier, sei es auch, daß er zu Reflexionen fähig ist[3]. Und obwohl Condillacs *Traité des Animaux*[4] sich dem Anschein nach sowohl gegen Descartes als gegen Buffon richtet, ist der Mensch im Grunde für ihn auch ein vernünftiges Tier, und er fällt sicher nicht in den Gegensatz zwischen Erasmus und Luther zurück. Damit soll man nun nicht die Vorstellung verbinden, daß die Güte der Natur und damit die natürliche Güte des Menschen mit der Aufklärungsidee notwendigerweise verbunden sei. So verteidigt z.B. Diderot den entgegengesetzten Gedanken, nämlich den vom Natürlich-Bösen: „Ich sage nicht wie Pope, daß alles gut sei. Das Böse existiert, es ist eine notwendige Folge der allgemeinen Gesetze der Natur"[5]. Helvetius bestreitet ausdrücklich Rousseaus Theorie über die natürliche Güte des Menschen (De l'homme Sect. V, ch. I). Ebensowenig soll man ihn in zu naher Verwandtschaft mit Diderot, d'Alembert und ähnlichen Denkern sehen. Es gibt vieles, das sie trennt[6]. Aber bei ihnen allen wird

[1] Vgl. Leibniz' Nouveaux essais, hauptsächlich IV, 16 § 22; De la nature en elle-même, und: Système nouveau de la nature. Vgl. E. Cassirer: Leibniz' System in seinen wissenschaftl. Grundlagen. Marburg, 1902, 3. Teil. Vgl. auch Pancratius Wolff: Cogitationes medico-legales (1697).

[2] Über die historischen Kategorien der Kontinuität, des Fortschrittes, der Entwicklung und ähnliche, um die es sich hier nicht handelt, vgl. das Buch von K. Löwith: Meaning in history, Chicago 1949; dt. „Weltgeschichte und Heilsgeschehen", Stuttgart 1953.

[3] Über Buffons Platz in der Geschichte der Evolutionslehre vgl. Perrier: Philosophie zoologique avant Darwin. Paris o. J. Sein Hauptwerk war sehr weit verbreitet: Histoire naturelle générale et particulière, 1749 und später. Ich benütze die Brüsseler Ausgabe der Oeuvres Complètes in 14 Bänden. Band V enthält die „Histoire naturelle de l'homme".

[4] Benutzt in der Ausgabe der Oeuvres complètes, V. Paris 1803; das Werk selbst ist aus dem Jahre 1755.

[5] R. Hubert: Les sciences sociales dans l'Encyclopédie. Paris 1929, S. 187.

[6] Vgl. A. Schinz: La théorie de la bonté naturelle chez Rousseau. Revue du XVIIIe siècle, Okt-Dez. 1923. Rousseaus endgültiger Bruch mit den Enzyklopädisten vollzog sich zwischen 1754 und 1757; 1758 war er schon definitiv.

der Mensch aufs neue zur Aufgabe; er kommt gerade durch den Kontinuitätsgedanken – an den sich später die Evolutionslehre und noch später die sogenannte „Entwicklungspsychologie" anschließen werden – in ein Verhältnis zum Tier, zum „Wilden", zum Kinde, zum Genie, zur Kultur, zur Gemeinschaft (zum Staat).

Die Bekämpfung und Ablehnung der Lehre von den „angeborenen Ideen" – an deren Stelle der Empirismus die Seele als „tabula rasa" zu sehen anfing – traf mit dem gerade angedeuteten Prozesse zusammen: der Mensch brachte in seinen angeborenen Ideen nicht zugleich auch die Praerogativen seiner Menschlichkeit mit auf die Welt, er mußte sich also damit zufriedengeben, ein Gattungsgenosse des Tieres zu sein – wenn auch mit bemerkenswerten Möglichkeiten[1]. Erst durch das Wegfallen des Gedankens, daß der Mensch einen „Naturschatz" mitbringe, welcher alles enthält, was ihn von selbst zum „Menschen" macht, wird die Frage einerseits nach seiner Erziehung, und anderseits nach seiner Entwicklung interessanter und dringender als je zuvor gestellt[2].

Aber noch ist dadurch die weite Verbreitung des Interesses für den Menschen und die aufkommende Welle des Interesses für das Kind nicht genügend erklärt. Die Sentimente des Pietismus und seiner gegenreformatorischen Variante, verkörpert in Pascal, der Geist des Rationalismus mit seinem auf Universalität und Kontinuität aufgebauten Weltbild, das Sentiment eines sich allmählich bildenden Evolutionismus, der Romantik mit ihrer Verlorenheit in den Tiefen der eigenen Seele – alle diese Stimmungen lösen in der westeuropäischen Menschheit jener Zeit in weiten Kreisen einander ab. Auf einem solchen Boden konnte sich sogar das widerspenstige Gewächs, das wir *die Anthropologie des Kindes* nennen könnten, entwickeln. Eine Anthropologie, die bald in der Verschiedenheit der Wissenschaften in einem Zeitalter des Spezialismus die Gestalt der Gegenstände der verschiedenen Sonderwissenschaften annahm: des Kindes *als* Patienten, des Kindes *als* sich entwickelnden, physiologischen Organismus, des

[1] Die Verwechslung des angeborenen, d. h. zum Kennen konstitutiv gehörenden Charakters der Kennformen oder Kategorien mit dem angeborenen Charakter von individuellen Eigenschaften (Erblichkeit) ist sehr verbreitet. Vgl. hierüber meine „Einführung in die theoretische Pädagogik". Klett, Stuttgart 1966, Anmerkung 52.

[2] Auch hier gibt es wieder einen wesentlichen Unterschied zwischen Helvetius mit seiner Auffassung, daß Anlageunterschiede dem außerordentlichen Einfluß von Umwelt und Erziehung gegenüber nicht wichtig sind, und Diderots systematischer Bekämpfung dieser Auffassung, expressis verbis gegen Helvetius gerichtet.

Kindes *als* Objekts gesetzlicher Beschützung, des Kindes *als* psychologischer Erscheinung usw. Es war nur die Pädagogik, und zwar besonders die Pädagogik, die sich ihrer prinzipiellen Axiomatik bewußt war, welche daran festhielt, die Anthropologie des Kindes als solche zu sehen, als Grundlage und Integration aller spezialistischen Bemühungen. Unsere Zeit wird insofern durch die unmittelbare Gefahr bedroht, das Kind auch in dieser Hinsicht zu verleugnen, als sie es unter dem Motto von „psychischer Hygiene", „klinischer Psychologie", „Psychotherapie", „Psychoanalyse", „angewandter Psychologie" oder wie man sie sonst nennen mag, mehr oder weniger positiven Spezialisierungen ausliefert, die, wenn sie nicht in einer normativen Anthropologie des Kindes integriert sind, nur gefährlich sein können. Darin ist unsere Zeit aufgeklärter als die Aufklärung selber.

3. *„Die Menschenpuppe"*

Es mag aus dem Vorhergehenden deutlich geworden sein, daß das Kind wieder eine Chance bekommt, respektables Objekt der Beschäftigung von Gelehrten zu werden. Die dabei historisch auftretende Sehnsucht nach „der neuen Gesellschaft" vergrößert einerseits die Ablehnung des „Ausgewachsenen" (Erwachsenen), der als reaktionär oder tyrannisch angesehen wird, und vertieft anderseits die Hoffnung auf eine neue Menschheit.

Der hieraus entspringende Wunsch, den Zögling dahin zu lenken, wo man ihn haben will, ist noch naiv und ohne politische Hintergedanken. Um die Bewegung der Menschenpuppe zu lenken, muß man die Fäden kennen, an denen sie sich bewegt, sagt Helvetius. „Il ne s'agit que de perfectionner la science de l'éducation"[1].

Hier ist die Rede von Regierung und Gesetzgebung. Das Kind und seine Erziehung sind hier nur Mittel zum Zweck: das Heranbilden von aufgeklärten Bürgern in einem aufgeklärten Staate. Diese Bürger und dieser Staat verkörpern und offenbaren also die eigentliche Ordnung der Natur, die nichts anderes ist, als der „ordre de Dieu".

Erziehung läuft bei den meisten Denkern noch immer hinaus auf das sorgfältige Einpassen in die „ursprünglichen", die „eigentlichen" Lebensverhältnisse[2], die der Philosophen und Politiker. Die Lebens-

---

[1] Cl. A. Helvetius: De l'homme, de ses facultés et de son éducation, Londres (Amsterdam) 1772. Introduction I.

[2] Vgl. z. B., was Spranger über Pestalozzi schreibt in: Pestalozzis Denkformen. Hirzel, Stuttgart 1944. 36–37.

verhältnisse sind genau so ursprünglich und göttlich – und deshalb endgültig – wie die ursprüngliche Natur des Menschen, die dem Kinde, wie man meinte, mitgegeben war.

Es ist auch möglich, daß gerade die Lebensumstände als verhängnisvolle Widerstände gegen die Natur gesehen werden[1].

In beiden Anschauungsweisen liegt die Anerkennung einer immanent in den Menschen gelegten individualisierenden Kreativität („er kann selber jemand sein") und eines dem Menschen gegebenen „Umstandes", in Beziehung wozu er selbst sein kann, und zu welchem er in einer gegenseitigen Zuordnung steht.

Niemand zweifelt an der weitgehenden Plastizität der menschlichen Natur. Eher noch zu selbstverständlich als nicht selbstverständlich genug wird dementsprechend die Erziehbarkeit des Kindes gesehen. Aber wie wenig vorherbestimmt der Mensch auch sein mag, es gibt doch so etwas wie eine Erziehung, die den „natürlichen Gegebenheiten" einer Entwicklung „gemäß" sein soll und für welche die Natur doch irgendwie die Gesetze vorschreibt. So sehen wir bei Basedow zwar die Seele als „tabula rasa", aber zugleich eine der Natur gemäße Erziehung[2], ausgehend von „dem Einfachen" und „dem Natürlichen", die das Kind – dank diesem Ausgangspunkte – nun doch natürlich erzieht. Ein Didaktizismus, den wir gleichfalls bei La Chalotais[3] finden, während auch Helvetius die größte Empfindsamkeit der „Natur" für die Erziehung und Umstände zeigen will[4] – ein Lamarckist vor Lamarck!

So taucht der Gedanke an ein erziehbares Wesen in dem Verhältnis Mensch – Natur, Natur – Mensch – Umgebung immer wieder auf. Und allmählich dämmert eine anthropologische Unterscheidung und Lokalisierung des Kindes herauf. Dies zeigt sich in der Form eines durchbrechenden Denkens über die Jugend als einer Entwicklung, in der man auch Stufen unterscheiden kann. Bei Rousseau sehen wir diesen Gedanken in dem Grundriß seines *Emile* (1762); bei

---

[1] So Rousseau; vgl. *Bertrand de Jouvenel:* Du Contrat Social de J. J. Rousseau. Bourquin, Genève 1947, Seite 62f.

[2] Methodus erudiendae juventutis naturalis. Cap. II: in Pro summis in Philosophia honoribus rite consequendis in usitatam eandemque optimam honestioris iuventutis erudiendae methodum . . . publice predicandam dabit J. J. Basedow. – Kiliae 1752. Dieses „der Natur folgen" finden wir natürlich schon viel früher in weniger bestimmter Form, z. B. bei Vergerius, Da Feltre, Erasmus, Vives.

[3] Essai d'éducation nationale. 1763.

[4] De l'Esprit. 1758.

Herder in seinem *Reisejournal* von 1769[1], worin er sich romantisch eine Schule erträumt und schon geahnte Entwicklungsphasen zeigt.

Bei Arndt in der frühen, bei Fröbel in der späten deutschen Romantik sehen wir die Periodisierung als deutliches Problem. Man braucht sich nur den „bestseller"-Erfolg des *Emile* zu vergegenwärtigen, um zu verstehen, daß durch dieses Buch bei sehr vielen der Gedanke aufkam, die Kindheit als Entwicklungsform der Menschheit zu betrachten – übrigens ein Gedanke, der sich auch selbstverständlich an die Erfahrung jedes Laien anschließt, der während einer bestimmten Zeit einmal ein Kind beobachtet oder sein eigenes Leben überdacht hat. Auch durch den Streit gegen die alte autokratische Erziehung, gegen die Jesuitenschulen, und für eine neue autoritäre Er ziehung – die der nationalen Staaten im ersten Stadium des Liberalismus – für eine Erziehung, die allen Kindern des Volkes zugute kommen sollte, wurde man auf das Kind aufmerksam gemacht. Auf das Kind als künftigen Staatsbürger, und also nicht selten, hauptsächlich bei den Revolutionären jener Zeit, auf das Kind als Eigentum des Staates[2]. Wer eine Erziehung durch Geistliche oder „die Kirche" ablehnte, befürwortete eine Erziehung durch „Laien" und „den Staat", aber diese Staatspädagogik war vorläufig noch Exponent eines Kampfes, vornehmlich gegen die Jesuiten[3].

Doch finden wir bei demselben La Chalotais, der eine Erziehung durch Laien, beaufsichtigt durch den Staat, so sehr befürwortet, eine Einteilung der Schulkinder nach Altersgruppen, die von einer nüchternen Anerkennung des Kindes und einer beginnenden Einsicht in das Kind zeugt. Hier greifen pädagogische, didaktische, schulorganisatorische und sozialpolitische Gedankengänge ineinander.

Die didaktische Entwicklungslinie hat selbstverständlich von altersher eine Bereitschaft zur Entdeckung des Kindes herbeigeführt. Bei David Fordyce[4] z.B. finden wir schon *vor* Rousseau eine sorgfältig ausgearbeitete Einteilung der Entwicklungsphasen. Aber das

---

[1] Vgl. die Ausgabe von Herders Werken bei B. Suphan (Berlin 1877–1913, 33. Bd.) Bd V, wo Herder sich lobenswert um eine Anthropologie des Kindes bemüht.

[2] Vgl. z.B. La Chalotais. (1707–1785): Essai d'éducation nationale ou plan d'études pour la jeunesse, 1763.

[3] Vgl. La Chalotais: Zwei Gutachten für das englische Parlament (1762). S. über den Zusammenhang des in der vorhergehenden Fussnote genannten Werkes mit dem hier Erwähnten: Paul Hazard: La pensée européenne au XVIIIe siècle (Boivin, Paris 1946), Bd. I S. 270.

[4] Vgl. seine *Dialogues concerning education*, I (1745); II (1748).

war im Lande des Empirismus. Wenn man daneben einen französischen Didaktiker wie Charles Rollin[1] betrachtet, findet man den typischen Vertreter der klassischen Sprachen als einzigen Lehrstoffs, gelernt nach der Methode der gelehrten und ungelehrten Einprägung. Die Schüler spielen keine andere Rolle als die von mnemotechnischen Weckgläsern; ihre Persönlichkeit ist ohne Bedeutung, sie ahmen nur nach, empfangen passiv und ehrfurchtsvoll, was der Lehrer ihnen aufgibt. Man mag Lockes Empirismus ablehnen, Rollin aber hätte von ihm nur Vorteil gehabt! Er stellt nur fest, daß Lockes Kenntnis des Griechischen „ungenügend" sei, und daß er merkwürdige Ansichten habe, die man nicht immer annehmen könne.

Der Gedanke einer „natürlichen" Entwicklung, welcher die Erziehung nur zu folgen brauche, bricht kurz danach durch; und er lenkt – bei aller Kritik, die man sonst gegen ihn vorbringen kann – im Didaktischen in erfreulicher Weise die Aufmerksamkeit auf das Kind.

Hier, im Handwerk und Beruf des Schulmeisters, liegt seit Jahrhunderten das Gebiet, wo trotz vieler Verkennung schließlich auch die Anerkennung des Kindes und seines Wesens gute Fortschritte machte. Daran nahm auch der Arzt endlich teil; der Psychologe erschien dann im Laufe und hauptsächlich erst am Ende des 19. Jahrhunderts am Horizont.

4. *Fröbel*

Ein Pädagoge wie Fröbel hat dem Kinde ohne Zweifel wirkliche Aufmerksamkeit geschenkt. Es war ihm das „Ursprüngliche", das „noch Unverdorbene", das durch seine junge Reinheit den wahren Sinn der Welt und des Menschseins noch in unangetasteter Form „ahnen" konnte.

Fröbels systematischer Aufbau seiner Erziehungs-„Methode" stellt – buchstäblich verstanden – seine Arbeit zwischen Pädagogik und Didaktik. Daß er die Mutter so stark in die Erziehung mit einbezieht, hebt das Erzieherische mehr hervor, daß sie aber eine so präzis in Reihenfolge und Ausführung festgelegte „Serie" von „Spielgaben" und spielähnlichen Beschäftigungen absolvieren muß, verschiebt den

---

[1] Traité des Etudes, 1726–1728. Bei seinem Zeitgenossen De Crousaz sehen wir schon die Kritik an den didaktischen Methoden seines Landes und seiner Zeit. Vgl. seine *Nouvelles maximes sur l'éducation des enfants*, 1718, und: Traité de l'éducation des enfants, 1722.

Akzent wieder auf das Didaktische. Für die Schule liegt darin eher ein Gewinn als für die Familie. Man darf aber nicht übersehen, daß die Spielgaben das Kind in den metaphysischen Sinn und die Sinnzusammenhänge des Kosmos einführen sollen. Systematisch gesehen liegt der Kernpunkt von Fröbels Denken im Symbolbegriff; die Welt der Erscheinungen ist symbolisch die Welt der erscheinenden Verborgenheit. Jede der Spielsachen ist eine konkrete Gestalt einer Reihe sinngebender Ordnungsformen der verborgenen Welt; der eigentliche Sinn ist anschaubar. Der ganze Aufbau von Fröbels Denken folgt deshalb dieser „eigentlichen" Ordnung und ihrer sinngebenden Struktur. Eine Art prästabilierter Harmonie zwischen der sachlichen und der psychischen Ordnung wird vorausgesetzt. Was „einfach" ist in der einen, muß es irgendwie auch in der anderen Ordnung sein. Bei Fröbel ist die Einfachheit des Einfachen immer zugleich ein Reichtum an Sinnbeziehungen. Das Kind ahnt sie. Oder – könnte man sagen – es ahnt sie gerade *nicht*. Fröbel überläßt dem Kinde das Spiel auch nicht passiv. Er setzt eine feste Reihenfolge, er gibt stereotype Lieder, er gibt Anweisungen, wie man alles tun soll. Man darf Fröbel sicherlich nicht vorwerfen, daß er sein aus Sachanalyse geborenes, symbolisches Spielzeug und seine Spiele nicht an Kindern versucht hätte; man darf ihm noch weniger vorwerfen, daß ihm das Kind nicht lieb wäre. Aber nichtsdestoweniger beherrscht der Apriorismus der *Sache* seine Erziehungsmethoden völlig. Innerhalb des objektiven Idealismus ist das übrigens vollkommen verständlich: dieselbe geistige Ordnung ordnet die Sache (d.h. ermöglicht ihre Kenntnis), die auch die Seele selbst zu dem macht, was und wie sie ist. Es spielt bei Fröbel keine Rolle, daß diese Auffassung keineswegs die Notwendigkeit einschließt, daß innerhalb des Sachlichen und innerhalb des Seelischen das Verhältnis „schwer-leicht" mit gleichem Maße gemessen wird. Das Einfache ist bei ihm zugleich das Konkreszente, d.h. das noch nicht abstrakt Differenzierte, und deshalb ist er, obgleich ihm eine klare Einsicht in die gerade angedeutete *eventuelle* Inkommensurabilität fehlt, nicht sehr weit entfernt von dem, was didaktisch möglich ist. Denn das Anfängliche bedeutet ihm *nicht* das durch Abstraktion vereinfachte, sondern das durch Konkreszenz Inhaltsreiche.

Dies wird durch die Verbindung mit dem Handeln noch verstärkt: Das Kind und sein Spielleiter *handeln* mit dem Ball, der Kugel, dem Zylinder, dem Würfel, usw. In der Handlung bleiben allerlei rational mögliche Unterscheidungen und Sinnbedeutungen enthalten.

Wenn Fröbel mit der symbolischen Bedeutung nicht ausdrücklich das *Un*begriffsmäßige, das „Ahnen" verbunden hätte, was für ein hoffnungsloses Philosophieren mit Kleinkindern hätte er uns dann vorgelegt! Was würde jemand, der nicht eingeweiht wäre in seinen mit der frühen Romantik verbundenen Idealismus, dann mit einer solchen Geheimlehre und ihrem Intellektualismus haben anfangen können?

Aber – bei aller Bereitschaft, die tatsächliche Nachwirkung Fröbels aus rationalen Gründen zu erklären – ein wohldurchdachtes Verständnis für das Kind als sich entwickelnden Menschen, wobei die Entwicklung nicht identisch ist mit einem kosmisch-mathematischen Deduktionsprozeß, finden wir bei Fröbel nicht. Wir finden es nicht, da ein solches Verständnis unvereinbar wäre mit Fröbels ganzem Weltbilde. Der Mensch als ein Teil der Welt folgt selbstverständlich den Gesetzmäßigkeiten dieser Welt. Nur sind diese Gesetzmäßigkeiten wesentlich alle einer Art und also hierauf zurückzuführen, sind sie doch alle mathematischer Art. Sie sind Ausdrucksformen eines göttlichen Geistes, der mathematisch „vorgeht". Das Verstehen dieser Welt ist das Verstehen dieser Gesetze und der Weise, in der sie sich sinnvoll in konkrete Form kleiden und verbergen[1].

Der Forschung nach der psychischen Entwicklung des Kindes als einem Objekt als solchem steht die Voraussetzung im Wege, daß diese Entwicklung sich von der Ordnung der Welt ablesen läßt und wesentlich identisch ist mit dem Verhältnis des „logisch-Einfachen", „Fundamentalen", zum Differenzierten, Abgeleiteten. Es ist für Fröbel deshalb selbstverständlich, daß die individuelle Entwicklung die der Menschheit wiederholt – was später als „biogenetisches" Grundgesetz formuliert worden ist – während die Entwicklung der Menschheit für ihn nichts anderes ist als ein Aspekt der Selbstentfaltung des Kosmos. Da nun buchstäblich alles sinnvoll und „gut" ist, besteht auch hier kein Anlaß zur Untersuchung der individuellen Entwicklung, die „die ganze Menschheit . . . auf eine ganz eigene, eigentümliche, persönliche, in sich einzige Weise *darstellt* und *ausprägt*". Obwohl Fröbel das Kind also wirklich beobachtet und vieles verstanden hat, tritt es bei ihm doch nicht als empirisches Wesen an sich hervor.

---

[1] Vgl. E. Spranger: Aus Friedrich Fröbels Gedankenwelt. Abh. d. Preuss. Akad. d. Wiss. (Phil.-hist. Klasse) 1939, 2; gesonderte Ausgabe, 1951, S. 28, und O. F. Bollnow: Die Pädagogik der deutschen Romantik, Kohlhammer – Stuttgart 1952, S. 194ff., besonders S. 197f.

Anthropologisch wie auch psychologisch berührt er manchmal recht wesentliche Probleme[1], aber im Ganzen seines romantischen, pantheistischen Idealismus löst sich alles wieder auf in das All-Eine und seine geheimnisvolle Dynamik. Eine Dynamik, die sich nach mathematischen Prinzipien entwickelt und offenbart.

5. *Pädagogische und soziale Notstände erwecken die Aufmerksamkeit*

Wir verlassen nun einen Augenblick den Unterricht und die Didaktik und wenden uns jetzt einem anderen Gebiete des Kinderlebens zu, wo die Institutionalisierung weniger weit fortgeschritten ist. Zuerst kann man an die Familienerziehung denken. Natürlich hat die kindliche Eigenart da von altersher eine gewisse Anerkennung gefunden[2]. Wie jung ist aber der Schutz gegen eine frühzeitige Aufnahme des Kindes in das Arbeitsleben (in Holland z.B. seit 1874), wie jung ist das Verbot der Kinderehen, wie unausgesetzt wachsam muß die Kinderfürsorge sein, wie ununterbrochen spricht man von der Beschützung oder Wiederherstellung der Familienerziehung. Dies alles deutet darauf hin, daß wohl in der Familienerziehung immer ein gewisses Bewußtsein über die Würde des Kindes bestand, daß aber zu gleicher Zeit doch ununterbrochen eine wachsame Gemeinschaft darauf merken mußte. Damit erhebt sich die Frage, wann sich die Gemeinschaft ihrer Aufgabe bewußt wurde – und wir wissen, daß das spät war. Mißstände mußten in Massen auftreten, bevor der Staat aufmerksam und aktiv wurde und das geschah erst, nachdem die Formung der großen Volksmassen Gestalt anzunehmen begann in der Kette der Folgen der Industrialisierung. Aber es gab auch Vorläufer, nicht nur seit Jahrhunderten in den Waisenhäusern, sondern auch in der Sorge für die Taubstummen (De l'Epée seit 1765; 1778 gründete Samuel Heinecke die Taubstummenanstalt in Leipzig), für die

---

[1] Man denke z.B. an seine Einsicht in die Bedeutung des ersten Lächelns, in die Bedeutung der Muttersprache, in den Wert des „eigenen Handelns" für die psychische Entwicklung, in den Eigenwert der Kindheit als menschlicher Seinsform, in die Entwicklungsstörungen, in die Begegnung von Mensch und Welt-Ding, in die Bedeutung der frühesten Kinderjahre für die Entwicklung der Person usw.

[2] Wie in der Familie die Anerkennung des Kindlichen des Kindes und die Befreiung aus einer allzu starren Beschützung gleichfalls erst spät im 18. Jahrhundert anfingen eine Rolle zu spielen, kann man ersehen aus M. Bacherler: Deutsche Familienerziehung i. d. Zeit der Aufklärung und Romantik, Stuttgart 1914.

Blinden (Hauy 1786) usw. Die „private Fürsorge" bedurfte aufsehenerregender Geschehnisse und Erscheinungen, um in Bewegung zu geraten. Wohl wurde das Interesse für den genetischen Zusammenhang und die Entwicklung im ganzen 18. Jahrhundert vorbereitet, aber das Interesse wurde doch erst Gemeingut durch einen so hervorragenden Bucherfolg wie den des Emile. Ein wenig später sehen wir das Interesse für das „wilde" Kind ziemlich plötzlich auftauchen. Wir hören in dem Annual Register von 1784–1785 von einem Peter „the wild boy", einem Fall, dessen pädagogische Bedeutung ausführlich besprochen wird durch Monboddo[1]. Itard berichtet 1804 von einem 1731 entdeckten „wilden Mädchen" und behandelt ausführlich den 1798 entdeckten „Wilden von Aveyron"[2]. Parallel läuft ein beginnendes Interesse für das taubstumme Kind (z.B. bei Itard und Séguin), für die Kretins (Goggenmos und Guggenbühl), für das Wunderkind (Basedow), für das blinde Kind (Braille).

Aber es gibt auch weniger aufsehenerregende Erscheinungen, die nichtsdestoweniger die besondere Aufmerksamkeit auf sich gezogen haben als „charakteristisch für das Kind". Das am meisten bekannte Beispiel dafür ist *das Spiel*. Erst ganz neu ist das Eindringen in das Wesen des Spieles. Man könnte sogar sagen, daß dieser Prozeß noch im Gange ist. Man braucht sich *Jean Pauls* pädagogisches Interesse für das Spiel nur zu vergegenwärtigen, um zu verstehen, daß das Spiel als Wesenszug einer Anthropologie des Kindes auf pädagogischem Gebiete erst spät einen systematischen Platz bekam. Eine andere Erscheinung, die die Aufmerksamkeit schon von Buffon auf sich gezogen hatte, ist die Menarche und besonders deren Variabilität bei dem Mädchen (a.a.O. S. 24). Aber das jedem zugängliche Geschehen des Kinderspiels fesselt von nun an das Interesse, während Dietrich Tiedemanns „Beobachtungen über die Entwicklung der Seelenfähigkeiten bei Kindern" (1787) fast ganz vergessen bleiben, bis ein Franzose, Michelan, sie 1863 ausgräbt und sie 1881 von Pérez ins Französische übersetzt werden. Wir treffen das Spiel wieder bei einem so wenig empirisch gerichteten Psychologen – wenn man ihn so nennen darf – wie Spencer (1820–1903) an. Aber bei ihm sehen wir

---

[1] In seinen: Ancient Metaphysics (1779–1799)

[2] E. M. Itard: De l'éducation d'un homme sauvage. Paris 1801. Maria Montessori wurde direkt von diesem Werk beeinflußt, wie man allgemein weiß. Der berühmte Fall des Kaspar Hauser, der 1828 in Nürnberg anfing, ist zu unsicher, um Beweiskraft zu haben.

auch den schon im 18. Jahrhundert geahnten Zusammenhang der Generationen und die Kontinuität einer Entwicklung auftreten, ebenso wie die Gleichsetzung von Ontogenese und Phylogenese[1]. Hieran konnten sich später Stanley Hall und Baldwin anschließen und, durch Vermittlung von Baldwin, auch Piaget. Obwohl heute natürlich Darwins Bedeutung für die Evolutionslehre und die Biologie die von Spencer weit überragt, bleibt Darwins *Biographical Sketch of an Infant* (1877) ziemlich bedeutungslos für die Entwicklung der Kinderpsychologie und -anthropologie. Der Biologismus, insofern er im späteren 19. Jahrhundert eine Rolle in der Psychologie und Pädagogik zu spielen anfängt, stammt hauptsächlich von Spencer[2]. Wenn Karl Groos in seinem „Seelenleben des Kindes"[3] das Entstehen der Kinderpsychologie im 19. Jahrhundert erklären will, reicht seine Einsicht bis Darwin; aber bei seiner Behandlung des Spieles – die zurückgeht bis 1896 und 1899 – ist es doch in erster Linie Spencer, den er als direkten Vorläufer betrachtet und gegen den er seine eigene Stellung abgrenzen muß. In Holland knüpft Kohnstamm an die Spieltheorie von Groos an. Ebenso wie Dietrich Tiedemanns Beobachtungen fanden die bedeutend früher (1774) von Pestalozzi aufgestellten Aufzeichnungen über seinen dreieinhalbjährigen Sohn im Anfang wenig Beachtung, obwohl sie als erster Versuch einer systematischen Materialsammlung auf diesem Gebiet angesehen werden dürfen.

Erst 1876 entstand ein zweiter Versuch, als Taine anfing, hauptsächlich die Sprachentwicklung des Kindes in Tagebüchern festzulegen, *ein* Jahr *vor* dem eben erwähnten Buch von Darwin[4]. Die eigentliche Wiederaufnahme der Kinderpsychologie fängt deutlich um

---

[1] Obwohl Spencers Principles of Psychology von 1855 stammen, finden wir seine Evolutionstheorie erst vollständig entwickelt in der zweibändigen 2. Aufl. dieses Buches von 1870–1872.

[2] Das zeigt sich noch charakteristisch in der Formulierung von Lutz (1927) in seinem Buche „*Erziehung und Leben*". Die Bedeutung einer lebenswissenschaftlichen Pädagogik. Oldenbourg 1927: „Daß die Psychologie unter die Biologie zu stellen ist, hat schon H. Spencer hervorgehoben". S. 13f.

[3] Ich las das „*Seelenleben des Kindes*" in der 4. Aufl. von 1913; 1. Aufl. 1904.

[4] Völlig unbekannt blieben in Europa die beiden Tagebücher von Louise Alcott über ihre Töchter, die sie 1831/32, ohne jeden Zusammenhang mit der europäischen Entwicklung, in den Vereinigten Staaten führte: Little Women (1831), u. Observations on the vital phenomena of my second child (1832).

1890 an[1]. Denn 1882 erschien Wilhelm Preyers „Die Seele des Kindes", während Milicent W. Shinn ihre verdienstlichen „*Notes on the development of a child*" 1893 veröffentlichte, indem sie ihre kleine Kusine mit Preyers Sohn verglich, so daß der Zusammenhang dieser Bücher jedem Zweifel enthoben ist. In demselben Jahr 1893 gründete Hall in seinem Lande außerdem den ersten Verein für Kinderforschung: The National Association for the Study of children. Schon 1884 gründete er die Zeitschrift „The Pedagogical Seminary", während 1893 Sullys *Studies in childhood* in England folgten und in Deutschland 1896 die Zeitschrift „Kinderfehler" entstand.

6. *Biologismus*

Als wir im vorhergehenden darauf hinwiesen, wie sich eine Kontinuitätslehre als Vorläuferin der Evolutionslehre dem Cartesianischen Dualismus gegenüberstellte, zeichneten wir die Linie, die zur Wiederbelebung des psychologischen Denkens im 19. Jahrhundert führte. Im Vorübergehen sahen wir, wie Leibniz diesen Kontinuitätsgedanken formulierte. In der weiteren Entwicklung unseres Gedankenganges haben wir dann hauptsächlich die *positiven* Werte für das Denken über das Kind untersucht. Man darf aber nicht vergessen, daß das beginnende evolutionistische Denken auch den geistigen Horizont der Untersucher und Denker jener Zeit weitgehend *einschränkte*.

Wohl zeigte dieser Evolutionismus avant la date neue Perspektiven, aber was blieb anderseits bei Hartley, Priestley, Lamettrie, Holbach, Helvetius vom *Menschen* übrig? Und steht Cabanis den vielen „modernen" nicht sehr nahe, denen die „Innere Sekretion" den ganzen Menschen bedeutet? Diejenigen, die in unserer Zeit der Meinung sind, daß Rechenmaschinen denken, sind eng verwandt mit Lamettrie, dem der menschliche Körper nichts anderes ist, als ein kolossales, meisterhaft fabriziertes Uhrwerk[2].

---

[1] Wohl erschien 1851 von Löbisch: Entwicklungsgeschichte der Seele des Kindes, 1856 B. Sigismund: Kind und Welt, 1859 Kussmaul: Untersuchungen über das Seelenleben des neugeborenen Menschen, aber diese Werke erregten wenig Aufmerksamkeit. Es ist Herbart mit seiner Schule, der diese Periode wesentlich beherrscht.

[2] Vgl. Lamettrie: L'homme machine (1747). Verlag Solovine, Paris 1927, S. 130.

Mit Recht hat *Salmony*[1] in diesem Zusammenhang darauf hingewiesen, daß die These, das Kind sei ein Tier, die Konsequenz dieser Behauptung sei. Fehlen dem Kinde doch noch die Kennzeichen, welche es wenigstens den Erwachsenen ermöglichen, als „animal religieux" (Gallani), als „vernünftiges Wesen", als Sprachgeschöpf eine Sonderstellung einzunehmen. Wer das Kind erforscht, erforscht nach dieser Ansicht das Tier.

Und so sehen wir heute Wolfgang Köhlers Affenversuche in der Kinderpsychologie als *kinder*psychologische Experimente auftreten! Wie soll hier eine Anthropologie des Kindes entstehen? Und tatsächlich: Etwas derartiges entsteht auch nicht. Bei Karl Bühler sehen wir in der „*Geistigen Entwicklung des Kindes*" diese Beziehung in deutlichen Worten ausgesprochen. Es entgeht Bühler, wie wenig selbstverständlich es ist, die Psychologie des Tieres und die des Kindes als ein Gebiet zusammenzufassen. Anscheinend liegt Köhlers Arbeit auf dem Gebiet der Kinderpsychologie, auf diesem Gebiete jedoch behauptet *Bühler* zusammen mit Köhler, die gleichen Vorgänger zu haben.

Bühler schreibt im *Vorwort zur ersten Auflage* (1918) nämlich folgendermaßen: „Obwohl der Gedankengang dieses Buches schon fixiert war, als die Arbeit von W. Köhler über die Intelligenz der Schimpansen erschien, könnte ich ihre Ergebnisse ohne weiteres aufnehmen als eine erfreuliche Bestätigung und wertvolle Ergänzung aus einem anderen, mir bis dahin fremden Gebiete." Hier ist anscheinend alles noch in Ordnung. Bühler fährt aber auf folgende Weise fort: „Nichts wird einen Forschenden mehr ermutigen als solche unerwartete Übereinstimmung. Doch verlangt die historische Gerechtigkeit, anzuerkennen, daß wir beide auf dem Gebiete der Kinderpsychologie Vorgänger haben ..." Er nennt dann z.B. Groos, der das Spiel bei Menschen und Tieren studiert hat, so daß „eine feste Basis für das psychologische Verständnis der Spielphantasie" entstanden ist. Es entging Bühler, der beide Gebiete ausdrücklich nennt, daß die Kindersprache und das Märchen leider noch nicht tierpsychologisch untersucht worden sind. *In dem Vorwort zur fünften Auflage* fügt er 1929 begeistert hinzu: „Nehmen wir hinzu, daß nach seiner (Koffkas) und W. Köhlers Auffassung auch das physikalische Geschehen von Gestalten beherrscht wird, so ergibt sich freilich ein Weltbild von überwältigender Geschlossenheit und Simplizität: Elektrizität, Schwerkraft und menschliches Denken sind auf einen Nenner gebracht."

---

[1] H. A. Salmony: Die Philosophie des jungen Herder, Zürich 1949, S. 79.

Das Idealbild des 18. Jahrhunderts schien 1929 nahe. Nicht wesentlich anders waren die Ansichten von Claparède (1905), Koffka (1921), Simoneit (1928)[1]. In der sogenannten „vergleichenden" Psychologie, die eine Evolution des „Verhaltens" von den einzelligen Organismen bis zu den gelehrten Verfassern jener Bücher selbst aufbauen will, sehen wir dasselbe. Manchmal nennen sie sich „vergleichende", öfters aber „Entwicklungs"-Psychologen[2]. „Entwicklung" hat hier biologische Bedeutung. Diese Psychologen hatten einen Vorläufer in Darwin mit seiner Abhandlung über „The Expression of the Emotions in man and animals" (1872)[3].

Es war Claparède, der mit seinem Ausdruck „éducation fonctionelle" um 1911 herum in gewisser Übereinstimmung mit John Dewey eine Ansicht über das Kind entwickelte, die an den Gedanken einer „Natur" des Kindes ausdrücklich anknüpft[4].

Die rein biologischen Tatsachen, die der Entwicklung zugrunde gelegt werden, sind für die Realisierung dieser Entwicklung von den in ihr gelegenen Bedürfnissen abhängig („desirs", „besoins d'action"). Auch muß man die Entwicklung in ihrer Naturgesetzmäßigkeit kennen, eine Auffassung, die eng verwandt ist mit der Theorie der „empfindlichen Phasen" bei Maria Montessori.

Der hier benutzte Funktionsbegriff hat nichts zu tun mit *Brentanos* Gegensatz von Funktion und Akt. In der Psychologie war es hauptsächlich der äußerst begabte William James, in der Pädagogik – übrigens durch Vermittlung der Psychologie – John Dewey, der diesen biologischen Begriff aufnahm.

Der Ausgangspunkt ist sowohl biologisch als pragmatisch. Sowohl die Bedeutung der Verrichtungen eines Organs oder Organismus in seiner Beziehung zum Milieu als der Gedanke jener nützlichen „Funktion" des „Geistes" spielen in diesem Ausdruck eine Rolle. In der Pädagogik finden wir diesen Begriff bei Claparède wieder:

---

[1] Claparède: Psychologie de l'enfant. – Genf 1905, 4. rev. Aufl. 1911. K. Koffka: Die Grundlagen der psychischen Entwicklung, Osterwieck 1921, 2. 1925. M. Simoneit: Die seelische Entwicklung beim Menschen, Berlin o. J. (1928).

[2] z.B.: F.L. Goodenough: Developmental psychology, N. Y. 1934, 2. rev. 1945. Norman L. Munn: Psychological development. An introd. to genetic psychology, Boston 1938.

[3] Vgl. aber auch Carus' Psyche 1846.

[4] Vgl. die neue Auflage seiner „Education fonctionelle", Neuchâtel – Paris 1931. S. auch seine „Psychologie de l'enfant et pédagogie expérimentale", 1905. Ich benütze die 4. rev. und erweiterte Ausgabe (Genf. Kündig, 1911).

„In jedem Augenblick seiner Entwicklung stellt ein Lebewesen eine Funktionseinheit dar, was bedeutet, daß seine Fähigkeiten des Reagierens seinen Bedürfnissen angemessen sind. Mit anderen Worten" – so fährt er fort – „ein Kind, für sich betrachtet, ist kein unvollkommenes Wesen, kein unvollständiger Erwachsener, sondern ein autonomes Individuum[1]."

Wir verstehen, daß mit diesem „Lebewesen" ein Kind gemeint wird und hören weiter, daß die Erziehung aus nichts anderem besteht als aus dem Prinzip der Bedürfnisbefriedigung („l'activité est toujours suscitée par un besoin"). Eine normale Handlung ist immer „funktionell", d.h. sie soll immer diejenigen Ziele verwirklichen, welche durch das Bedürfnis, das sie befriedigen soll, entstanden. Darum spricht man von der „Ecole active". Das Prinzip des Bedürfnisses herrscht auch da. „Um euern Schüler zum Handeln zu bringen, müßt ihr ihn solchen Umständen aussetzen, daß er die Notwendigkeit verspürt, die Handlung auszuführen, die ihr von ihm erwartet." Es ist, als ob wir Helvetius sehen, der an den Fäden der „poupée humaine" zieht.

Hier – in dem biologischen Funktionalismus – stimmt Claparède völlig mit *Dewey* überein, und beide stehen *Maria Montessori* nahe. Man findet die Parallele in Deweys Äußerung, daß, wenn der Lehrer „die Bedingungen geschaffen hat, welche das Denken anspornen, und wenn er eine sympathische Haltung gegenüber der Tätigkeit des Lernenden eingenommen hat, indem er mit ihm in eine gemeinsame Erfahrung eintritt, alles getan ist, was ein Zweiter überhaupt tun kann, um das Lernen anzuspornen"[2]. Nicht in Montessoris erster, sondern in ihrer zweiten Periode, die mit *L'autoeducazione nelle scuole elementari* (1916) anfängt[3], finden wir hierzu eine Analogie. Auch hier das „Hände weg" gegen die Erzieher; Schaffung des richtigen Milieus mit den richtigen Mitteln zu einer spontanen – d.h. einer provozierten – Entwicklung des Kindes, und alles kommt in Ordnung.

Es wird nur zu deutlich, daß es sich hier um einen wirklichen Biologismus handelt, wenn wir auch bei ihrem älteren, äußerst wertvollen Zeitgenossen Wilhelm Preyer lesen über seine „seit einem Vierteljahrhundert erstrebte physiologische Pädagogik, welche sich am kürzesten in die Worte ‚zuerst Natur ohne Dressur, dann Kultur'

[1] L'Education fonctionelle, 1931, S. 95.
[2] Dewey: Democracy and Education, 1916, S. 188.
[3] Maglioni e Strini. Roma 1916. Deutsch: Montessori-Erziehung für Schulkinder, Stuttgart 1926.

kleiden läßt ... Die Kunst, das kleine Kind *werden zu lassen* (kursiv von Preyer!) ist viel schwerer als die, es vorzeitig zu dressieren"[1].

„Der Erziehungsvorgang hat kein Ziel jenseits seines Ablaufs", sagt Dewey in seinem Werk, das Brubacher merkwürdigerweise „die unzweifelhaft wichtigste Abhandlung über Erziehung, Politik und Sozialwissenschaften seit Platons Republik" nannte[2]. Diese großartige Naivität war 1916 völlig in Übereinstimmung mit der allgemeinen Auffassung biologisch interessierter Geister und ohne Kenntnis dessen, was Jahrhunderte pädagogischen Denkens samt einfachem „common sense" sie hätten lehren können.

Man darf dabei aber einen sehr wichtigen positiven Aspekt dieser falschen Orientierung nicht aus dem Auge verlieren: In den Schulen, die aus diesem Geiste geboren, in den Familien, die von diesem Geiste durchtränkt waren, wurde die viktorianische, autoritäre Erziehung angetastet, und es wurde für das Kind eine eigene Anerkennung und Aufmerksamkeit mit allen nun weiter damit verbundenen Gefahren gewonnen.

Sicher entstand ein zu naives Bild von einer in der Kinderseele latent gegebenen „eigenen Persönlichkeit", der man nur die „Freiheit" zu lassen brauche, damit sie sich entwickle. Trotz allem aber ging hiervon, und hauptsächlich von Montessori, eine enorme Wiederbelebung des Interesses für das Kind aus. Daneben und in Beziehung auf diese Wiederbelebung darf man für Amerika und Ostasien Dewey, für Belgien und die Niederlande Lighthart und Decroly nennen.

7. Soziologismus

Auch die Ethnologie und die Soziologie fügen sich, anfänglich noch ununterschieden, in den Strom der Untersuchungen ein; sie beschränken sich jedoch, so sehr sie auch auf die „Entwicklung" gerichtet scheinen, auf das Gebiet der Phylogenese, auf Beschreibung und Analyse der Gruppenerscheinungen[3].

Durkheim, der noch ein gewisses psychologisches und pädagogisches Interesse hat, kommt durch seinen extremen Lamarckismus

---

[1] Die Seele des Kindes. S. X. (8. Aufl.).

[2] In seinem wertvollen Werk: A history of the problems of education N. Y. 1947, S. 47. Das hiergemeinte Werk von Dewey ist „Democracy and Education", 1916.

[3] Vgl. W. E. Mühlmann: Geschichte der Anthropologie, Bonn 1948.

nicht zu einer eigenen Anthropologie des Kindes. Eine an sich einseitige, aber bestimmt nicht sinnlose Behauptung wie: „Der Mensch, zu dem uns die Erziehung macht, ist nicht so, wie die Natur ihn gemacht hat, sondern so, wie die Gesellschaft wünscht, daß er sein soll,[1]" läßt bei ihm das Kind eigentlich verschwinden. Auch in *L'éducation morale* heißt es: „Die Erziehung besteht in einer planmäßigen Eingliederung der jungen Generation in die Gesellschaft" (S. 49ff), und wiederum verschwindet das Kind, während eine neue schwache Gedankenkonstruktion einen Rest von sittlicher Autonomie zu retten versucht. Dieses letzte aber dürfen wir hier außer Betracht lassen.

Lévy-Brühls „*La Morale et la Science des Moeurs*" bildet das Verbindungsglied zwischen ihm und Durkheim. Auch da eine soziokratische Pädagogik ohne Kind. Man kann übrigens nicht pessimistisch genug über die Erwartung denken, die Durkheim von der Psychologie als solcher hat. „Jedesmal," sagt er[2], „wenn ein soziales Geschehen unmittelbar durch einen psychischen Vorgang erklärt wird, kann man sicher sein, daß die Erklärung falsch ist." Die Gesellschaftsformen sollen alles erklären: die Moral, die Religion, die Denkformen. Das Kind findet man nirgends.

Eine „mentalité primitive" kennzeichnet den Primitiven, eine „mentalité", von der man sich nur fragt, wie man sie als eine *menschliche* erkennen kann.

Eine Reihe von Lévy-Brühls Grundkategorien finden wir bei Piaget wieder: da wird eine „mentalité enfantine" konstruiert und ein sozialer Assimilationsprozeß beschrieben. Bei einer Ethnographin wie Ruth Benedict[3] ist es nun der Jugendliche in der Pubertät, der, weil er als Erwachsener in den Stamm eintreten wird, die Aufmerksamkeit auf sich zieht. Auch bei ihr ist das Kind ein vergessener Aspekt. Aber zweifelsohne hat das Kind als Wesen, das in hohem Maße von seinem Milieu bestimmt wird, die Aufmerksamkeit der Ethnographen angezogen[4].

In allen diesen Fällen ist das Kind schließlich eine Naturgegebenheit, auf deren Eigenart man nicht weiter eingeht. (Kindsein ist nur eine Art Menschsein, unter Abzug von diesem oder jenem, das zu seiner Zeit das Bild des Erwachsenen annehmen wird – oder eine

---

[1] Education et Sociologie, S. 55.

[2] Règles de la Méthode sociologique, S. 26.

[3] Patterns of Culture. 1934.

[4] Vgl. z.B. Margaret Meads Werke. Auf soziologischem Gebiete z.B. die bekannten Middletown-Bücher der Lynds.

Naturgegebenheit, die ebensowenig in ihrer situationellen Eigenart gesehen wird, da sie vollständig in ihrem Milieu aufgeht. Aber obwohl man gegen das so gefundene Kindesbild zweifelsohne diese Bedenken anführen darf, fing man doch an das Kind zu beobachten, man fing an zu sehen, daß dem Bilde des Kindes in der psychologischen Literatur wichtige Wesenszüge fehlten. *Ruth Benedict* z. B. konnte eine Ergänzung zur Entwicklungspsychologie von Munn, von Miss Goodenough u. a. bringen. Piaget ist teilweise eine Korrektur auf die Nachfolger des cartesianisch-medizinischen Menschbegriffs, wie wir ihn bei zahllosen medizinischen Autoren fanden und finden. Um ein altes Vorbild zu nennen: Sikorsky[1], und einige neuere: Gesell, Pichon und Wintsch[2].

Die meisten dieser Bücher enthalten keinen Buchstaben Kinderpsychologie oder höchstens einige Elemente davon; kein einziges gibt uns Gelegenheit, dem Kinde zu begegnen. Und obwohl man Piagets Psychologie für ein Trugbild halten könnte, da sie ihr Objekt jämmerlich verfehlte, so kann man doch nicht leugenen, daß Piaget der Meinung ist, sich mit dem *Kinde* und mit nichts anderem zu beschäftigen. Er treibt also keine verkappte Physiologie, sondern eine wirkliche, leider anfechtbare Kinderpsychologie[3]. Was ich für einen Irrtum bei Piaget halte, spielt sich aber *innerhalb* der Entwicklungspsychologie ab.

Dies kann man von der Kinderpsychologie von *Gesell*, *Pichon*, *Wintsch*, *Munn*, *Goodenough*, *Sikorsky* u. a. nicht sagen. Wir sprachen eben von dem „cartesianisch-medizinischen Menschenbegriff", für den Piaget wenigstens teilweise eine Korrektur genannt werden darf. Dies fordert eine Erklärung. Wie wir gesehen haben, übte Leibniz großen Einfluß auf das Denken des 18. Jahrhunderts auch außerhalb seines Landes aus, und zwar vornehmlich in Frankreich. Man darf nicht vergessen, daß der Individualitätsbegriff von Leibniz von großer Bedeutung war, weil er nicht auf einer induktiven Abstraktion beruhte, wie sie in der Biologie naturgemäß üblich ist.

---

[1] Die seelische Entwicklung des Kindes nebst kurzer Charakteristik der Psychologie des reiferen Alters. Leipzig 1908, 2. vermehrte und verbesserte Aufl. – Man kann zahllose Beispiele aus jener Zeit nennen und von noch früher bis um 1850 herum; S. war Professor in Kiew.

[2] E. Pichon: Le développement psychique de l'enfant et de l'adolescent, Paris 1936.

J. Wintsch: Les premières manifestations motrices et mentales chez l'enfant, Lausanne 1935.

[3] Über Piagets Psychologie s. mein: Verkenning en verdieping a.a.O. I bis IV.

Menschsein war für Leibniz nicht die gemeinschaftliche Qualität des Existierens des *genus* „Mensch", sondern es war ihm das Sein *dieses* Menschen. Für Leibniz war der Mensch ein singuläres Wesen, *diese* Person als Einmaligkeit[1]. Damit konnte die Pädagogik etwas anfangen, daraus hätten die Pädagogen unter eigener Verantwortung einen Begriff vom Kind entwickeln können, der vorläufig freilich von den Medizinern, Soziologen und Psychologen nicht anerkannt worden wäre. „In der Medizin dagegen hat das Leibnizsche Ich keinen Eingang gefunden. Denn das Ich, in dem etwa Empfindungen wahrgenommen werden, von dem Regungen, Wünsche oder auch Lokomotionen, Handlungen ausgehen, war das Cartesianische Ego: ein zeitloses oder zeitfremdes Ich, niemals das konkrete Subjekt.[2]" War Leibniz einerseits Urheber einer Kontinuitätslehre, welche neben gefährlichen auch fruchtbare Aspekte und Vergleiche ermöglicht hat, so ist auch seine Stellung zum Individualitätsbegriff nicht wegzudenken, weil sie die Entwicklung eines pädagogisch sinnvollen Person- und Kindesbegriffs ermöglichte.

Natürlich finden wir daneben die konstante, katalytische Wirkung, die hinsichtlich dieses Problems von verschiedenen Anschauungen des Christentums ausgehen konnte – Kalvinismus, Luthertum, Katholizismus, Pietismus oder Liberalismus mußten das Kind wohl verschieden sehen – und die von der fortwährenden und oft allen Theorien widerstrebenden Anwesenheit der alltäglichen Realität der Kinder selber ausgehen mußte[3].

Man konnte nicht fortfahren, dem Kinde sein Spiel zu versagen oder es als reinen „Reizempfänger", als Subjekt, Versuchsperson oder Tierjunges zu betrachten, ohne daß früher oder (meistens) später die Tatsachen selber anfingen, zu reden und in unsere theologisch oder physiologisch geheiligten Räume einzudringen.

Man kann sich nicht damit zufriedengeben, Kinderreichtum und

---

[1] Vgl.: Verkenning en Verdieping S. 231f.

[2] Paul Christian: Das Personverständnis im modernen medizinischen Denken. Mohr – Tübingen 1952, S. 6. Über das Verhältnis von medizinischem und pädagogischen Denken vgl. N. Beets (Einverständnis und Unterschied) Verstandhouding en Onderscheid. Acta Paed. Ultraj. IV. Gron. 1952.

[3] Über die Bedeutung der Begegnung mit dem Kinde für das Entstehen der pädagogischen Haltung siehe mein: Beknopte voorbereiding ener Phaenomenologie en Psychologie van de opvoeder, in: Gesprek der opvoeders (Kurze Vorbereitung einer Phänomenologie und Psychologie des Erziehers, in: Gespräch der Erzieher. Ein Liber Amicorum für Prof. R. Casimir) Amsterdam 1952.

soziale Zufriedenheit zu predigen, wenn wichtige, sogar große Prozentsätze der Bevölkerung von Unterstützung leben. Wenn Kinderarbeit, Kinderausbeutung und Kindersterblichkeit diejenigen zur Verzweiflung bringen, die zum Gegenteil mahnen.

Es ist schön, wenn man – wie es z.B. in der ersten Hälfte des 19. Jahrhunderts in Feyenoord bei Rotterdam geschah – eine „ideale" Kinderwerkstatt organisierte, es ist schön, umsonst Unterricht zu geben, wie es in der selben Zeit öfters geschah. Aber das Waisenhaus, das 30 Mark pro Jahr für seine Kinder aufbringen konnte, schickte sie nicht nach Feyenoord, wo man keine Unterkunft unter 40 Mark fand, und die Kinder, die umsonst zur Schule gehen konnten, mußten zu Hause bleiben, weil sie keine Kleider oder Schuhe besaßen. Nicht ein irenisch-patriarchalischer Professor im Gehrock hat das Bild des Kindes ans Licht gestellt und es der Wissenschaft und dem Gewissen vorgehalten.

8. *Jugendschutz*

Wir wiesen darauf hin, daß das Interesse der Gemeinschaft nur durch erschütternde Mißstände geweckt wurde. Die vielen Kriege, die Seuchen, die furchtbare Wöchnerinnensterblichkeit, das Aussetzen oder Verlassen von Kindern waren die Ursache dafür, daß es durch die Jahrhunderte stets wieder Waisen und Halbwaisen gab.

Immer wieder tauchen in der Geschichte herumziehende Horden von verlassenen Kindern auf. Kein Wunder, daß wir durch die Jahrhunderte auch immer wieder sehen, daß die Gemeinschaft versucht, dieses Problem zu lösen.

Schon das Mittelalter kannte waisenhausähnliche Anstalten. Aber sie gerieten immer wieder in Verfall, und sie blieben oft sehr lange in Verfall, bis von Wiederaufbau die Rede war. Manchmal treffen wir – wie z.B. in Brügge 1288 – im Haushalt der Stadt einen Posten für Waisenversorgung an. Schon früh kam man auf den Gedanken, Waisen und Findlinge in Familien unterzubringen, manchmal bildete man, meistens aus sehr großen Gruppen von Kindern, Pflegefamilien, manchmal wurden die Kinder in Armenhäuser und Arbeitshäuser gegeben, manchmal nahm der Aufenthaltsort der Kinder die Form einer reinen Strafanstalt, der Kinderausbeutung und Kindervernichtung an.

Die in Holland schon im 15. Jahrhundert als System bekannte Familienversorgung der Waisen wird im 19. Jahrhundert immer allgemeiner. Der Einfluß von A. H. Francke, des Pietismus, Pestalozzis, in den katholischen Ländern hauptsächlich der Jesuiten des 18. Jahrhunderts haben das Problem der Erziehung dieser Kinder lebendig erhalten. Aber sie konnten nicht verhindern, daß dann doch wieder bedenkliche, ja oft jämmerliche Zustände in der Versorgung dieser Kinder eintraten. Im 16., 17. und 18. Jahrhundert entstanden in Westeuropa zahlreiche Waisenhäuser, und die Niederlande gaben nicht selten das Beispiel; am Ende des 18. und am Beginn des 19. Jahrhunderts jedoch gaben dieselben holländischen Waisenhäuser zu heftigen Klagen Anlaß. Der Gedanke, die Kinder lieber in Familien unterzubringen, entstand oft, schon wegen des häufigen Auftretens von Krankheiten und von Ausbeutung der Kinder in den Waisenhäusern.

Aber machten die Familien es wirklich besser? 1894 entstand in England das Gesetz des Verbots von Grausamkeiten gegenüber Kindern. Das war spät, was die Grausamkeit, und nicht sehr früh, was die Vorbeugung anbelangt! Das 19. Jahrhundert brachte auch in dieser Hinsicht die Probleme vor das Gewissen der Nation. Zahllose gesetzliche Vereinbarungen, Einrichtungen und Formen von Abhilfe entstanden. Neben der alten christlichen Philanthropie entstand die gesetzlich bestimmte Versorgungs*pflicht*. In zunehmendem Maße dringt hier das Bewußtsein einer pädagogischen Aufgabe durch. Die menschliche Behandlung dieser Kinder, die immer anerkannt wurde, aber auch heute noch oft so bedroht ist, steht zweifelsohne nichtsdestoweniger als Abschlußposten auf dem Etat.

Spricht man von Waisenkindern, dann wird man plötzlich „sparsam" und „gediegen" und „streng". Erst das 20. Jahrhundert, das eine nicht geringere, allgemein verbreitete Vernachlässigung vorfindet, kann einerseits in der bewußten Erkenntnis der pädagogischen Aufgabe auf alten Einsichten wieder aufbauen, anderseits begegnet ihm ein neues Kinderelend auf seinem Wege: Kindesentführungen, Kinder in Konzentrationslagern, Kindervernichtung, displaced persons usw.

Harte, grausame Realitäten unterstützten also mit Alarmglockentönen das irenische Interesse der Gelehrten und die endlose Danaidenarbeit der Erzieher, als das späte 19. Jahrhundert in der jüngeren Form der Kinderpsychologie, in der Beschützung der Jugend gegen Ausnützung und Grausamkeit, im beginnenden Kinderrecht, in immer bewußterer didaktischer und pädagogischer Besinnung und Beseelung anfing, das Kind als menschliches Wesen in die Ganzheit der gesellschaftlichen Formen zu stellen als eine *eigene* Welt.

Eine eigene Welt, in der die Erwachsenen anfingen, das Kind vor ihnen selbst zu beschützen.

Schon liegt die erste Hälfte dieses grauenhaften Jahrhunderts „des Kindes“ hinter uns. Ein unabsehbares Heer von hungernden, kranken, verlassenen, vernachlässigten Kindern streift wie ein Schwarm über die Kontinente dieser Welt.

Besonders aus dem leiddurchfurchten Eurasien steigt ihr Wehklagen auf aus dem Pfuhl des Blutes ihrer zermalmten Eltern, aus der Mitte von heimatlosen, verelendeten, entführten Gefangenen, mutlosen, kranken, invaliden Erwachsenen. Wer sich dieses Elend einen Augenblick vergegenwärtigt, versteht, was die Forderung zur Treue und Hingabe an das Kind bedeutet. Er versteht, wie entsetzlich beschämend das kleinliche Getue von Obrigkeiten, Vereinen, Instanzen und Individuen ist, die von dieser ganz unermeßlich wichtigen Angelegenheit immer noch recht wenig verwirklichen.

Er versteht, daß er nicht mehr desertieren *kann* aus der ärmlichen Armee der ermüdeten Väter, Mütter, Schulmeister, Anstaltsbeamten, Ärzte und Schwestern.

Er weiß, daß die Erwachsenen immer mit sich selbst beschäftigt sein werden und nicht selten das Kind nur kennen, um von ihm gerührt zu werden, in der Skala der ästhetischen oder angenehm häuslichen Rührung. Ihm läßt die Weisheit des kleinen Mädchens keine Ruhe mehr, das neben der Mutter stand, als sie das Neugeborene stillte, und sagte, während draußen der Luftkampf tobte: „Dafür sind die Menschen nicht da, nicht wahr, Mutti, um Krieg zu führen, sondern um kleine Kinder zu stillen.“

9. Ergebnis

Das Vorhergehende zeigte, wie außerordentlich zusammengesetzt die Kräfte gewesen sind, die zu unserem heutigen Bilde von dem, was ein Kind ist, beitragen.

Wenn man alle die beschützenden Maßnahmen sieht, dann würde man fast sagen: kann das Kind je *mehr* Kind sein als jetzt?

Aber dabei dürfen wir dann doch nicht vergessen, daß die zunehmend strenger reglementierte Welt sehr vieles enthält, das dem Kinde seine Freiheit nimmt. Eine vielleicht nutzlose oder sogar schädliche Freiheit, aber nichtsdestoweniger: offenes Land, das eingesäumt und bebaut wurde.

Die Anerkennung der Kindlichkeit und die dazu gehörende Geduld der Erzieher ist bei Preyer, Montessori, Decroly, Dewey, Lighthart und in einer stark abgemilderten Nachwirkung Fröbels seit dem Anfang dieses Jahrhunderts wieder aktuell.

Kräftig helfende Impulse sind von den verschiedensten Anhängern und Gegnern der eben Erwähnten ausgegangen. Die entgegengesetzte Tendenz, die die führende Verantwortung der Eltern wieder hervorhob, hat ja nie gefehlt, sondern wurde, sogar z. B. bei einem Dewey selber in der späteren Periode seiner Wirksamkeit, wieder lebendig. Es ist klar, daß man das Kind seinen natürlichen Entwicklungsimpulsen nicht überlassen kann. Das hat sich nun herausgestellt gegen den Hintergrund der Entdeckung, wie unnatürlich viele Auffassungen und Erziehungsgewohnheiten sind, die man für kindlich oder kindgemäß hielt. Hier wirkte die *Psychoanalyse* stark ernüchternd, sehr anti-viktorianisch. Freilich wirkte sie auch zerstörend, indem sie ein Bild des Kindes entwarf, das das Kind „libido-genetisch" sah, im Grunde also sexualistisch, und von William Stern einleuchtend widerlegt wurde; diese psychoanalytische Denkweise drohte geradezu, das Kind unerkennbar, den Erzieher unannehmbar und den Psychiater zu einer pädagogischen Gefahr zu machen.

Aber obwohl von der Psychoanalyse und ihrem Kindesbilde diese zerstörenden Einflüsse ausgingen, so kann man sich die moderne Kinderpsychologie ebensowenig ohne einen William Stern wie ohne einen Siegmund Freud denken. Wir haben durch die Psychoanalyse die Identifikation, die Bindung und Gebundenheit und noch vieles mehr verstehen gelernt. Wir haben, trotz allem, durch sie gelernt, das Kind als ein in der Erziehung sich entwickelndes Wesen in einem neuen Licht zu sehen. Das Erwachsenen-Spiel haben wir gelernt, nicht nur als eine positive Kraft anzusehen, die „gut" genannt werden muß, nur weil sie von der erziehenden Generation ausging. Aber zu oft vergessen die Psychoanalytiker, wieviel man schon über das Kind nachgedacht und mit ihm gelebt hat in einer unauffälligen und oft nicht weniger einseitigen Welt, als in der ihren; in der Welt der Erzieher, in Familie, Schule und Anstalt. Viel von dem so entstandenen Bild des Kindes wurde mit Recht von den Freudianern angegriffen, vieles haben sie nie verstanden oder auch nur gekannt. Auch hier wird die Erziehungsarbeit wieder dazu mahnen müssen, konkret zu werden.

Ebenso, wie wir Freud und seinem Werke zu großem Dank verpflichtet bleiben, sind wir es auch dem *Behaviourismus* gegenüber. Obwohl hier der alte Positivismus von Comte[1], die Kontinuitäts-

[1] Vgl. Vorgeschichte und frühe Geschichte des Bewußtwerdens der Geisteswissenschaften in meinem Werk „Verkenning en Verdieping".

lehre und der Evolutionismus, wie auch der Physiologismus der Ärzte wieder lebendig werden, hat der Behaviourismus mit seinen der Tierpsyche und Reflexologie entnommenen Experimenten vor allem das ganz junge Kind besser untersucht. Auch die *Gestalt-Psychologen* (Köhler, Koffka) wendeten die bei den Tieren angewandten Methoden mit Erfolg an. Koffkas Kinderpsychologie bleibt ein lehrreiches Buch. Ebenso begann sich langsam auf untermenschlichem Niveau eine Sortiertechnik zu entwickeln, die man „*testen*" oder „selektieren" nannte. Sie zeigte ein doppeltes Bild der Entwicklung, eines ging aus dem Geiste des industrialistischen Kollektivismus mit seiner Verkennung der Personalität hervor, das andere aus tief eindringenden Untersuchungen in die Einzelpersönlichkeit und ihre Lebenssituation. Das Kind erschien wechselweise als Rangnummer und als verständliches, spezifisches Bild klassifiziert. Der Gedanke, daß das eigene Kind dem Verständnis der Eltern offen stehe, ist so alt wie die Mutterliebe, aber es gehört ein primitives Vertrauen zu den Männern der Wissenschaft dazu, oder ein Vermögen zu distanzierter und differenzierter Elternschaft, um *erst* die Rangnummer des Kindes wissen zu wollen und sie als eine Art unantastbarer Ungründlichkeit hinzunehmen, und dann erst sein „Bild" kennenlernen zu wollen, geführt von einem „Dritten", einem „Anderen", einem „Fremden".

Zweifelsohne von „untermenschlichem" Ursprung ist der Einfluß von Arnold Gesell. Der „innere Reifungsmechanismus", „die Wachstumsdeterminanten, die ererbt sind von der Spezies und von den Vorfahren", bestimmen den Menschen. Innerhalb dieser Determinanten vollzieht sich etwas wie Kulturanpassung. Aber wenn man etwas von dem Kinde verstehen will, braucht man sich nur an die Entwicklungsphysiologie zu wenden und nirgends anders hin[1].

Wäre man unsicher gegenüber der Frage, ob dieser junge Mann sich in jenes Mädchen verlieben soll oder nicht, dann nehme man ihr Maß, wiege sie usw.: „Es kann nicht bezweifelt werden, daß die allgemeine Physiologie (sic !) der geistigen Entwicklung ihre Wurzeln in demselben Wissenschaftsboden finden wird, der gegenwärtig so intensiv bebaut wird in den Laboratorien der experimentellen Embryologie[2]." Das Laboratorium für experimentelle Embryologie ist aber

[1] Gesell in: Orthopsychiatry 1923–1948, Verlag: Lowrey and Sloane. Am. Orthop. Ass., 1948: The doctrine of development in child guidance. S. 244f.

[2] Gesell a.a.O. S. 215. – Gesells Gesichtspunkt ist nicht nur überspannt, sondern auch inkonsequent: von der Embryologie werden wir

eine Stelle, wo man etwas zu spät ankommt, wenn man Erziehungsberatung wünscht, oder wo man ein wenig *zu* allgemeine und vage Mitteilungen bekommen wird, wenn man rechtzeitig erscheint. Trotz solcher Primitivitäten kann man aber nicht bestreiten, daß Gesell und seine Mitarbeiter uns ein umfangreiches anthropometrisches Material zur Verfügung gestellt haben, das zwar kaum eine erste psychologische Bearbeitung erfahren hat, das aber anderseits innerhalb gewisser Milieugrenzen physiologisch zuverlässige Anweisungen über die Chronologie von gewissen Entwicklungserscheinungen gibt. Ganz in dieser Gedankenlinie und sicher auch von Gesells Arbeit inspiriert, haben Charlotte Bühler mit Hildegard Hetzer auf ähnlicher Grundlage die gleichen Milieueinschränkungen unterliegenden „Entwicklungstests" für Kleinkinder entworfen[1]. Bei Gesell und seinen Geistesverwandten erscheint das Kind *in optima forma* als Über-Affe. Damit wird dem Kinde eine gewisse physische Freiheit geboten, gute körperliche Ernährung, Sauberkeit, Übung und sonstiges dieser Art. Der Mensch als miteinander lebendes und Base-Ball spielendes Freizeit-Tier gewinnt hier einige beinahe schon humane Grundlagen seiner Existenz. Der Geist kann sie verwenden und schaffen, aber sie können den Geist nicht entstehen lassen. Man kann sie aus dem Geist verstehen, nicht aber den Geist aus ihnen.

Gewiß hat schon bei Fröbel in der bewußten Erziehung das gut gewählte Hilfsmittel der Entwicklung seinen Einzug gehalten: bei Fröbel waren es „Spielgaben", bei Montessori Lehrmittel in einem spontanen, bei den Didaktikern Lehrmittel in einem systematisch geleiteten Lernprozeß. Der Gedanke einer echt kindlichen Beschäftigung („sunt pueri pueri, pueri puerilia tractant") ist so alt, wie die Menschheit ihre Kinder in Liebe beobachtet hat. Sicher aber ist die Anerkennung der Kindheit als nicht nur zulässige, sondern notwendige Lebensphase das Zeichen eines im 19. Jahrhundert vorbereiteten Bildes vom Kind. Der Wunsch, in den Pflichten der Erwachsenheit die kindliche Freiheit des Spiels festzuhalten, ehemals das Privileg des Adels, wird zum Wunsche der jungen Länder der Wohlfahrt — wie Amerika — und es entstand auf diese Weise neben viel echter Kindlichkeit viel eben so echte Krampfhaftigkeit und damit verbundene

---

weiter zurückgehen müssen zur organischen Chemie und von dort her, über einige Zwischenstationen, zur Theorie des Seienden . . . Schließlich entsteht dann die Frage, ob es überhaupt etwas gibt oder nichts. Eine Metaphysik, die Gesell bestimmt als Zeitverlust betrachten würde.

[1] Kleinkindertests, Entwicklungstests vom 1. bis 6. Lebensjahr, Leipzig 1932.

Infantilität. Das Kind wurde demzufolge der Maßstab des Erwachsenen, und in dem dazugehörigen Bilde vom Kind projizierte sich wieder die Erwachsenheit auf recht bezeichnende Weise. Eine Generation ohne klare Lebensziele konnte einerseits mit *Dewey* 1916 sagen, daß das Aufziehen keinen anderen Sinn hätte als sich selbst, anderseits konnte sie – aus Mangel an Zielen – erstreben, überhaupt im Stande des Kindes zu bleiben.

Daß wir das Kind als „das genetische Wesen", das sich auf intensivste Weise in Entwicklung befindet, sehen, verdanken wir der Kontinuitätslehre des 18. Jahrhunderts und seiner Sehnsucht nach dem „Ursprünglichen, Natürlichen, Nicht-Entarteten". Eine Sehnsucht, die wir bei Rousseau, aber auch reichlich in der deutschen Romantik antreffen. Sie findet neue Gestalt im Evolutionismus und gehört dem vorwissenschaftlichen Denken schon von altersher an.

Hatte man, Aristoteles folgend, jahrhundertelang in der Didaktik seinen Ausgangspunkt im Bekannten gewählt, um von da aus weiter zu schreiten zum Unbekannten, und also, um das Kind zu verstehen, den Menschen zum Ausgangspunkt genommen, so mußte man jetzt von der Amöbe oder von der Zelle ausgehen[1]. Nicht das Interesse für das Kind, sondern das für den Erwachsenen hat die Kinderpsychologie in Gang gesetzt. Wo die Liebe für das Kind das Primäre war, herrschten Poesie, Verwirrung der Gefühle, Auffassungen aus der Praxis des täglichen Lebens. Um das Kind zu verstehen – so meinte man – brauche man das Alles nicht. Wieviel besser verstand man es, nachdem man den bedingten Reflex mit Hilfe von Pawlows Hund kennengelernt hatte! Wieviel besser verstand man es, nachdem man Ratten „frustriert" hatte, als man bemerkt hatte, wie Hühner miteinander umgehen, als man die Intelligenz bei den Protozoën gesucht hatte ....[2]

Spinnen wir den Gedanken noch einen kleinen Augenblick weiter und ... das Bild des Kindes, so mühsam befreit aus der Egozentrizität der autoritären Erziehung, erscheint uns wieder: hinter den Gittern des zoologischen Gartens.

Das Kind wird, wie der Erwachsene, immer dem Denken entgleiten, das den Menschen als biologische Gegebenheit sieht, die durch kontingente soziale Umstände ge-„form"-t wird, und die nur als Resultat unpersönlicher Kräfte manchmal Grillen und Merkwürdigkeiten zeigt.

---

[1] Vgl. E. Radl: Geschichte der biologischen Theorien, Leipzig 1909. Kap. XIV, S. 219f.

[2] Vgl. Verkenning en Verdieping, S. 162f.

Wer das Kind – wie auch den Erwachsenen – verstehen will, der muß ohne Umwege zu ihm gehen. Der muß seine Genese als offenen Prozeß sehen lernen, der der Entdeckung, den Einflüssen von guten und schlechten Erfahrungen, der Selbstauslegung – die zugleich ein Weltbild umfaßt, dem kein Mensch entrinnen kann – der Identifikation mit anderen und dem von anderen Geschaffenen gegenüber offensteht. Nicht ohne die biologische Mittlerschaft des Körpers und seines Prozesses; von ihm zu unterscheiden, aber nicht von seinen Funktionen zu trennen; nicht ihr Herr, sondern ihr Souverän; niemals aus ihnen zu verstehen, niemals ohne sie zu erklären.

Vieles von der Arbeit der Gelehrten im Laufe der letzten 200 Jahre wartet noch auf die Deutung, muß noch erklärt und verstanden werden. Erst langsam dämmert unserem Bewußtsein die große Bedeutung des Streites, welcher nach Descartes den Menschen als Einsatz hat. Wir wissen es: der Mensch ist *Aufgabe*, keine Naturtatsache. Er ererbt keinen Naturschatz, welcher mit biomechanischer Dynamik ihn zur Realisierung seiner ihm eigenen typischen Kennzeichen determinierte. Was er erbt, er muß es noch erwerben, um es zu besitzen. Gerade weil der Mensch als Naturgegebenheit *nicht* er selbst und *nicht* deutlich ist, ist es Illusion, sein Bild einfach durch Evolution erhalten zu wollen. Er ist das Wesen, das dann irgendwann aus der Evolution die Kenntnis von der Evolution „evoluiert". Etwas, das absolut nicht aus den Kategorien der Genen und ihrer Gesetzmäßigkeiten abgeleitet werden kann.

Obschon lauter „Aufgabe", ist der Mensch auch der große Versager. Obschon und: weil. Niemand versagt so wie er. Wer das Kind verstehen will, wird zu dem Kinde gehen müssen. Dort wird er Aufgabe und Versagen unfehlbar antreffen. Zum *Kinde* wird er gehen müssen. Sicher werden wir bei den Schimpansen treffende Übereinstimmungen und vage Analogien finden. Wir können aber nur wissen, daß gewisse Verhaltensweisen dieser Tiere beobachtenswert sind, weil ... etwas Menschliches, das uns zuvor bekannt ist, darin *wieder*erkannt wird. Zum Anthropomorphismus wird dies, wenn wir es auch noch menschlich zu erklären suchen. Ist es aber weniger falsch, menschliches Verhalten animalisierend verstehen zu wollen?

Wir haben gelernt, das Kind als ein Wesen zu sehen, das Sicherheit braucht und sucht; daß es diese bei seinen Eltern und weiter bei den Menschen findet, und daß das Kind dort, will es je Mensch werden, gewisse, nicht einmal so ganz geringfügige Voraussetzungen erfüllt finden muß. So sehen wir das Kind als ein Wesen, das zugleich auf Erziehung angewiesen und für Erziehung zugänglich ist: „animal educandum“ und „animal educabile“[1]. Wiederum ist damit das biologische Manko des Menschen, seine Hilflosigkeit, aufgezeigt.

Das Kind aber lebt nicht die Hilflosigkeit, sondern die Freude, in der Welt zu sein. Es kennt die Freude und ihr Gegenteil, die Enttäuschung, die Frage, die unbeantwortet bleibt. Dieses biologische Mangelwesen ist ruhelos. Ruhelos in seinem unerschöpflichen Fragen, ruhelos in seiner Unersättlichkeit, ruhelos durchbricht es sein „biologisches Gleichgewicht“, immer überschreitet es seine leiblichen Grenzen, es ist im Geiste schon dort, wo der Körper noch nicht ist. Versunken in seine Ruhe, aber schon fortschreitend im Traum, in den Gedanken, in der Sehnsucht.

So haben wir gelernt, das Kind in seiner arglosen, ungenialen Entdeckungsfahrt und bei seiner Schöpfungsarbeit zu sehen: Künstler des tausendfach Alltäglichen, des niemals Ähnlichen, zuweilen sogar des ungemein Besonderen.

Wie wären wir zu diesem Bilde gekommen, wenn nicht nach einer Vorgeschichte, gewirkt in den zahllosen Diensten am Kinde, im Werk und in der Sorge eines jeden Tages? Wie ohne die Gedanken der Zeiten in all ihrem Hin und Her? Wie ohne das Vorläufige, das Einseitige? Wie ohne die Beschäftigung der Erwachsenen mit ihren eigenen Geschäften, ihrer Mühsal und ihren Leiden? Denn außer der Liebe des Herzens haben auch diese uns für die Kenntnis des Kindes gedient. Die Kenntnis des Kindes ist überwiegend ein „trotz allem“ und ein „dank allem“. Die Liebe des Herzens hat zuvor und immer schon gewußt, daß das Kind, weil es die schwache Stelle des Menschen ist, die Welt richten werde.

[1] Vgl. m. Einführung in die theoretische Pädagogik, Stuttgart 1966, letztes Kapitel.

III

Über das Wesen der pädagogischen Psychologie und das Verhältnis der Psychologie zur Pädagogik

„Im Menschen erst hat Er ans Licht geführt
Was von dem Schatz Seiner Verborgenheit herrührt.
Er schuf die Kerze, die im Herz der Dunkelheit
Die Maske aufruft Seiner Majestät".

P. C. Boutens

Einleitung

Es ist schon wiederholt über das Verhältnis von Pädagogik und Psychologie geschrieben worden. In der vorhandenen Literatur handelt es sich dabei meistens um drei Gegensätze: um Hauptwissenschaft – Hilfswissenschaft, anwendende – angewandte, und endlich um normative – deskripitive Wissenschaft. Bei so tief verschiedenen Denkern wie Willmann und Paulsen sieht man unbestimmte Unterscheidungsversuche; Unklarheiten und tatsächliche Identifikationen findet man bei andern Gelehrten, etwa bei Meumann, Thorndike, Compayré oder Claparède. Englische Pädagogen wie Welton, Sir Percy Nunn, Sir Godfrey H. Thomson – in seiner *Modern Philosophy of education* (1929) – und viele andere reiben sich die Augen aus, wenn man das Verhältnis von Erziehungswissenschaft und Psychologie nicht gleich und deutlich genug umrissen sieht durch die Behauptung, daß die erste ein Anwendungsgebiet der letzten ist und daß der „common sense" uns behüten soll vor Übertreibungen einer Argumentation, die aus nichts anderem als aus „common sense" geboren wurde. Im wesentlichen kommt auch Hubert in seinem *Traité de pédagogie* (1946) nicht aus dem Verhältnis der „Anwendung" heraus; ist in seinen Augen wie in denen vieler anderer vor allem die Entwicklungspsychologie wichtig. Gibt sie doch, meint Hubert und meinen viele: „die objektive Kenntnis der Bedingungen und der natürlichen Entwicklung des Kindes". Für ihn wie für Wallon ist es selbstverständlich, daß man die „psychologie enfantine" vollkommen „positiv", d.h. ohne irgendwelche metaphysischen Voraussetzungen betreiben soll. „L'enfant devient l'adulte au point de vue physique." Wohl sieht er, daß das Kind sich „seinem Milieu anpaßt", aber nicht, daß diese Tatsache selber – wohl betrachtet – der psychischen Entwicklung gerade einen Freiheitsgrad verleiht, welcher es unmöglich macht vorauszusagen, wo die Entwicklung hinführt und welche Wege sie wählen wird.

In einer Kette von problematischen Ausdrücken gipfeln Huberts Gedanken, wenn er schreibt: „Die endgültige Anpassung, die des Erwachsenen, wird umso besser gelungen sein, je mehr sie das normale Ergebnis einer regelmäßigen Entwicklung ist". Es ist als ob ein *intellectus archetypus* sich schwebend über der Schöpfung seines Gehirns bewegt und übersieht, wie sich der Erwachsene nach einem vorgeschriebenen Muster planmäßig „anpaßt" – wie Glockenmetall in einer Gußform – um seine „definitive" Form zu erreichen, „normales" Ergebnis (résultat) einer „Entwicklung" (évolution), die regelmäßig (nach welchen Regeln?) verlaufen ist.

Wie bahnbrechend steht dem gegenüber Th. Litts Aufsatz von 1924 über *das Wesen des pädagogischen Denkens*[1]!

Hier wird zum ersten Male radikal mit dem im Wesen technisierenden Gedanken der „Anwendung" von – z.B. – der Psychologie in der Pädagogik abgerechnet. Verglichen damit ist der an sich sehr wertvolle Aufsatz von dem wissenschaftlich nur selten genügend anerkannten Aloys Fischer in *Jugendkunde und Schule*[2] kein Fortschritt, obwohl er eine äußerst lehrreiche Abhandlung und eine wertvolle Materialsammlung darstellt[3].

Was mich unbefriedigt ließ, waren hauptsächlich zwei Punkte. Erstens der Begriff „angewandte" Psychologie, worunter man gern die Pädagogik oder pädagogische Psychologie faßte. So wendet man die Kenntnis von Handarbeit an, indem man zu Hause die kaputte Küchentür repariert; die Kenntnis der Anatomie, indem man den Festhasen oder Sonntagsbraten transchiert; die Kenntnisse der Statistik beim Lesen einer Veröffentlichung über die Psychologie.

[1] Seit der 3. Auflage in sein „Führen oder Wachsenlassen?" aufgenommen; 4. erweiterte Auflage Klett – Stuttgart 1949.

[2] Hrsg. vom Zentralinstitut f. Erz. u. Unterr., Beltz – Langensalza 1926, S. 4–150: „Entwicklung, gegenwärtiger Stand und pädagogische Bedeutung der psychologischen Jugendforschung".

[3] Die Entwicklung dieser Probleme im niederländischen Sprachgebiet und auch meine eigenen Beiträge dazu wurden in dieser deutschen Bearbeitung außer Betracht gelassen.

Aber – was tut man damit eigentlich? Und handelt man so auch in der Erziehungswissenschaft, wo man – wie viele Psychologen zu sagen oder schweigend vorauszusetzen pflegen – ihre Wissenschaft nur anwendet? Und wenn man dies eigentlich *nicht* tun darf, wie ist dann wirklich das Verhältnis von Psychologie und Pädagogik?

Zweitens gab es die „Entwicklung", welche „die Psychologie" beschrieb und von der viele Pädagogen und ihre noch zahlreicheren Anhänger behaupteten, daß sie die natürliche Grundtatsache ausmache, an die sich die Erziehung anzuschließen habe. Bei manchen Psychologen sah es danach aus, als ob der Erzieher nichts anderes zu tun habe als die Tatsachen der psychischen Entwicklung zu akzeptieren, und diese „psychische Entwicklung" war ein biologischer Prozeß, so daß die Erziehung für einen vorbestimmten Strom nur das Bett zu bieten habe, „pour permettre à la vie de se manifester avec le maximum de facilité et d'intensité" (Demoor und Johnkheere). Auch wenn dies so wäre, würde aber das, was als „Technik" entwickelt werden konnte, um dem Leben seine größte Bequemlichkeit und Intensität zu verschaffen, *keine* angewandte Entwicklungspsychologie sein, sondern ein Versuch, einer als bekannt vorausgesetzten Entwicklung soviel wie möglich Hindernisse aus dem Weg zu räumen und soviel wie möglich Nahrung vorzubereiten. „Kenntnis der optimalen biologischen Bedingungen" könnte man die Grundlage dieser Technik nennen, aber nicht Anwendung der Kenntnis psychischer Entwicklung als solcher auf sich selbst. Und damit wurde mir die psychologische Entwicklung selbst zum Problem.

1.

Bei einer prinzipiellen Analyse müßte man sich zuerst fragen, ganz abgesehen von irgendwelcher Vorkenntnis über den Verlauf dieser Analyse:

1. Wie muß eine Psychologie beschaffen sein, zu der die Pädagogik überhaupt in einem organischen und produktiven Verhältnis stehen kann – woran sich die 2. Frage unmittelbar anschließt:

2. Wie muß dies Verhältnis dann näher umschrieben werden.

Diese zwei anscheinend praevalablen Fragen werden uns mitten in die Problematik führen, mit der meine schon früher besprochenen Fragen engstens verbunden sind.

Nun ist, was die erste Frage betrifft, sofort klar, daß die Pädagogik nichts mit einer Psychologie anfangen kann, die von der eigentlichen

Erziehungssituation als solcher nichts weiß. Wir meinen das genau, wie wir es sagen: es soll die Psychologie mit der Erziehungssituation selbst zu tun haben, will sie nicht wie ein Fremdkörper, unverzehrbar wie die graue Theorie, außerhalb der aktuellen Erziehung stehen bleiben. Das heißt also, daß die Psychologie nur insofern Bedeutung haben kann für eine wesenhaft menschlich-existentielle Situation, wie das Erzogenwerden und Erziehen ist, als sie überhaupt aus der Analyse von tatsächlichen menschlich-existentiellen Situationen entstanden ist. Nur durch Zufall findet der Sachverständige etwas Brauchbares in einer Psychologie, die ihren Ursprung hat in der Physiologie, oder Biologie, oder in einem biologisch orientierten Begriffsmilieu, wie „Leben-Anpassung-Assimilation", oder in der Logik, um von dort aus eine Denkpsychologie – wie sie vor der Würzburger Schule bestand – aufzubauen, oder in einer Entwicklungspsychologie – wie die von Wallon oder Piaget, wobei der letztere vor allem biologisch verstanden zu werden wünscht. Die Psychologie, die für die Erziehungswissenschaft eine Bedeutung haben soll, muß also aus echt menschlicher Begegnung geboren werden, und hierfür sind immer zwei Menschen nötig. Nicht nur die Psychologie ohne Seele, sondern auch die Psychologie ohne Psychologen ist für uns wertlos. Van Lennep[1] hat uns daran erinnert, daß der Psychologe das vergessene und wichtigste „Instrument" der Psychologie sei, und daß seine Arbeitsstelle die der menschlichen Begegnung ist. Nicht wo der Mensch in Intelligenzquotienten gemessen wird, nicht wo er durch das Loch in der Wand beobachtet wird, sondern wo wir ihm und er uns begegnet, ist er tatsächlich da. Und nur wo dies der Fall ist, kann man ihn verstehen oder versuchen zu verstehen.

Das ist der einzige Ursprung einer Psychologie, die einer Wissenschaft etwas sagen kann, welche selbst entsteht-aus und besteht-in der Analyse und als-Folge-von einer solchen Begegnung in einer wirklich echten, menschlich-existentiellen Situation. Eine Wissenschaft, die das menschliche Handeln in einer solchen Situation untersuchen und leiten will, integriert auch die analytischen oder interpretierenden Methoden, die in ihrem Gebiet auftreten. Nur wenn die Erziehung keine solche existentielle Situation des Menschen wäre, würde eine solche Sinn- und Einheit-gebende Aufgabe nicht der Erziehungswissenschaft obliegen. Es ist deutlich, daß der Psychologe, will er etwas Brauchbares schaffen, besonders die Methoden zu entwickeln

[1] Gewogen, bekeken, ontmoet. Den Haag, Mart. Nijhoff, 1949 (Gewogen, betrachtet, begegnet).

hat, die es ihm ermöglichen, dem Menschen in wirklichen Situationen zu begegnen oder – wenn man an eine besondere Form der Begegnung denkt – ihn zu begleiten.

Und zweitens: solange der Psychologe nicht von einem Gesichtspunkt, der die Totalität des Menschen umfaßt, verstanden hat, was an einer gewissen Funktion oder Leistung – sagen wir der Wahrnehmung – das eigentlich Menschliche ist, solange ist er noch nicht soweit, Psychologie als Wissenschaft zu betreiben. So ist die Wahrnehmungspsychologie von Merleau-Ponty, Nogué, Erwin Straus eine zur Psychologie gereifte Analyse, die bei den Großmeistern der alten Experimental-Psychologie um 1900 herum noch nicht zu finden ist und die man auch in unseren Tagen nur vereinzelt antrifft. So ist Buytendijks Lehre von der menschlichen Haltung und Bewegung eine wirkliche, existentiell-analytische Psychologie, die erst den früheren experimentellen Untersuchungen über die Bewegung einen Sinn gibt, insofern sie einen Sinn haben können.

Drittens ist die unentbehrliche Vorbedingung einer solchen Psychologie, daß der Psychologe, um sie aufbauen zu können, gelernt haben muß, die in der Begegnung erweckten Eindrücke objektiv zu entziffern, solche Entzifferung rein phänomenologisch zu verrichten und dann – u.a. induktiv – zu prüfen. Es ist klar daß der Psychologe dabei sich selbst antrifft, und daß er gewisse Grunderfahrungen an sich selbst und anderen in den Fundamentalkategorien von Lebenssituationen erfahren und verarbeitet haben muß, will er imstande sein, wissenschaftlich zu arbeiten. Die weitverbreitete Erscheinung des Psychologen ohne Selbst- und Menschenkenntnis ist ein sprechendes Symptom für die Äußerlichkeit und demzufolge Wertlosigkeit einer Psychologie, die in einer produktiven Beziehung zu einer real-existentiellen Situation, wie sie die Erziehung nun einmal ist, stehen sollte[1].

Bedarf es noch der Argumente für diese Feststellung? Theoretisch nicht. Sie sind schon mehrmals gebracht worden. Aber immer wieder ist es notwendig, diese Sachlage gewissen sozial einflußreichen Usurpatoren gegenüber auseinanderzusetzen und zu verteidigen. So besonders den Medizinern gegenüber, die der Gefahr ausgesetzt sind als magische Herrscher über Tod und Leben betrachtet zu werden, denen

[1] Die übliche „Lehranalyse", aus einer anderen Problematik entstanden, ist mit der hier gegebenen Meinung verwandt. M. E. ist sie aber unzureichend um das hier gesteckte Ziel zu erreichen, und zwar vornehmlich durch ihre Gebundenheit an eine sehr beschränkte und oft nicht als solche erkannte Anthropologie.

dann auch das gesamte hilflose Leben anvertraut sei[1]. Als säkularisierte Priester treten besonders einige Psychiater auf; jegliches Leiden wird eine Krankheit, die menschliche Psyche wird vom Gesichtspunkt der Psychosen und Neurosen aus mit einer Selbstverständlichkeit betrachtet, die mit aller wünschenswerten Deutlichkeit zu verstehen gibt, daß körperliche Gesundheit und geistige Vollwertigkeit in der Tat nicht die Gebiete des Arztes sind. Wo die Erziehung in Prophylaxe und psychische Hygiene entartet, sind Saekularisierung und Vertechnisierung vollbracht und ist die Erziehung als solche unmöglich geworden. Anderseits haben die Psychologen öfters auf ihre Weise die Erziehungssituation einem Anwendungsgebiete ihrer Laboratoriumsbefunde gleichgesetzt und damit die Situation ihres Sinnes beraubt. Hiermit wird so gleichzeitig, wie ich schon sagte, die Sinnlosigkeit jener Psychologie durch die Tatsachen selbst bewiesen.

Aber es ist unnötig, hier tiefer auf eine theoretisch-phänomenologische Analyse der Erziehung einzugehen; dies ist häufig geschehen. Wir dürfen sie als bekannt voraussetzen. In meiner kurzen *theoretischen Pädagogik*[2] habe ich zu zeigen versucht, daß der Umgang *des* Erwachsenen mit *dem* Kinde an sich schon ein pädagogisch präformiertes Feld ist. Die Erziehungssituation kann daraus entstehen, in erwarteter oder völlig unerwarteter Weise. Trifft dies zu, dann wird ein Verhältnis innerlicher Verbundenheit von Erziehung zur Psychologie in einer sogenannten „Anweisung“ erst recht eine Studierstuben- oder Laboratoriumskonstruktion. Alle solchen Konstruktionen sind die Folgen eines der Technik versklavten Geistes, und schon vor mehr als fünfundzwanzig Jahren hat Litt unwiderlegbar klargestellt[3], wie fehl ein solcher Geist in der Erziehung als Handlung am Platze ist. Man kann innerhalb des Erziehungsterrains nur gut oder schlecht erziehen oder – drittens – man tritt überhaupt nicht in der Eigenschaft des Erziehers auf – so z. B. wenn man einen Buben mitnimmt auf den Spaziergang, weil man – nun: gerne mal ein wenig plaudern möchte, aber nicht mit dem Ziele, ihn während des Spazierganges zu erziehen. So kann man Erkenntnisse und Einsichten, die man nicht aus der menschlichen Begegnung als erzieherischer Aufgabe gewonnen hat, natürlich mitteilen. So kann man erzählen, daß es

---

[1] Die bedenklichen Folgen einer solchen monopolistischen Neigung des medizinischen „Standes“ für Erziehung, Unterricht *und* Psychologie selber sehen wir in verschiedenen Ländern Europas.

[2] „Einführung in die theoretische Pädagogik“, Stuttgart 1966.

[3] Die Methodik des pädagogischen Denkens, Zs. „Kantstudien“ Bd. 26, 1921.

einen Napoleon gegeben hat und daß es noch immer gleichschenklige Dreiecke gibt und daß Onkel Johann sich ein neues Auto gekauft hat. Man kann solche nicht aus der Erziehungssituation hervorgegangenen Kenntnisse auch bei der Erziehung anwenden, indem man sie dem Zögling als Material anbietet. Damit aber stellt man sie unter die Gesetze der Erziehungssituation. „Anbieten" ist nämlich nicht dasselbe wie einfach Da-seinlassen. Anbieten ist schon: in Beziehung setzen. Und zwar immer in zweifacher Bedeutung: sie in Beziehung setzen zu den Erziehungszielen und zu dem jungen Menschen, der erzogen werden soll. Und auch hier darf man nicht so tun, als ob diese zwei Beziehungen *lose nebeneinander stünden*, als ob man erst die Sache den Erziehungszielen zuordnen könnte und dann dieselbe – nunmehr schon mit einer bestimmten Struktur und unter Beibehaltung derselben – wieder wesentlich anders gestalten könnte, und zwar auf den Zögling hin. Natürlich hat man das Problem zu lösen versucht, indem man sagte: die Erziehungsziele und der Zögling stehen einander nicht als zwei Welten gegenüber, die Erziehungsziele müssen dem, der erzogen werden soll, angemessen sein. Und nun muß ich etwas eben Gesagtes korrigieren; ich sagte: „Man hat das Problem zu lösen versucht". Aber das ist nicht ganz richtig; das Problem, um das es hier geht, hat man gar nicht lösen wollen. Wenn man über das Verhältnis von Erziehungszielen zum Zögling philosophierte, geschah es aus einer ganz anderen Problematik heraus. Man wollte zeigen, daß diese Zweiheit, diese zweifache Wurzel der Erziehung, als Einheit aufzutreten habe. Also daß hier aus einer Dialektik die einheitliche Tat des Erziehers geboren werden müßte, – wobei man dann noch meistens unterließ aufzuzeigen, welche zugeordnete Handlungsform die des Zöglings sein mußte – aber man hat sich nun *nicht* die Frage gestellt, ob es unter diesen Umständen noch einen Sinn habe, von einer „Anwendung" der Psychologie zu reden, geschweige denn von einer in vielfacher Bedeutung unanwendbaren, außerhalb der Erziehungsituation stehenden Psychologie. Man hat den Gedanken der Identifizierung von Pädagogik und „angewandter Psychologie" bekämpft; aber nicht, weil in der Verbindung „angewandte Psychologie" das Hauptwort zweifelhafte Bedeutung haben sollte und weil demzufolge die Anwendung eines nicht scharf umrissenen Begriffes desto zweifelhafter werden mußte. Daß man innerhalb der wissenschaftlichen Analyse der Erziehungssituation eine verhältnismäßig abgeleitete, d. h. nicht ursprüngliche Analyse noch mit dem Adjektiv „psychologisch" benennen könnte – das ist eine andere Sache.

Anderseits gab es die nicht aus der Analyse der pädagogischen Situation entstandene Psychologie. Der Mann der Praxis in der Erziehung hat sie immer mit großem Mißtrauen und oft gleich großer Unkenntnis aus der Ferne beobachtet. Und dabei hatte er teilweise recht: eine sogenannte experimentell-psychologische Untersuchung hat keinen pädagogischen Wert, wenn die Problemstellung selbst nicht aus der Erziehungssituation, aus dem eigenen Stehen in der Situation abgeleitet ist. Die ganze Psychologie von Ebbinghaus oder Meumann, die umfangreichen Studien von Thorndike, die zahllosen Untersuchungen über die Einprägung sinnloser Silben usw. werden nicht dadurch pädagogisch, daß die Psychologen das, was sie sich darunter vorstellen, mit dem Wort „lernen" oder „Gedächtnis" bezeichnen, und die armen Erzieher, in Anlehnung an die Umgangssprache und die Psychologie, diese Worte ebenfalls verwenden.

Der Mann der Praxis hat hier immer mit Recht den Eindruck gehabt, diese Psychologie sei jedenfalls für ihn und seinen Zögling inhaltlos. Nur auf dem Wege einer anthropologischen Interpretation des menschlichen Gedächtnisses oder des menschlichen Lernprozesses hätte der Pädagoge Anhaltspunkte für seine eigene Problematik finden können. Vor allem dann, wenn er selbst diese Interpretation, nach gründlicher Vorbereitung, vom Gesichtspunkte der Anthropologie des Kindes, d.h. der kindlichen Lebenssituation aus vollziehen würde. Denn „lernen" als menschliche Handlungsform kommt beim Kinde nur innerhalb der funktionellen Totalität der kindlichen Lebenssituation vor. Erst von diesem Gesichtspunkt aus kann man sinnvoll von „erziehen" und „Psychologie der Erziehung", von „aufwachsen", „sich entwickeln" sprechen. Aber ich brauche hier nicht zu sagen, daß eine derartig orientierte Psychologie nicht vorhanden ist, und daß demzufolge die Erzieher unbewußt mit einer von ihnen selbst längst als unhaltbar und als unzureichend empfundenen „angewandten Psychologie" arbeiten. Der Pädagoge arbeitet so häufig mit einer nutzlosen Problematik, die er intuitiv korrigiert aber nicht explizite in einen anderen, seiner Aufgabe entsprechenden Sinnzusammenhang hinein umdenkt. Es kann uns nicht wundernehmen, daß man auf diese Weise in vielen sogenannten „Psychologien der Erziehung" nur Rohmaterialien antrifft, mit denen man nicht viel anfangen kann, und daß man in denselben Büchern auf fundamentale Erziehungsfragen keine Antwort findet. Ein Sichbesinnen auf die Phänomenologie der Erziehung findet man dort nirgends, eine Entgleisung in die Ingenieurs-Technik des Testbetriebes um so öfter. So hat man eine eigene Anthropologie in die Pädagogik hineingeschmuggelt: meistens naturalistisch-mechanistischer Art.

Inwiefern ist nun unsere Behauptung richtig, daß das Wort „Psychologie" in der Zusammensetzung „angewandte Psychologie" oder „pädagogische Psychologie" nur eine zweifelhafte Bedeutung hat? In Kürze läßt sich das am besten klarmachen, wenn man von der Frage ausgeht, was eigentlich die „Entwicklungs-Psychologie", oder – was auf das gleiche hinauskommt – was die „psychische Entwicklung" ist. Gerne spricht man von „der Entfaltung" dessen, was ein Kind „im Wesen schon ist", oder von „Gesetzen des Wachstums", von „necessary stages of development of the average child", usw. Nach meiner Meinung muß man feststellen, daß sich hier eine *petitio principii* verbirgt. Es ist nämlich nicht so, daß es eine psychische Entwicklung gibt, sowie es eine ontogenetisch körperliche Entwicklung gibt oder eine phylogenetische Entwicklung des zentralen Nervensystems. „Psychische Entwicklung" ist keine biomechanische Erscheinung, die sich innerhalb bestimmter Zeitgrenzen unaufhaltsam mit Naturgewalt vollzieht. Was die sogenannte Entwicklungspsychologie zu beschreiben glaubt als primäre, der Psychologie innewohnende Tatsachen, ist im wesentlichen eine Geschichte von den Entdeckungen des Menschenkindes, gerichtet auf das normale Menschenbild seines Milieus[1]. Innerhalb der menschlichen Existenz gibt es nun aber gewisse spezifisch menschliche Situationen, die diese Entdekkungsreise einerseits unterstützen und befördern, anderseits ihr aber auch gewisse Einschränkungen auferlegen, dabei jedoch immer ganz erhebliche Möglichkeiten zur freien Verfügung offen lassen. Diese bedingt-freie Entdeckungsreise der menschlich-psychischen Entwicklung vollzieht sich allerdings auf dem Untergrund von biologisch-unfreierer, körperlicher und funktioneller Bestimmtheit.

2.

Wir wollen das verdeutlichen am Erlernen der Muttersprache. Es ist klar, daß kein Kind eine Sprache in einer sprachlosen Umgebung selbst erdenkt, aber jedes Kind, sogar das debile, entdeckt die Sprachsituation mit der darin anwesenden Sprache. Diese Situation wurzelt im Wesen des Menschen, sie ist deutlich gekennzeichnet als eine

[1] Vgl. auch: Die Entwicklungspsychologie als Problem, in meinem „Verkenning en Verdieping". Purmerend 1950 (Untersuchung und Vertiefung).

kooperative Handlung gebunden an eine Hilfshandlung eigener Art (Reichling). Es gibt wohl *Leben* ohne Sprache, aber kein *menschliches* Leben besteht ohne Sprache. Es ist eine qualitative und total kategoriale Veränderung des „Lebewesens" zum Menschen, sobald aus der Totalität der Lebenssituationen des Kindes *eine* bestimmte Situation in den Vordergrund tritt und an ein ganz bestimmtes Merkmal gebunden wird und wenn dann weiterhin dieses Kennzeichen als Integrationsmoment auftritt und auf etwas bezogen wird, das selbst wieder auf ganz abstrakte Weise dieses Merkmal integriert, nämlich: *die Bedeutung* der Sprache. Gleichzeitig hiermit entdeckt das Kind ein geistiges System, das auf die Gemeinschaft bezogen ist und so historischer Art ist. Und obschon das alles nun sehr systematisch und objektiv ist, hindert dieser Charakter der Sprache den Menschen keineswegs daran, sich in ganz persönlicher Weise in der Sprache auszudrücken. Und zwar so, daß ein jeder sagen kann, was er wünscht und wie er es wünscht, aber auch so; daß er sich durch Stimmfarbe, Tempo, Rhythmus usw. ganz persönlich zu erkennen gibt. Alle diese Tatsachen sind bekannt und sind, scheint mir, keiner speziellen Begründung mehr bedürftig. Nur in einem Punkte ist weitere Erklärung nötig: es ist nicht so, daß die Sprache als naturnotwendige Tatsache „auftritt", sie muß entdeckt werden. Sie kann auch *nicht* zustandekommen. Dieses Wesen ohne Sprache lebt dann ein völlig anderes Leben. Aber es bleibt Leben. Sprache zu haben ist nicht naturnotwendig. Es ist die *menschliche* Lebenssituation, welche die Möglichkeit schafft zur persönlichen Entdeckung gewisser *Möglichkeiten*. Die Psychologie muß eine Erscheinung beschreiben, die für ihr Entstehen von bestimmten Bedingungen abhängig ist. Eine dieser Bedingungen ist die Erziehung – wie unvollständig diese auch nur sei. Die anthropologische Analyse des Kindes, wozu die Erkenntnis des Kindes als „animal educandum" gehört[1], als eines wesentlich auf Erziehung angelegten Wesens, verschafft der Psychologie erst die Möglichkeit zu beginnen.

Was – unter diesen Bedingungen – kann noch „angewandte" oder „pädagogische Psychologie" bedeuten? Die Psychologie bedarf so zu ihrer logischen Möglichkeit gerade der Erziehungssituation als Voraussetzung. Wie kann sie dann der Erziehung zur Voraussetzung, zur Grundlage dienen? Wie gesagt: das zu Beweisende wird als bekannt vorausgesetzt in dieser Terminologie, es handelt sich um eine *petitio principii*. Eine Phänomenologie der Erziehung als Phänomeno-

[1] Vgl. über diese *contradictio in terminis* meine Einführung in die theoretische Pädagogik, Kapitel VII.

logie einer menschlichen Lebenssituation ermöglicht logischerweise die Entwicklungspsychologie. Die gebräuchliche Entwicklung der Kinderpsychologie hat nur insofern wissenschaftliche Bedeutung, als sie unbewußt von einer impliziten Anthropologie des Kindes ausgegangen ist. Es gehört aber gerade zur Aufgabe der Wissenschaft, sich explizite der Bedingungen ihrer Möglichkeiten bewußt zu werden.

Wir wollen noch an zwei Beispielen unsere Auffassung näher begründen und zwar am aufrechten Gange des Menschen und am kindlichen Gefühlsleben. Singh und Zingg[1] haben an einem achtjährigen, von Wölfen gepflegten Mädchen konstatiert, daß es auf allen Vieren ebenso schnell wie seine Pflegefamilie lief und sich an das Leben unter Wölfen angepaßt hatte, seit es als Findling kurz nach seiner Geburt sein Leben unter diesen Tieren begann. Auch der aufrechte Gang, zu dem es physiologisch in jeder Hinsicht veranlagt war, mußte schließlich entdeckt und in der Gemeinschaft der Aufrechtgehenden erhalten werden. Eine außerordentliche Leistung der menschlichen Intelligenz und ein klares Zeichen des Menschlichen als solches ersehen wir in der tatsächlichen Entdeckung des Tierganges von diesem Mädchen. Unsere seit Jahrtausenden domestizierten Haustiere gehen noch immer nicht aufrecht außer in kurzen Dressurkunststückchen. Die Entwicklungspsychologie hat es nun auch hier, in diesem so unverkennbar physiologisch weitgehend vorbereiteten Schritt der Entdeckung des aufrechten Ganges doch wieder mit einer an Vorbedingungen gebundenen Entwicklung zu tun. Zu den Bedingungen gehört dann auch das Aufgenommensein in die Versorgung der Erwachsenen. Es ist an erster Stelle die phänomenologische Analyse des menschlichen Verhaltens und seiner Formen, die diese Entwicklung, besonders innerhalb der Anthropologie des Kindes als „animal educandum", zu erhellen hat.

Das menschliche Gefühlsleben weist in mehr als einer Hinsicht eine weitgehende Differenzierung auf. Es ist ohne Zweifel eine der Grundlagen der ganzen menschlichen Kultur. Wo im psychischen Leben des Menschen gibt es so viele Unterschiede und wo wären Reihen von Gefühlen nachweisbar, die mit biomechanischer Notwendigkeit verlaufen? Auch hier stoßen wir wieder auf dieselbe petitio principii: die entwicklungspsychologische Darstellung des Gefühlslebens setzt die Lebenssituation des „animal educandum" voraus. Sie kann erst unternommen werden, nachdem diese Situation phänomenologisch klar-

[1] Wolfchildren and feral man. N. Y. 1942. Man lese vor allem *dieses* Buch und nicht das darauf beruhende, aber nicht recht gelungene von A. Gesell.

gestellt ist. Nehmen wir als Beispiel die psychische Pubertät, eine sogenannte Entwicklungsphase, reich an Gefühlen, welche gut bekannt zu sein scheint, wenn man den üblichen Auffassungen von der Pubertät glauben möchte. Dabei kann man sich genau so gut auf Spranger wie auf Charlotte Bühler, auf Hall wie auf Dimmock, auf Mendousse wie auf Debesse berufen. Aber dennoch: auch diese sogenannte Entwicklungsphase tritt nur unter bestimmten Milieubedingungen auf. Der Mensch kann auch außerhalb ihrer erwachsen werden. Der Typus der Erwachsenheit kann verschieden sein, auch Land- und Arbeiterjugend werden erwachsen, ohne eine Pubertät im Sinne der eben erwähnten Autoren zu erleben. Lange Jahrhunderte ist der Übergang vom Kindesalter zu den Lebensformen der Erwachsenen so schnell, so traditionsbedingt verlaufen, daß die entwicklungsgemäß vorgeschriebenen Gefühle nicht auftraten. Höchstens waren äußerst rudimentäre Affekte, besser gesagt: Keime von Affekten, in der Sphäre der direkten Sexualität aufweisbar, aufgenommen in Standesgefühlen, die z.B. im Leben der Arbeit oder des Soldaten, des Edelmannes, Kaufmannes, in Fabrik oder Kaserne üblich waren. Auch die Tatsachen der Gefühlsübertragung, der Einfühlung, der Gefühlssubtilität zeigen deutlich, daß nicht nur biologische Entfaltung oder mechanische Wechselwirkung zwischen „Organismus" und „Milieu", sondern vor allem die innere Kreativität der Entdeckung von persönlichkeitsgestaltenden Möglichkeiten im Gefühlsleben die sogenannte Entwicklung bedingen. Gefühle früherer Generationen sind in unserer Gefühlsskala „kindlich", „übertrieben", „schwer zugänglich", „veraltert", und wenn wir die Wurzel gewisser heutiger Gefühle suchen – z.B. der Vaterlandsliebe – dann finden wir in genügender historischer Distanz nur andere Gefühle, wie z.B. Treue dem Brotherrn gegenüber. Die Plastizität des Menschen, oder vielmehr die Unbestimmtheit der menschlichen Entwicklung, zeigt sich besonders auffällig in seinem Gefühlsleben, und was wir am menschlichen Lebenslauf beschreiben, ist eine Form dieser Entwicklung, deren Notwendigkeit an Vorbedingungen geknüpft ist. Besonders im Gefühlsleben sind alle Lebensgeschichten verschieden, wie die tiefenpsychologische Erfahrung aller Schulen zeigt. Aber die Tiefenpsychologie hat ihrerseits den Nachdruck auf gewisse bedingte Mechanismen gelegt, d.h. Mechanismen, die unter der Bedingung auftreten, daß eine gewisse Beziehung – z.B. zwischen einer stark dominierenden Mutter und ihrem Sohn – mit im Spiel sei. Anderseits hat sie eine höchst skizzenhafte sogenannte „libido-genetische" Phaseneinteilung der psychischen Entwicklung angedeutet, die mit

Riesenschritten über allerei Veränderungen hinweggeht. Und nun werden sowohl diese Mechanismen als dieser Phasenaufbau wieder für vollkommen unnötig gehalten, und zwar von unverdächtigen naturalistischen Geistesverwandten, wie von der Ethnologin und Psychologin Margareth Mead[1]. In gewissen primitiven Kulturen bekommt das Kind keine Chance, eine oedipale Phase durchzumachen oder einen Oedipuskomplex zu erwerben, auch wenn es noch so gerne möchte[2]. Es fehlen dazu ganz bestimmte konstitutive Momente im Netz der Gefühlsbeziehungen, z.B. weil eine solche Kultur den Vater-Genitor vollkommen aus dem Leben des Kindes verschwinden läßt und an seiner Stelle eine ganz andere menschliche Beziehung aufbaut, wobei dann prompt adäquate Gefühle erscheinen, Gefühle in einer Gestalt, in einer Zeit, in einem gegenseitigen Zusammenhang, die bezeichnend sind für jene Lebenssituation.

3.

Was wir jetzt an der für die Pädagogik wichtigsten Form des psychologischen Denkens verdeutlicht haben, gilt prinzipiell für jede andere Form der Psychologie, mit der die Pädagogik zu tun bekommt. Ich möchte hier die äußersten Konsequenzen dieser Auffassung aussprechen und so formulieren: Das Objekt der Psychologie ist in so hohem Maße von Umständen abhängig, daß „dieses Objekt" erst entsteht und dadurch Psychologie möglich macht, nachdem eine phänomenlogische Analyse die Situationen der menschlichen Existenz geklärt hat, welche den Spielraum für die tatsächlichen Konkretisierungen bilden, die an sich willkürlich sind, weil sie unvoraussagbare Möglichkeiten darstellen. Erlauben wir uns, weil diese Frage so besonders wichtig ist und obwohl uns dies außerhalb unserer direkten Argumentation führt, an einem anderen Beispiel der „angewandten" Psychologie zu zeigen, wie da dasselbe gilt.

In der Berufsberatung wird der Psychologe oft als Beschaffer von primärem Material betrachtet; dasselbe gilt für den Psychologen, welcher bei der Schulwahl berät. Wie aber können wir die Berufe und

---

[1] Vgl. z.B. Male and Female. London 1950, Kap. V. Weiter z.B. Karen Horney: New Ways in Psychoanalysis (1939). London 1947, Kap. IV; Malinowski: Sex and repression in savage society, 1927.

[2] Dasselbe gilt für die sog. „Latenz-Periode". „In many cultures no latency period is observed in the life of the individual, and even in our own culture, it appears lacking in the life-history of many persons." (W. V. Silverberg: *Childhood Experience and personal destiny.* N. Y. 1952, p. 155).

die Schulen anders ansehen denn als Folgen der Zivilisation, die in keiner direkten Beziehung zur gegebenen psychischen Variabilität der menschlichen Psyche stehen[1]?

Nicht aus einer eindeutigen psychischen Entwicklung sind dazu passende Lehrstoffe gewählt und Schultypen konstruiert worden; ebensowenig sind die Berufe in einer Art Harmonia prästabilita parallel geschaltet zu psychischen Strukturen wie Bild und Spiegelbild.

Würde man die Volksschule auf eine allgemein industrielle Berufstätigkeit der abgehenden Schüler einstellen, dann wäre man überrascht über die große Zahl der Kinder, von denen sich herausstellen würde, daß sie nicht nur plastisch genug sind, um innerhalb der Variabilität der verschiedenen Industrieberufe eine Stelle einzunehmen, sondern auch, daß sie in technischer Hinsicht „besonders begabt" sind. So wie man heute, bei einer höchst speziellen Gerichtetheit auf universitäre und quasi universitäre Ausbildung über den kleinen Prozentsatz der Kinder erstaunt ist, die den äußerst spezialistischen Anforderungen unserer üblichen höheren Schulen genügen, die ihrerseits um Fächer herumgebaut sind, die – wie man meint – seligieren: um die klassischen Sprachen und die Mathematik. Und tatsächlich seligieren sie, insofern als es nämlich nur einen kleinen Prozentsatz von Kindern gibt, die im verlangten Alter diesen sehr einseitigen Anforderungen genügend frühreif genügen können. Ob man damit „die richtige Auswahl" getroffen hat, hängt von vielen Fragen ab, die hier nicht zur Sache gehören.

Ebensowenig wie die Philologie oder die Mathematik reine Entwicklungsprodukte des menschlichen Geistes sind, sondern geistige Bauwerke, in denen sich eine Geschichte von Funden und Entdekkungen der erfinderischsten Vertreter dieser Wissenschaften spiegelt, ebensowenig sind die anderen Gebiete der Wissenschaft „von selber" in „der" Evolution von Individuum oder Gattung entstanden. Sie sind immer höhere oder niedrigere Synthesen von Entdeckungen, die in Systemen, Verfahren, in Gewerben usw. festgelegt wurden. Sie gehören zu den Möglichkeiten des menschlichen Geistes, nicht zu seinen Naturnotwendigkeiten. So gut wie ein Kind z.B. die Sprache seiner Umgebung entdecken muß, muß es den Handgriff des Schmiedes oder Tischlers, den Beruf des Kranmeisters oder Taxichauffeurs, des Schreibers oder Ladenbesitzers, Arztes oder Lehrers als gegebene Möglichkeit *entdecken*. Und erst durch die Funktion einer konkreten

---

[1] Vgl. Van Lennep, a.a.O. S. 15f.

Berufsdifferenzierung entwickelt sich das *Trugbild* einer bestimmten Anlage für einen Beruf.

Die Berufe aber rufen die Anlagebilder als ihre psychischen Spiegelbilder herauf, die Ausbildungsgewohnheiten von Schule und häuslichem Milieu prädisponieren zum Hervortreten von gewissen Gebieten woraufhin, und Richtlinien nach denen Interesse, Aufmerksamkeit, Ehrgeiz, Ehrgeizbefriedigung, intellektuelle Gewandtheit usw. spezifisch entwickelt werden.

Es ist kein primär *psychologisches* Material, worüber der Psychologe bei der Berufsberatung verfügt. Er hat auch hier ein Objekt, das er sich nicht selbst gegeben hat, sondern das ihm gegeben wird durch die soziologische, historische und – fundamentaler als diese beiden – phänomenologische Analyse der Situation des arbeitenden Menschen als einer existentiellen menschlichen Situation, in der eine sehr große, eine nicht unendliche, aber wohl nie zu erschöpfende Differenziertheit auftritt. Keine Psychologie kann sagen, welche Berufe es in der Wirklichkeit geben soll auf Grund empirischer Kenntnis der menschlichen Psyche.

Wichtiger ist aber, daß es nicht die empirische Psychologie ist, welche von sich aus die Arbeitssituation als existentielle Form des Menschseins entdecken, analysieren, beschreiben, beherrschen und richten kann. Sie kennt nur empirisch die Psyche, die sich schon in dieser Spezifikation verwirklicht hat oder sich dieser Spezifikation gemäß „anpassen" kann. Daher die Sinnlosigkeit der psychologischen Berufsberatung des Kindes und die – psychologisch – unlösbare Aufgabe, jemandem einen Beruf anzuraten, der noch Kind blieb, in den Jahren der anfangenden oder vollzogenen Forderung des Erwachsenseins. Daraus folgt, daß der Psychologe in der Gesamtheit und im einzelnen keine Berufswahl anraten kann und eine μετάβασις εἰς ἄλλο γένος vollstreckt, wenn er doch den Rat gibt einen bestimmten Beruf zu wählen, da die Ausübung jedes Berufes die Psyche tatsächlich ändern wird, so daß ein solcher Rat vollkommen in dem Gebiete der *Lebensrichtung* liegt[1].

Beziehen wir jetzt in unsere Betrachtungen auch die sogenannte „therapeutische Psychologie" ein. Sie ist die Psychologie, die dem Menschen hilft in dieser so komplizierten Gesellschaft seinen Weg zum Lebensglück zu finden. Sie wurde in Fortsetzung der Pädagogik

---

[1] Hieraus folgt also, daß es sich hier *nicht* um das Voraussagen des Verhaltens, (vgl. De Groot: Inauguralrede 1950) sondern um die Änderung der Beziehung von Person zur Welt und also: um die Person handelt.

wohl Andragogik – „Menschenführungskunde" – genannt. Von ihr gilt ebenfalls: sie *ist keine primäre*, keine autonome Psychologie, die ihr Objekt aus sich selber hat. Und sie ist, insofern sie Psychologie ist, nicht nur deshalb keine „autonome Psychologie", weil sie nicht normativ, sondern empirisch-analytisch ist, sondern auch deshalb, weil der hilflose Mensch, oder besser: der Mensch in seiner Unbeholfenheit, ein eigener existentieller Aspekt des Menschen ist, der in einer phänomenologischen Analyse der menschlichen Existenz als solcher aufgezeigt wird und nur dort bloßgestellt werden kann. Es ist diese Analyse, die dem „klinischen Psychologen" den Grund gibt, auf dem er basiert, und die Abgrenzung angibt, innerhalb welcher seine Arbeit sich sinnvoll entfalten kann. Wo eine solche Analyse fehlt – und jeder weiß, daß eine solche nicht nur oft fehlt, sondern daß viele Psychologen sie sogar als sinnlos betrachten –, da findet bloß eine äußere und sekundäre Manipulation statt, oder man arbeitet unwillkürlich durch die Gnade einer aus historischer Kenntnis und zufälliger, unsauberer sozialer Erfahrung gebildeten impliziten Ahnung der existentiellen Situation des Menschen. Nicht selten vermischt man diese zwei mit unverfrorenerArglosigkeit und vermeint – mit einer Naivität, die manchen Formen positivistischen Denkens zu eigen ist –, zu wissen, was nun einmal „gegebene Tatsachen" sind.

Diese Ungegründetheit einer solchen psychologischen Praxis ist die Kehrseite von maßlosen Aspirationen und der Ursprung von dementsprechenden Ambitionen, die höchstens von einer cartesianisch-dualistischen Anerkennung „des Körpers" als Gebiet der Heilkunde noch übertroffen werden!

Die äußerliche Verbindung von Psychologe und Arzt, von Psychologie und Medizin, von Psychopathologie und Psychologie ist die übliche Folge davon. Mit Faust kann ein solcher „Psychopompos" ausrufen: „Zwei Seelen wohnen, ach, in meiner Brust!".

Arzt und klinischer Psychologe sind zusammen in eine neue Funktion getreten, welche sie sich m. E. beide zu unrecht streitig machen, denn ihre „andragogische" Arbeit ist allmählich möglich und notwendig geworden durch das Wegfallen und durch die Säkularisation der religiösen und traditionellen Lebensleitung des westeuropäischen Kulturmenschen und seiner historischen Nachkommen in einer inzwischen gleichzeitig schnell ihre relative Stabilität und Übersichtlichkeit verlierenden Welt. Untergetaucht und verschwunden in dem so entstandenen Vakuum, worin die alten Determinanten äußerst geschwächt waren, konnte der Mensch sein intentionelles Lebensbild nicht mehr finden, wurde er seiner eigenen Schöpfer- und

Erfindungskraft auf einem aus dem Nichts zu schaffenden Untergrund ausgeliefert. Der einsame, der entwurzelte Mensch, der Bewohner der gesellschaftlichen Wildnis vom Typus Waldläufer bis zum Gangster, der Verirrte in einer fremden Welt, die zusammengewürfelten Individuen der politischen Streitorgane, die in ihrer Abwehr erstarrten Erhalter der vertrauten Lebensformen, die innerlich Leeren, die sich in alles hineinflüchten, was nur die Fortsetzung des bestehenden Lebensbildes zu versprechen scheint, alle diese Typen veranschaulichen eine existentielle Grenzsituation, in welcher der hilflose Mensch dem Nächsten zufällt, weil er Hilfe braucht. Er ist nicht abnormal, er ist nicht krank. Er ist im Gegenteil bedenklich gesund. Was er braucht, ist ein Mensch, der sein Leben sinnvoll richtet, die fundamentale Wahl normativer Art *als solche* mit ihm vorbereitet und trifft. Dieser kann ein Condottiere, ein Priester, ein Weiser, ein ψυχοπόμπος sein.

Erst in diesem Arbeitsverhältnis bekommen die empirisch-analytischen Methoden der Psychologie einen abgeleiteten und untergeordneten Sinn, erhält die Psychologie ihr mögliches Objekt. Nur weil wesentliche „Lebensformen" wegfielen, konnte der Psychologe oder der Arzt meinen, daß er der angewiesene, wesentliche Helfer des perspektivelosen Menschen sei. Er irrte sich, er war nur übrig geblieben und überall, wo ein Mensch versteht, Persönlichkeit zu werden, und wo es einer Kultur gelingt, die leergewordenen Lebensformen mit ihren geistigen Werten zu beleben, werden sie Usurpatoren heißen und überflüssig, oder sogar eine Bedrohung für die geistige Volksgesundheit genannt werden – womit nicht gesagt ist, daß diejenigen, die an ihre Stelle treten und erklären werden, wie der Mensch sein Leben zu sehen und wonach er zu streben hat, „recht" haben werden. Sie werden aber das sein, was der Mensch wesentlich braucht. Darum ist hier ein „christlicher Psychologe" oder ein „katholischer Arzt" keine Lösung für die bestehende Notsituation. Sicher werden sie den Sinn des empirisch-analytisch erworbenen Materials anders kennen können als diejenigen, die meinen, daß sie in einer Welt leben, die eine feste Bedeutung in sich hat, oder sich uns empirisch-analytisch offenbart. Aber abgesehen von der Frage, ob die ihnen in ihrer Ausbildung vorgelebte und beigebrachte Arbeits- und Lebenshaltung eine solche im Adjektiv angedeutete Lebensinterpretation tatsächlich verarbeitet und in die Tat umsetzt – *quod nego* übrigens –, abgesehen davon, ob „das Christentum" „recht" hat, handelt es sich hier um ein wesentlich anderes Amt. Um das Amt nämlich, das nicht in unmittelbarem Sinne heilt, sondern das mich mir selbst offenbart in meinen ungeahnten Möglichkeiten, wobei diese bedeutungsvoll auftreten können, wenn und insofern sie auf einem darunterliegenden Schema einer bestimmten Sinnerfüllung als Sinnerfüllung des menschlichen Lebens gezeigt werden. Wir befreien hier den Menschen nicht „zu sich selber", sondern zum Auf-sich-nehmen einer aus eigener Verantwortung gewählten Lebensaufgabe; einer oft unklaren Aufgabe, zu der er aber in Treue entschlossen ist.

Ich gehe also weiter als Van Lennep ging, als er schrieb: „Innerhalb des Rahmens des koexistierenden Zusammenseins kann ich mich dem objektivierenden Blicke des Psychologen unterwerfen, weil die Folgen dieser Untersuchung mir angeboten werden als Gegebenheiten, mit denen ich rechnen kann bei dem Versuch, meinen eigenen Weg zu finden, und die ich werde verarbeiten müssen, d.h. transzendieren in neue Lebensformen. Ich bin von den Psychologen auch nicht in „Eigenschaften" festgelegt, sondern in einem Bilde, das mir den Leitfaden gibt um das Chaos zu entwirren, das ich mir selbst war, in einer nie vollendeten Vergangenheit, unvollendet, unvollendbar und doch vor der Vollendung faßbar[1]".

Das alles ist richtig, aber es ist nicht vollständig, und es tut so, als ob die Analyse des tatsächlich Anwesenden, sogar in der Form einer zukunftgerichteten Stellungnahme, in der Seele des Menschen selbst angetroffen, etwas über das Wünschenswerte besage.

Und obwohl es den Zustand, worin eine konkrete Person angetroffen wird, als nicht definitiv auffaßt, läßt es – übrigens unabsichtlich – die Möglichkeit offen, als ob das Bild, das der Psychologe mir von mir selber zu entwerfen hilft, eine endgültige Objektivität besäße, d.h.: nicht selber auch wieder sein Bestehen und seinen Sinn verdankt einem notwendigen aber gewählten – manchmal geglaubten – Bild des Menschlichen. Der Mensch lebt, anders als das Tier, nicht in einer Welt, die in einer festen Bedeutung festgelegt ist, etwa als Bild und Spiegelbild, „Instinkt" und „Umwelt". Am wenigsten hat er selber eine feste Bedeutung, weder für sich selbst, noch für den anderen, weder individuell noch kollektiv. Und was man ihm als „er selbst" vorhält, ist genau so unbestimmt und abgeleitet, wie das, was ihm als Wirrbild unerträglich wurde.

Der Mensch weiß nun einmal nur insofern, wer er ist, als er sich an einem Bilde bestimmt.

Wer sein heutiges Wirrbild entwirrt, befindet sich entweder in einer Konstruktion – *über* sich selbst – und dann bleibt alles wie es

---

[1] a.a.O. Seite 28.

war, oder in einer Sinngebung und Formbestimmung des eigenen aktuellen Lebens, und er ist also dabei, aus sich selbst „jemand anderen" zu machen. Der Psychologe hält hier nicht nur den Spiegel vor, hilft nicht nur einen tatsächlichen Zustand zu entdecken, sondern interpretiert *aktuell* das Leben für den Hilfesuchenden, insofern dieser mitarbeitet. Er leistet deshalb mit dem Hilfesuchenden zusammen kreative Arbeit, „kreativ" aber ausdrücklich nicht im Sinne von Schöpfen aus dem Nichts, sondern wohl im Sinne des Hervorbringen von etwas, das neu ist in bezug auf das Vorhergehende und Bestehende, obgleich es dieses in sich verarbeitet hat und gleichzeitig dank dieser Verarbeitung. Im Bilde der Person, womit und auf Grund dessen der Hilfesuchende – mit oder ohne einen Berater – sich selbst verwandelt, ist er auf doppelte Weise vertreten: einmal als die Grundgegebenheit, die er aktuell ist, und zum anderen durch die Art und Weise, mit der er sich selbst sieht. Mit diesem Letzten ist auch das Bild der Person, die er sein möchte, verwebt. Sowohl im Sinne seiner Gerichtetheit auf zukünftiges Leben, das er ver-*gegenwärtig*-t, als im Sinne der darin wieder verarbeiteten Werte gegenüber möglichen Zielen des menschlichen Lebens. Der Berater ebenso wie der Ratsuchende, der Erzieher ebenso wie der Zögling arbeiten hier mit „Gegebenheiten" und mit einer Anzahl sehr verschiedener Freiheitsgrade und freiheitseinschränkender Bedingungen. Und in jeder Änderung des Personbildes, sei es in der Form vertiefter Selbsteinsicht, sei es in der Form der Flucht, um tieferer Selbsteinsicht zu entweichen, sei es in der Form einer größeren Bereitschaft zur Begegnung mit dem, was jetzt als Aufgabe gesehen wird — in allen diesen Beziehungen zu sich selbst (und der Welt) ist, implizite oder explizite, ein Wissen über mich selbst so, wie ich bin, gegeben. Man wird anders als man war; man wird der andere, der man werden kann, weil man dieser ist[1]. Und sowohl in dem blitzartigen synthetischen Wissen, wer man ist, wie im quälenden Selbststreit ist die Person selbstbestimmend auf Grund dessen, was sie ist, und dessen, was sie zu sein meint, gleichzeitig „wirklich anwesend" und *gekannt* — und: offen für Selbstbestimmung, u.a. für eine Selbstbestimmung, die der Begegnung mit dem anderen entspringt. Dieser andere, z. B. unser Berater, ist insofern unser Schicksal, weil er *der andere* ist, der uns unsere Möglichkeiten erschloß in einem weiteren Sinne, als uns je möglich geworden wäre ohne den anderen als *anderen.*

Die Begegnung hilft uns nicht nur, dem näher zu kommen, was wir wirklich sind. Das was wir sind, ist zugleich das, was wir zur ge-

---

[1] Vgl. Van Lennep: Psychologie der Projektionserscheinungen, S. 233.

gebenen Zeit erreichen können. Und darum hilft die Begegnung uns auch zu dem anderen in uns, das wir am Leitfaden der Bekanntschaft mit dem Mitmenschen auf unsere Weise in uns aufbauen. Nachahmend, nachfolgend, nachstrebend, anbetend, negierend, abweisend, bekämpfend, wie es auch sei, aber: in der lebendigen Wechselwirkung mit dem anderen, anderswerdend, indem ich auf eigene Weise der andere werde. „Das wichtigste Wort für die Selbsterkenntnis wird weniger das „Erkenne dich selbst!‘ sein, als die ausdrucksvollere Formel: ‚Werde, der du bist‘; Aufruf zur Anstrengung, die persönlichen Möglichkeiten entschlossen zu verwirklichen“ schreibt Gusdorf in seinem schönen Buche „La Découverte de Soi[1]“.

Dies ist jedoch meiner Meinung nach aus zwei Gründen eine unvollständige Wahrheit. Erstens: *wenn* es ein „Sein“ gibt, das man „ist“, d.h. wenn es wahr ist, daß es eine wesensbestimmte definitive Personalität des Menschen gibt, dann ist jene Personalität *zu sein* nicht dasselbe wie *jetzt* zu sein, was man sein soll, *außer* wenn in diesem Sein Wertmomente mitgedacht worden sind. Zweitens: weil das Sein, das man ist, sich immer entfernt, indem man sich ihm nähert und das letzte eigentlich Fiktion ist. Deshalb ist es richtig, wenn derselbe Philosoph darauf hinweist, daß der Mensch, der der Selbsterkenntnis wegen die Sphinx befragt, selber zugleich die Sphinx und der fragende Reisende ist. „Zu sich kommen“ ist eine Einkehr in ein Durchgangshaus eigenen Stiles: Baracke, Hütte, Sommerhäuschen, Bürgerwohnung, Klause, Marktbude, Bordell, Bahnhof, Zeughaus, Dachstube usw. Helfe ich dem Anderen zu sich zu kommen, so helfe ich ihm zugleich *aus* sich selbst herauszukommen. Einerseits weil das Moment der Selbstbestimmung und die auf die Probe gestellte Lebenswahl das Ich schon formen, anderseits weil Selbstsein bedeutet ein Mitsich-selbst-identisch-geworden-sein, und dadurch zur Verfügung stehen, Offensein für das Andere, den Anderen und die Anderen. Womit beschäftigt sich hier im Wesentlichen der Berater oder Führer?

Er arbeitet an der alten Aufgabe des Priesters oder des sozialen Reformators, er ist alles weniger als nur empirisch-analytisch. Verrichtet er diese Arbeit als Christ, so ist er erst recht nicht als Psychologe tätig sondern als Andragog, als „Menschenführer“. Wo nun der wesentliche Integrationspunkt der Arbeit und wo die wesentliche

---

[1] „Plutôt que ‚connais-toi toi-même‘, le maître mot de la connaissance de soi serait donc la formule plus expressive: ‚deviens qui tu es‘. Evocation ici d'un effort pour la mise en oeuvre résolu des possibilités personelles“ Presses Universitaires, Paris 1948, S. 509.

Verantwortlichkeit in der Arbeit liegen, da müssen auch die Berufsausbildung und das Berufsbild durch sie bestimmt werden.

Diejenigen, die sich nachdrücklich eine Monopolstellung als „Psychologen" zu sichern suchen, mit oder ohne Zusatz einer Dosis normativer Theorie, stellen sich damit eine an sich schon unzulässige Auffassung ihrer Funktion noch einmal falsch vor.

Man kann sich denken, daß nicht nur der Gedanke verworfen wird, daß der Mensch, den der Psychologe untersucht, erst verstanden werden muß in einer anthropologischen Analyse der existentiellen Situation, bevor seine tatsächliche Gestalt und seine mögliche Änderung (Anpassung an den Beruf, die Gesellschaft usw.) einen Sinn bekommen können, der *psychologisch* deutbar ist, sondern daß man in einem solchen Gedanken sogar den versteckten Versuch sieht, eine „autoritäre Einmischung" in die Selbstformung des Menschen einzuschmuggeln in einen Betrieb, der, sich festhaltend an „die" Erfahrung, anscheinend geschützt war gegen solche Gefahren.

Das Gegenteil ist richtig. Natürlich hebt Van Lennep mit Recht die eigene Aktivität des Hilfesuchenden hervor! Natürlich glaubt nur der autoritäre Typ selber an die Möglichkeit, andere nach seinem Bilde leben lassen zu können. Aber darum handelt es sich hier nicht. Es handelt sich darum, daß es kein „Sich-selbst-sehen-lernen" bei einem Patienten gibt, das nicht schon ein Neuschöpfen ist von beiden Seiten (dem Psychologen und dem Patienten), und daß dies nicht primär ein empirisch-analytisches Werk ist, sondern im Gegenteil sekundär „Psychologie" und primär Existenz-Analyse, Interpretierung des Menschenbildes. Wir wollen unsere Argumentation nicht wiederholen. Jedoch nach welchem Bilde des menschenwürdigen Lebens für *diesen* konkreten Menschen soll sich der Lebensberater richten? Ist er ein „Seelsorger", wie es ein Priester oder ein Pfarrer sein kann, dann ist ihm das Bild wohl klar. Ist er ein Nestor in der Volksversammlung, ein Stammhaupt, ein „grand old man" im Klub, in der Partei oder Nation – dann unterliegt es schon wieder einigem Zweifel. Der Arzt arbeitete jahrhundertelang als Beschwörer von Krankheit, Leiden und Tod und benützte eine vor-wissenschaftliche, noch immer als deutlich akzeptierte Ahnung einer Norm, nämlich die der „Gesundheit". Das vollständige Problematisch-werden dieser normativen Ahnungen sehen wir u.a. in maßlosen Anmaßungen, welche z.B. darin bestehen, daß der grand old man zum Tyrannen seiner Umgebung wird, daß manche Kirchen gesellschaftlichen und politischen Ordnungen eine überzeitliche, ja „göttliche" Bedeutung zuerkennen, daß der Arzt anfängt, die Gesundheit als Ziel der geheilten Krankheit oder des Leidens zum Inbegriff des ganzen Lebens zu machen, welches dadurch identisch wird mit einem konstanten Krankheitsrisiko – so daß jeder Lebende offenbar nur ein potentieller Toter ist –, während „Hygiene“ und „Prophylaxe“ ihre ursprüngliche und wesentliche Funktion weit überschreiten, dadurch den schon sehr weit fort, geschrittenen Zustand von Verlust der unproblematischen Lebensbestimmung radikal vollendend. Wie gut dies auch gemeint sein mag-wie unvermeidlich selbst als Folge der völligen Verflüchtigung jeder ideologischen Integration von Glaube, Tradition, Klasse, übersichtlicher Lebensgemeinschaft – so sind doch alle diese halbwegs in einer positivistischen Wissenschaft festgefahrenen klinischen Psychologen, diese säkularisierten Priester in der Form von Psychiatern, Psychohygienikern, usw. selber Exponenten der Gefahr, die sie ernsthaft zu bekämpfen verlangen.

Wie kläglich wird auch hier wieder bewiesen, daß ein argloser Begriffsmangel für die wesentlichen Verantwortungen zu überspannten Ansprüchen an die eigene Aufgabe führt. Wer arglos und wohlmeinend den Gedanken verteidigt, daß es sich in der „angewandten Psychologie“ alleine um Beraten in der Form von „hypothetischen Urteilen“ handele, der zieht sich von dem einzig rechtmässigen Daseinsgrund seiner Arbeit zurück: von der Hilfe in einer Not, der tatsächlich nur selten mit apodiktischen Rezepten und Vorschriften zu helfen ist, die aber im Hypothetischen gerade das nicht empfängt, wodurch sie überwunden werden könnte. Sehen lassen, was möglich und sinnvoll ist – das ist etwas wesentlich anderes als hypothetische Urteile fällen. Bei diesem hypothetischen Berater geht man die falsche Adresse um Hilfe an; aus seiner als Hilfe angebotenen Arbeit entsteht nur größere Not.

Andere postulieren, daß die Diagnose als Beschreibung des Hilfesuchenden der Endpunkt aller Beschäftigung mit dem Mitmenschen sei[1].

Die „Ratgebung ist soviel wert, wie sich von der Voraussage des Verhaltens bewahrheitet“. „Vom beobachtenen Verhalten zum *vorausgesagten* Verhalten, das ist das Endziel“.

Abgesehen nun von der Frage, ob es sich bei der Diagnose um vorausgesagtes „Verhalten“ handelt, und abgesehen von der Frage, ob man jemandem je einen vernünftigen Rat geben kann nur auf Grund vom tatsächlichen Verhalten in einer tatsächlichen Situation, geht man nicht zum Psychodiagnostiker – es sei denn, daß seine Arbeit in der Gesamtheit einer Klinik oder eines pädagogischen

[1] Vgl. de Groot: Der Gegenstand der Psychodiagnostik. Amsterdam 1950.

Institutes eine „materialbeschaffende" Funktion hat, wie man sich das in der alten laboratoriumartigen Sphäre denken könnte – um bei sich selber alles so zu lassen wie es ist. Und es ist einfach argloser Selbstbetrug, zu meinen, daß die reine Mitteilung, daß jemand tatsächlich „so" ist, oder der Hinweis auf einen „dazu passenden" Beruf, nicht de facto schon ein Eingriff und eine tatsächliche Änderung in diesem Sosein des Ratsuchenden sei. Es ist vollkommen unverantwortlich *und* wissenschaftlich falsch, einen Beruf, nämlich hier den des „Psychodiagnostikers", in der Ausbildung und Ausübung nicht auf den wesentlichen Akt dieses Berufes zu richten. Dieser Akt ist *nicht* die sogenannte psychodiagnostische Untersuchung – übrigens hat nicht selten schon die Untersuchung eine therapeutische und damit eine verändernde Auswirkung – sondern die konkrete Beeinflussung des Mitmenschen.

Die Integration dieser Arbeit beim Kinde liegt also in der Erziehung, beim Erwachsenen in seiner selbstverantwortlichen Selbstbildung, wissenschaftlich gesagt: in der Pädagogik oder „Andragogik" als Lehre der Bestimmungen des Menschen und ihrer konkreten Aktualisierung in tatsächlichen Lebensentscheidungen. Das Entdeckungsexperiment Bacons[1] wird bei diesen angeblich objektiven Psychodiagnostikern auf typisch naturalistische Weise in die „Psychologie", nein: in das Ausüben von tatsächlichen Einflüssen auf Lebensentscheidungen introduziert. Man deckt – so meint man – objektive einfache tatsächliche Daten auf und macht auf Grund dieser Voraussagungen. Hieran konnte sich sehr wohl das pragmatistische Experiment anschließen[2]: man bringe „Versuchsperson A" in Arbeitskreis a, schauen wir zu, was daraus wird („vorausgesagtes Verhalten"). Die Objektivität soll sich aber bis zur Entdeckung ausdehnen, daß die konkrete Person eine konditionierte Gegebenheit ist, daß die empirisch-analytische Untersuchung mit all ihren Methoden nur einen Sinn hat, insoweit sie in Abhängigkeit von Situationen entwickelt ist, welche für die zu untersuchende Person quasi lebensmöglich sind. Eine solche Untersuchung ist ein konditioniertes Mittel, ob sie nun „voraussagt", „beraten" will oder „führt". Bedingt ist sie, weil sie apriori abhängig von der Frage ist, welcher Lebensplan und welche Lebensperspektive gewählt und de facto realisiert werden. Auf diese Weise ist man, bei aller Objektivität, mit einem rein selbstkreativen

[1] Dieses Experiment will feststellen, welche Ursachen und Bedingungen die Erscheinungen bestimmen.

[2] Dieses Experiment will feststellen, wie eine neue, künstlich geschaffene Beziehung sich auswirkt.

Prozeß und seinen Folgen beschäftigt, d. h. mit der tatsächlichen Form dieses Menschen, welcher identisch ist mit dem, was dieser Mensch *sich erlaubt* zu sein.

Diese Einmischung konstatiert *sekundäre* Tatsachen, auch wenn diese sich als noch so dauerhaft herausstellen sollten und bedeutet einen Eingriff, der in den selbstkreativen Prozeß aufgenommen und verarbeitet werden muß. Die gesamte Auffassung – und nicht eine wohlmeinende Berufsmoral, eine christliche oder unchristliche Konfession, ein äußerliches Addieren von Psychologie und Ethik – die totale Konzeption der Psychologie als einer Wissenschaft ohne eigene Situation, für ihr Objekt abhängig von den interpretierenden Wissenschaften – Pädagogik, Formgebung des erwachsenen Menschenlebens, – in bezug auf diese sekundär und von ihnen integriert, kurzum: die Auffassung der Psychologie als einer Wissenschaft, die in Theorie und Praxis abhängig ist von sinngebenden Prinzipien, welche nicht in ihr (der Psychologie) selbst entstehen, ist auch außerhalb der pädagogischen Psychologie in der *ganzen* sogenannten „klinischen" Psychologie und Psychodiagnostik die einzig verantwortbare.

Wir wollen hier ein Problem nur flüchtig anschneiden ohne uns prinzipiell darüber zu äußern. Wie sehen wir die „allgemeine" Psychologie? Ist sie in unseren Augen eine situationslose Funktions-Psychologie? D. h. ist sie eine „Unpsychologie" unzusammenhängender Funktionen in der situationslosen Situation des Laboratoriums? Manchmal bestimmt, manchmal ebenso sicher nicht.

Von Mises[1] spricht mit einer gewissen Geringschätzung über das Konglomerat von Untersuchungen, „die man damals zu einer eigenen Wissenschaft unter dem Namen Experimentalpsychologie zusammenzufassen suchte: ... sie beruhen teils auf einer Atomisierung der Fragestellung, teils auf einer Überschätzung der sehr primitiven Experimentalmethoden, die zur Verwendung kamen. Die rein äußerliche Nachahmung des Um und Auf physikalischer Experimente (einschließlich einer naiven Anwendung primitiv-statistischer Rechnungen) konnte zu keinem entscheidenden Erfolg führen. Der Wert von Experimenten wird stets durch die Theorie bestimmt, die sie leitet."

[1] Kleines Lehrbuch des Positivismus. Den Haag 1939, S. 258f. Das hier Zitierte wird a.a.O. fortgesetzt: „Eine gewisse praktische Bedeutung hat die Entwicklung in der Richtung auf die Psychotechnik hin erlangt ... Aber die engen Grenzen der Leistungsfähigkeit dieser Methode sind unverkennbar; aussichtsreicher scheinen noch die verschiedenen Formen der „Ausdruckskunde" zu sein (gemeint sind z. B.: Physiognomie, Graphologie) ... die in ihrer Durchführung ein viel schwierigeres Problem der Psychologie darstellen".

Gerade dieser letzte Satz verdient eventuell auch angewendet zu werden auf dasjenige, was von Mises sehr *wohl* als „salonfähiges" Experiment akzeptieren würde, und wir fürchten, daß ihm das Experiment in der Psychologie u. a. deshalb eine so traurige Angelegenheit zu sein scheint, weil es den Idealen und Maßstäben des Experimentes in der Physik nicht entspricht.

Mehr interessiert uns von unverfälscht positivistischer Seite zu vernehmen, daß diese Experimente ebensoviel wert sind wie die Theorie, woraus sie entsprungen sind, während Problemstellung, Untersuchungsmethode und die naive Anwendung der Statistik nicht den Beifall dieser ersten Autorität auf letzterem Gebiet finden.

Der physikalische Experimentalist ist anscheinend nicht befriedigt. Ist der Denker, der mit dem Hintergrund einer anderen Erfahrung denkt, zufrieden? Es wäre nicht schwer, ein Beispiel eines philosophischen Antipoden von von Mises zu finden, der in bezug auf das sogenannte Experiment in der Psychologie genau so denkt wie er.

So weit wollen wir nun aber nicht gehen und geben einem etwas weniger entfernten, aber doch nicht neopositivistischen Denker wie John MacMurray das Wort[1].

„Wir bemerkten – so schreibt er – daß in jedem psychologischen Experiment die Person, deren Verhalten beobachtet wird, sich „natürlich" verhalten muß. Sie muß sich also so verhalten, als würde sie nicht beobachtet. Sie darf nicht teilhaben an der Beobachtungshandlung, weil das ihr Verhalten verändern würde. Wissenschaftliches Experimentieren ist oft beschrieben worden als kontrollierte Beobachtung. Wenn die Methode des Experimentierens in das Gebiet des menschlichen Verhaltens eingeführt wird, kann das nur bedeuten, daß menschliches Verhalten beobachtet werden soll unter kontrollierten Bedingungen; und das schließt ein, daß das menschliche Verhalten, das beobachtet wird, selbst unter Kontrolle steht. Wenn ich das Verhalten einer Person zu kontrollieren habe – auch für den Zweck wissenschaftlicher Beobachtung – so muß diese Person das sein, als was ich sie wünsche und darf ihr Verhalten nicht nach eigenen Absichten bestimmen. Entweder sie darf nicht wissen, daß ich sie kontrolliere, oder sie muß einwilligen, kontrolliert zu werden. Wenn sie einwilligt, so unterstellt sie ihren Willen dem meinigen und nimmt Weisungen von mir an. In jedem Fall wird sie zum Instrument, das meine Absichten ausführt."

---

[1] The boundaries of science. A study in the philosophy of psychology. London 1939, S. 160.

Verhält also die Versuchsperson sich *nicht* natürlich, so zeigt das Experiment nicht, wie der Mensch sich außerhalb der Versuchssituation benimmt.

Wir wollen also von Mises eine Theorie vorlegen – obwohl nur andeutungsweise – und MacMurray, der ein oft geäußertes Bedenken schon formuliert, zeigen, daß es nach der Theorie und also innerhalb ihrer Grenzen möglich ist „zu experimentieren".

Die Theorie ist folgende: Ein Mensch kann sich in verschiedenen Formen „ver-äußerlich-en". Er kann, wie ja der Ausdruck „Veräußerlichung" im außer-wissenschaftlichen Sprachgebrauch sagen will, sehr wohl handeln, ohne dazu seine ganze Persönlichkeit einzusetzen. Wenn er dies tut, kann man *nicht* sagen, daß er sich nun unbedingt auf eine Art benimmt, die ihm nicht eigen ist. Würde man einem solchen Verhalten in einem Experiment begegnen, dann könnte das Ergebnis der Beschreibung dieses Verhaltens also wirkliche psychologische Kenntnis liefern, obwohl es dann keine Kenntnis der ganzen „Person", sondern eines „veräußerlichten Verhaltens" wäre.

Der Mensch handelt so oft mechanisch, oder so, daß eigentlich nur sein Verstand mitwirkt, oder nicht mechanisch sondern z. B. bewußt konventionell. Falls es dem Versuchsleiter gelingt, lebensähnliche Situationen in seinem Laboratorium zu schaffen, in denen die „Veräußerlichung" zu entstehen pflegt auf eine Weise, die dem alltäglichen Leben analog ist, und falls bewiesen ist, daß diese Analogie durch die Versuchsperson als identisch erlebt wird, so wird es möglich sein, *psychologische* Kenntnis über veräußerlichtes Benehmen zu erwerben. Und je mehr dieses Benehmen veräußerlicht ist, um so zugänglicher ist es für die experimentelle Untersuchung. Mit der Zunahme des Veräußerlichten wächst aber der situationslose Charakter des besagten Benehmens. Deshalb wird sich auch die Notwendigkeit, den Versuch nach Analogie des gewöhnlichen Lebens aufzubauen, verringern, und die experimentelle Zugänglichkeit wird zunehmen: a) mit der Veräußerlichung und: b) mit dem situationslosen Charakter des Verhaltens, mit dem sich das Experiment beschäftigt.

Natürlich ist die Laboratoriumssituation *auch* eine Situation, und die Weise, wie die Versuchsperson diese Situation persönlich gestaltet, ist ein nicht beabsichtigtes Nebenprodukt der traditionellen experimentellen Psychologie. *Diese* Gegebenheiten zu analysieren könnte eine Aufgabe für sich bilden, die sich dann aber gerade nicht mit dem veräußerlichten Verhalten beschäftigten und den Experimentator in einen Diagnostiker verwandeln würde.

Je nachdem die Veräußerlichung abnimmt, nimmt die Abhängigkeit des Verhaltens von der Situation und damit die Forderung der „Naturtreue“ der experimentellen Situation zu und dementsprechend wird der Wert der experimentell-psychologischen Ergebnisse geringer. Demgegenüber nimmt die Bedeutung aller derjenen Methoden zu, denen das Schaffen exemplarischer Äußerungssituationen für „die Versuchsperson“ – die nun zum „Kontrasubjekt“ geworden ist – zu Grunde liegt. Eine Situation, in der die Provokation „exemplarischer Äußerungen“ ermöglicht wird, ist z.B. die der projektiven Untersuchung in allen ihren Formen[1].

Ebenso nimmt die Bedeutung des „Interviews“ zu, d.h. des Gespräches, das dem Kontrasubjekt soviel wie möglich die Gelegenheit gibt, seinen ganzen Entwurf einer Welt zu offenbaren. Darin spielt in zunehmenden Maße bei dem Untersucher – dem Subjekt – die schon vordem besprochene Forderung nach Entzifferung und ihrer Verantwortung eine Rolle.

In dem Maße wie die Veräußerlichung abnimmt, wird der Untersucher immer mehr auf die Wahrnehmung des Verhaltens angewiesen in der lebensechten Situation selber, und ist er mehr auf die äußerlich wahrnehmbaren Schaffensergebnisse angewiesen, die dem habituellen oder spezifischen Handeln der Person entspringen, wie Handschrift, Physiognomie, Körperhaltung[2] oder Kunstwerk, Institution, Lebensform, „Brauch“, „Lebensstil“, etc.[3].

Ich versprach auf diese Probleme nicht zu ausführlich einzugehen und will jetzt versuchen von Mises und MacMurray Rede und Antwort zu stehen. Mit von Mises kann ich, insofern man ihn buchstäblich nimmt, völlig einer Meinung sein – in dem Sinne, daß ich ihm den Keim einer Theorie anbiete, auf Grund derer ein bestimmter Grundriß des Verhaltens aufgezeigt werden kann, der in abnehmendem Maße für experimentelle Untersuchung zugänglich ist. Die Art der Bestimmung des für experimentelle Untersuchung zu-

---

[1] Ich lasse hier den Unterschied zwischen „Handlung“ und „Äußerung“, den Snijders m.M.n. mit Recht machte, außer Acht. Seine „Grondbegrippen der Psychodiagnostiek“ geben darüber weitere Auskunft (Groningen 1950) (Grundbegriffe der Psychodiagnostik).

[2] Buytendijk; auch L'Hermite: L'image de notre corps. Paris 1936; Paul Schilder: The image appearance of the human body. London 1928.

[3] Vgl. z.B. Erwin Straus' Kritik an Katz' „Aufbau der Farbwelt“, S. 138f. in „Vom Sinn der Sinne“. Berlin (Springer) 1935; und Nogués Psychologie des Geruches gegen den Hintergrund von Hering – Zwaardemaker in seinem: „Esquisse d'un système des qualités sensibles“. Paris 1943, S. 250f.

gänglichen Gebietes, wie wir es soeben andeuteten, ist zugleicherzeit eine Antwort an MacMurray. Auch er hat von A bis Z recht, aber er wird zugeben müssen, daß es echtes, jedoch unpersönliches Verhalten gibt und daß die experimentelle Methode sich damit legitim beschäftigt. Damit ist aber gleichfalls gesagt, daß man die Ergebnisse der experimentellen Psychologie, insofern sie auf einer Theorie beruhen, welche den Wert ihrer Experimente in der Situationslosigkeit des Laboratoriums sucht und welche das veräußerlichte Verhalten für *das* eigentliche hielt, als wertlos betrachten muß, oder in abgeleitetem Sinne nicht ohne Bedeutung, aber in einem Vakuum schwebend, solange man nicht von dem persönlichen Verhalten aus an die Sache heranging.

Solange von diesem Gesichtspunkt aus das besagte Gebiet nicht in seinem vollen Sinne bearbeitet ist, sind die eventuell voreiligen „Experimente" einer systematischen Interpretation unzugänglich.

Packt man die Sache von diesem Gesichtspunkt an, dann kann sich herausstellen, wie aus teilweise richtigen Annäherungen, aus zufällig richtigen Vorurteilen, Inkonsequenzen und Intuitionen inzidentielle Wahrheiten errungen worden sind.

Unter den teilweise richtigen Annäherungen gibt es solche, deren verschwiegene oder ausgesprochene theoretische Ausgangspunkte — „die Theorie . . . , die sie leitet", um mit von Mises zu sprechen — selber nicht gründlich genug waren, obwohl dasjenige, was darauf gebaut wurde, doch aus dieser Basis herausholte, was sich bei der Einschränkung des Blickes, womit man arbeitete, herausholen ließ.

Der Mensch läßt sich in der Versuchsperson letzten Endes nicht verleugnen, obwohl man ihm das unveräußerlichte Verhalten wohl erschwert hat. *Aber* – um eine radikalere Möglichkeit des Experimentes zu verteidigen als das bisher Gebotene, und zugleich eine nur selten realisierte Möglichkeit! – ist es nicht so, daß im Prinzip experimentell kontrollierbare Situationen denkbar sind, in denen sich in einer einfachen Handlung eine spezifische Perspektive eröffnet auf eine kategoriale Determinante von wesentlichem menschlichen Verhalten? Wir glauben, daß dies nicht nur zu den Möglichkeiten gehört, sondern tatsächlich verwirklicht ist, z.B. in Michottes Untersuchungen über die Wahrnehmung von dem, was er die Verursachung nennt. Michottes theoretische Vorbereitung dieser Untersuchung verleugnet m. E. seinen intuitiven phänomenologischen Griff, und die Bedeutung seiner Funde für das Verstehen des Menschen als solchen entgeht ihm, aber nichtsdestoweniger beleuchtet seine Untersuchung wesentlich menschliches Verhalten und läßt eine Besonderheit von ganzen Kategorien von Verhaltensformen sehen. Hier erst wird deutlich, daß man ein genialer Psychologe sein muß, um trotz einer nicht essentiellen Theorie, trotz ihrer Ablehnung, doch das Experiment in der einzigen Beziehung, die es sinnvoll macht, zu verstehen und trotz alledem eine so wichtige Arbeit zu leisten[1]. Solche Untersuchungen und solche Genies sind jedoch selten. Ein verstecktes Menschenbild, welches Michottes Vision leitete, ist aber auch eins.

Der Mensch ist nicht ein Nichts. Und nicht aus dem Unbestimmten schöpft der Demiurg im Laboratorium und schafft er sein Bild. Der Mensch ist ebensowenig das durch biologische und soziologische Gesetzmäßigkeit stabilisierte Bild, welches das Experiment nur aufzudecken hätte.

Was der Mensch – empirisch-analytisch – ist, das ist er konditioniert, ist er vorläufig. Erst derjenige, der verstanden hat, wie der Mensch seine Bahn zurücklegt, oder hingeworfen die Bahn beschreibt von dem Gegebenen aus zum Erstrebten, kann ihn zu untersuchen anfangen, ohne Gefahr zu laufen ihn in einer Scheingestalt, in einer „Nebenfunktion", in einer abgeleiteten Kommunikationsform anzutreffen. So ist auch die experimentelle Psychologie weder die erste, noch die letzte Frage an den Menschen; auch sie ist abhängig von dem, was sie von irgendwo andersher weiß, auch wenn sie es nicht wahrhaben will. Sie schafft kein Bild, sie entdeckt keine definitive Gegebenheit. Wird sie aber als Methode gehandhabt durch die Frage, die sie sich selbst nicht stellen kann, dann kann sie dienstbar sein.

Würde die experimentelle Psychologie anfangen sich selbst so zu verstehen, dann würde sie, auch in dieser wichtigsten ihrer Möglichkeiten, aufhören können, das Gebiet von exzeptionell Begnadeten zu sein, welche die Basis und den Sinn ihrer Arbeit antizipieren, und von teilweise oder zufällig richtigen Antizipationen von weniger Begnadeten.

Wenn meine Annahme richtig ist, daß von Mises an das psychologische Experiment die Forderungen des Physischen stellt, dann wird er m. E. desto unzufriedener sein, je mehr die experimentelle Psychologie sich ihrer Grundlage und ihres sinngebenden Prinzips bewußt wird. MacMurray aber wird nicht mehr zu fürchten brauchen, daß das Versuchsverhalten in ein situationsloses Funktionieren entarten wird.

[1] Es handelt sich hier um Michottes großartiges Buch „La Perception de la Causalité". Louvain – Paris 1946.

Man kann sich denken, daß ein Ausweg aus diesem Dilemma von „biologisch determinierter Evolution", oder „Genese als kreativer Entdeckungsweg innerhalb freiheitseinschränkender Grenzen" in der Richtung der sozialen Determinanten gesucht werden wird, die als scheinbar konstante Grundmuster bestimmen würden, was darauf „wachsen" kann. Nun untersteht es m. E. keinem Zweifel, daß das Substrat der vorgefundenen Lebensformen von großer Bedeutung für die Lebensform ist, die das Individuum selber annehmen wird und in der es „sogar" seine biologische Konditioniertheit verarbeiten wird, je nach dem sozialen Substrat, in das es hineingeboren wird. „Die meisten Menschen sind angepaßt an die Form ihrer Kultur – sagt Ruth Benedict[1] – auf Grund der großen Formbarkeit ihrer ursprünglichen Begabung. Sie sind plastisch für die modellierende Kraft der Gesellschaft, in die sie hineingeboren sind ... Jedenfalls nimmt die große Menge der Individuen bereitwilligst die Form an, die ihnen geboten wird."

Abgesehen von der selbstverständlichen Reserve, daß damit erst recht eine große Verantwortlichkeit für diejenigen entsteht, die auf diese „Form der Kultur", auf dieses „Muster" Einfluß ausüben, und abgesehen von der hiermit unmittelbar zusammenhängenden Frage nach dem *guten* Muster, an das „Anpassung" *erwünscht* ist, ist es sehr deutlich, daß in der hier zitierten Auffassung jede Grundlage jenes Gedankens des sich mit Naturnotwendigkeit durchsetzenden Persönlichkeitsbildes und also der einen, naturnotwendigen „Entwicklung" dorthin wegfällt. Auch hier werden wir – Malinowskis[2] Vorschlag Folge leistend – die „cultural imperatives", die sozialen Lösungen von fundamentellen, existentiellen Konstanten und ihren Derivaten kennen lernen müssen als konstitutionelle Situationen. D.h. dem Subjekt geboten *und* durch das Subjekt interpretiert in den aktuellen Formen seines Bestehens.

Das Zurückführen gewisser Entwicklungsformen und Persönlichkeitsbilder auf „soziale Umstände" ist zugleich richtig und oberflächlich, da man die sozialen Umstände auch wieder zurückführen kann auf Persönlichkeitsbilder und Entwicklungsformen[3]. Es gibt ebensowenig eine naturnotwendige Gesellschaft, als es eine naturnot-

---

[1] Patterns of culture (1934). Mentor ed. N. Y. 1949, S. 235.

[2] Br. Malinowski, Art. „Culture" in: The Encyclopedia of the Social Sciences (1937), IV, 624f.

[3] Womit natürlich keinen Augenblick gemeint ist, daß die freiheitseinschränkenden Determinanten, z.B. biologischer und geographischer Art, in beiden Fällen identisch wirken würden.

wendige Person gibt. Eben weil die „patterns of culture“ so unendlich variiert sind, wird der verantwortliche Rat bei Erziehung und Lebensführung immer auf die Erkenntnis des „Wahl- und Entschluß-Prinzips“ gerichtet sein müssen, das in jedem Sich-zuwenden und Hinleiten zu einer Lebensform als individueller Form von kulturellen Mustern die Grundlage bildet.

Die Theorie, welche die menschliche Persönlichkeit nur als ein Produkt der Wechselwirkung zwischen konstitutionellen und sozialkulturellen Gegebenheiten sieht – wie wir sie bei Baldwin[1], Dewey[2], Mead u.a. finden – verliert nicht nur die Einmaligkeit der menschlichen Persönlichkeit aus dem Auge, sondern hauptsächlich den Kern und Sinn dieser Einmaligkeit: ihr persönliches Gewissen und ihre Verantwortlichkeit. Wir treffen auch den Gedanken an, in mehr als eine Form gegossen, daß die Gesellschaft oder „das Kollektiv“ dem Individuum nun einmal nicht erlaubt, „es selbst“ zu sein. Bei diesem „Sichselbst-Sein“ denkt man meistens an etwas, das identisch ist mit „sich ausleben“, und in jedem Fall tritt die Vorstellung einer „gegebenen“ menschlichen Natur wieder auf. Dies geschieht auch in mehr konditionierter Form. „Ein Individuum kann nicht in Ordnung sein, ohne eine realistische Betrachtung seiner selbst und seiner Gesellschaft, so daß es eine Rolle entdecken kann, die es befriedigt. Anderseits wird es nicht imstande sein, eine solche Rolle zu finden, ohne daß die Kultur der *menschlichen Natur* gut angepaßt ist[3].“ Es hängt nun allein noch davon ab, was in der menschlichen „Natur“ enthalten ist. Weiter hängt alles davon ab, ob die besagte „Gesellschaft“ ideologisch homogen oder heterogen[4] ist, und welche Interpretation diese Tatsache in jener Gesellschaft und in der Erziehung des Kindes gefunden hat; „Interpretation“ in der Erziehung, das führt zur Frage, welche konkrete Form diese Homo- oder Heterogenität in der Persönlichkeit angenommen hat. Eine als konstant gegebene menschliche Natur ist ebensowenig Gegenstand psychologischer Untersuchung, wie eine konstante und homogene Gruppe, Gemeinschaft oder Gesellschaft.

---

[1] Vgl. „Mental development in the child and in the race“ (1895), „Social and ethical interpretations in mental development“ (1897), „The individual and society“ (1911).

[2] Vgl. „Human nature and conduct“ (1922), „Experience and nature“ (1925).

[3] Vgl. Ch. M. Harsh und H. G. Schrickel: „Personality, development and assessment“. Ronald Press, N.Y. 1950, S. 471 (Kursiv von mir).

[4] Vgl. Daniel Katz und Rich.L. Schanck: Social Psychology. Wiley, N.Y. (1938), 7. Aufl. 1947, 2. 534f.

Zu sagen *was* und *wie* ein Mensch oder eine Gemeinschaft „sind", ist sekundär in bezug auf die Frage was sie sein *können* und was sie sein *sollten*.

So kehren wir dann zur pädagogischen Psychologie zurück. Wie gesagt: was die Psychologie, als deren Vorbild wir anfänglich die Entwicklungspsychologie wählten, beschreibt, *als wäre* es eine unvermeidbare notwendige Entwicklung in einem bestimmten Sinn, ist nur eine Möglichkeit; wenn man so will: Zufall, innerhalb eines Spielraumes großen Umfanges und verschwommener Grenzen.

In der allgemeinen philosophischen Anthropologie sowie in den speziellen Analysen, die innerhalb gewisser Wissenschaftszweige als Teil ihrer theoretischen Begründung einen Platz finden, werden diese Voraussetzungen von der Psychologie untersucht und umschrieben. So findet die pädagogische Psychologie, von der die Entwicklungspsychologie nur ein Ausschnitt ist, ihr Fundament in der phänomenologischen Analyse der Erziehungssituation als einer essentiellen und existentiellen Situation des Kindes.

Eine so verwurzelte Psychologie ist eine Methode zur Interpretation eines „Objektes", welches die Psychologie erst sinnvoll macht und bestimmt. Bei der Bestimmung des Verhältnisses zwischen Pädagogik und Psychologie, die wir hier beabsichtigen, handelt es sich also nicht um eine einfache Diskussion etwa über das Verhältnis von nativistischen und empiristischen Begriffen von „nature" und „nurture", um die Konvergenz von diesem und jenem usw. Dies hat seine Berechtigung, hier aber kommt noch ein wichtiger Gesichtspunkt hinzu, indem wir die menschliche Entwicklung als eine *kreative Aufgabe des* Menschen und also jedes Menschen auffassen. Was ich die Entdeckungsfahrt der menschlichen Entwicklung genannt habe, vollzieht sich auf der Grundlage jeder menschlichen Lebenssituation, und die Analyse dieser Situationen und ihrer kategorialen Möglichkeiten liefern die freiheitschaffenden Grundkategorien des Spielraumes der menschlichen Entwicklung und der menschlichen Verhaltensweisen.

Wir glauben damit gezeigt zu haben, daß der Begriff der „Anwendung der Psychologie" in der üblichen Bedeutung sinnlos ist. Und zweitens: daß die Psychologie nie und nirgends die Erziehung leiten und richten kann. Daß aber, drittens, die Psychologie im Gegenteil nach Ursprung, Bedeutung und Gegenstand vom pädagogischen Denken abhängig ist. Weil nun, viertens, die Psychologie nicht bezogen ist auf eine eigene existentielle Situation, kann sie nicht mehr sein als ein Aspekt und eine Methode innerhalb eines von ihr nicht bearbeiteten, noch weniger durch sie konstituierten sinnvollen Zusammenhangs. Hat „anwenden“ hier noch eine legitime Bedeutung, so würde man es auffassen müssen als: zurückführen gewisser Feststellungen, die nur unter gewissen Bedingungen sinnvoll sind, auf den sinnvollen Zusammenhang, dem sie angehören. Eine solche „Anwendung“ aber erkennt diesen psychologischen Feststellungen jede an sich definitive und unzweideutige Bedeutung ab. „Wendet“ man in den Naturwissenschaften mathematische Methoden „an“, so bleibt die Mathematik sie selbst und tritt nicht als eine Methode der Physik auf, oder aber sie wird – bei einer bestimmten Auffassung der Mathematik – identisch mit „richtigem Denken“ als solchem. Innerhalb der existenz-analytischen Aufhellung der Erziehungssituation zeigt sich die Psychologie *entweder* von heteronomer Herkunft und deshalb unanwendbar, *oder* als Name einer Methode, die innerhalb der Existenz-Analyse nur eine bedingte Bedeutung besitzt, dafür dann aber nicht mehr „angewandt“ zu werden braucht. Hat sie doch selbst ihren Ursprung im primär pädagogischen Denken. Nur eine solche „Psychologie“ kann mit Recht „pädagogische Psychologie“ heißen.

IV

Aufriß einer Entwicklungspsychologie

1. Psychische Entwicklung

1. Jeder kann die Erfahrung machen, daß ein Kind, welches durch sein Milieu „verdorben“ worden ist, sich durch eine Milieuveränderung wieder „eingerenkt“ hat. Wir denken, wenn wir uns so im außerwissenschaftlichen Sprachgebrauch ausdrücken, hauptsächlich an die „Haltung“ des Kindes, es hat sich – so sagen wir – in bezug auf seinen Charakter verschlechtert oder verbessert. Man muß sich ernstlich fragen, inwiefern ein Kind für seine Entwicklung auf seine Umgebung angewiesen ist und inwiefern es sich aus biologisch gegebener Notwendigkeit entwickelt, wenn man es ernährt und behütet, weil man nur auf diese Weise sehen lernt, was psychische Entwicklung eigentlich ist. Schon Stern hat auf die notwendige „Konvergenz“, das notwendige Zusammentreffen einer biologischen und einer milieubedingten Gegebenheit hingewiesen. In seiner „Psychologie der frühen Kindheit“, dem ersten modernen Werk auf diesem Gebiet (1914), das uns noch immer sehr nützlich sein kann, treffen wir seine Auffassung schon an, wobei hingewiesen wird auf die Einseitigkeit der Theorie des Nativismus – alles Wesentliche entstehe aus der Entfaltung angeborener Eigenschaften des Individuums – und die Einseitigkeit der entgegengesetzten Auffassung, des Empirismus – alles Erfahrene komme auf einen wenig bestimmten Untergrund und bestimme selber, was nun entstehe. Stern weist dagegen darauf hin, daß dasjenige, was der Mensch auf die Welt mitbringt, nur als Möglichkeit zur Verfügung steht. Wenn es zu einer tatsächlichen Eigenschaft, zu einem tatsächlichen Können kommen soll, dann ist gewiß *auch* Reifung notwendig, aber das Milieu bietet außer der Versorgung auch die Gelegenheit, mit den angelegten Möglichkeiten eine kon-

krete Richtung einzuschlagen. So hat das Kind die Möglichkeit, seine Sprachorgane zu benützen, aber es muß um sich herum sprechen hören, will es selber zum Sprechen kommen, und es spricht dann die Sprache seines Milieus.

Dies ist zweifelsohne richtig, und Stern würde es bestimmt als eine Konsequenz dieses Gedankens ansehen, wenn wir nun hauptsächlich hervorheben, daß es sich hier nicht um ein automatisches Entstehen von Bewegungen der Sprachorgane, sondern um die *Entdeckung* der Sprache selber handelt. Und gerade *darum* geht es in weitgehendem Maße in der psychischen Entwicklung des Menschen.

Nicht immer handelt es sich um Entdeckungen solcher abstrakter Systeme wie die der Sprache; in anderen Fällen handelt es sich um die Aktualisierung (= das Transponieren in die Wirklichkeit) z. B. der Möglichkeit, aufrecht zu gehen und nicht beim Kriechen zu bleiben und vom Kriechen her das auf-Händen-und-Füßen-Laufen zu entwickeln, wie es die Tiere tun.

Zwei Kinder[1], die zwischen Vierfüßern aufwuchsen und nicht mit Menschen in Berührung kamen, verwirklichten das menschliche Gehen überhaupt nicht und schlugen den eben erwähnten Seitenweg ein: sie fingen an, auf vier „Beinen" zu laufen und taten das mindestens so gut wie ihre Tierpflegeeltern. Da unsere seit vielen Jahrhunderten zahm lebenden Haustiere noch immer auf vier Beinen laufen, zeigt sich die menschliche Überlegenheit *nicht* durch „naturnotwendige" Entwicklung des aufrechten Ganges, sondern in der Möglichkeit, sich frei hiervon auf einen ganz anderen und durch eine andere Umgebung suggerierten Gang einzustellen. Hier zeigt sich die Freiheit, vorhande Möglichkeiten zu aktualisieren, die wir beim Tier nicht antreffen, während das Tier zu Entdeckungen wie der der Sprache erst recht völlig unfähig ist[2].

2. Besonders die Frage, ob die Intelligenz als Anlage mitgegeben ist, hat die Gemüter bewegt und die Gedanken beschäftigt. Die These „Das Genie schafft es ja immer" ist ein alter Ausdruck hiervon. Aber daß Genies es trotz aller Umstände schaffen, wissen wir erst durch diejenigen, die es geschafft haben. Von denjenigen, die es hätten schaffen können, wenn die Umstände anders gewesen wären, wissen wir nichts, aus dem einfachen Grunde, weil sie es nun einmal *nicht* geschafft

[1] S. näheres hierüber im vorigen Kapitel (S. 23).

[2] Es ist klar, daß das „Aha-Erlebnis", wie es meistens beschrieben wird, nicht auf menschlichem Niveau liegt. Vgl. weiter unten, wo über den Unterschied zwischen „fester" und „offener" Welt gehandelt wird.

haben. Besonders das „Testen" der Intelligenz hat die Frage nach dem das ganze Leben hindurch gleichbleibenden Wert dieser Intelligenz in der Diskussion gehalten[1].

Es ist klar, daß hier hauptsächlich die Ergebnisse von wiederholten Untersuchungen derselben Kinder wertvoll sind, ohne daß bei diesen mehrfach untersuchten Kindern Übung oder Gewöhnung entstand, welche die Ergebnisse verzerrt hätten. Solche Untersuchungen sind gemacht worden und sie zeigen, daß Kinder, die im gleichen Alter eine fast gleichwertige Intelligenz besitzen, diese Gleichheit im früheren oder späteren Alter bestimmt nicht immer hatten oder haben werden. Verfolgen wir bei indivuellen Lebenslinien die Leistung der getesteten Intelligenz, dann sehen wir gleichfalls eine große Schwankung[2].

Es handelt sich hier um außerordentlich komplizierte Phänomene, aber soviel ist wohl sicher, daß ein Teil der Schwankungen bestimmt auf schon in der Anlage mitgegebene Möglichkeiten zurückgeführt werden kann. Anderseits ist es sicher, daß Milieuwechsel fördernd oder hemmend auf die Intelligenzleistung einzuwirken pflegt.

Kinder verschiedener Intelligenzanlage nähern sich in ihren Leistungen einander an, wenn man sie im selben Milieu erzieht, ihnen gleichwertige Unterrichtschancen gibt; während Kinder sehr ähnlicher Intelligenzanlage sich zu unterscheiden anfangen nach der Art des Milieus, worin sie ihre Erziehung empfangen. Wenn wir sagen „nähern" sich oder „unterscheiden" sich, meinen wir nicht, daß die Erscheinung unbegrenzt wäre, aber wohl, daß sie sich unverkennbar deutlich abzeichnet.

3. Die Erscheinungen, die wir als psychische Entwicklung beschreiben, sind also außerhalb einer biologischen Gegebenheit von den „konvergierenden" Milieueinflüssen abhängig, wobei der Entdeckungscharakter verschiedener psychischer Erscheinungen (z.B. Sprache, aufrechter Gang) besondere Beachtung verdient und auch die Weise, wie das Milieu einerseits als Gruppe, anderseits als Gelegenheit zur Entdeckung bietende Erfahrungswelt funktioniert, einerseits mit Gefühlen behaftet zur Nachahmung lockt, anderseits zu echten Entdeckungen prädisponiert, usw.

Die Beschreibung einer gewissen psychischen Entwicklung ist also immer in hohem Maße abhängig von *nicht* biomechanisch bereitge-

---

[1] Für eine ausführliche Besprechung vgl. meine „Inleiding tot de paedagogische psychologie" 7. Aufl., § 110–111. Groningen, Wolters 1961 (Einleitung in die pädagogische Psychologie).

[2] A.a.O. Fig. 18–20.

legten und durch Ernährung und Behütung „entfalteten“ Gegebenheiten. Je mehr wir uns in den Entwicklungsprozeß *eines* bestimmten Individuums vertiefen, umso stärker fällt uns das Persönliche in diesem Entwicklungsbild auf. Nicht nur, weil man in der wenig variierten Umgebung, auf der die Psychologiebücher meistens beruhen, doch noch einen bestimmten Unterschied in der Zeit des In-Erscheinung-Tretens innerhalb eines normalen Alters antrifft, sondern auch, weil jeder „dasselbe“ doch auf *seine* Weise tut.

4. Es liegt auf der Hand, daß man in der Entwicklung eines Kindes, die sich ja über eine so lange Periode verteilt, *Phasen* unterscheidet[1]. Das sind zur Gesamtheit der Entwicklung gehörende Teile, in denen während eines bestimmten Zeitabschnittes eine bestimmte Funktion (z. B. das Greifen) oder eine bestimmte Lebensform sich vollenden soll (z. B. Säuglingsalter, Pubertät). Was wir im vorhergehenden behandelten, hängt an erster Stelle mit der pädagogisch und sozial äußerst wichtigen Frage zusammen, ob jeder Mensch immer die gleichen psychischen Entwicklungsphasen durchmachen muß, wenn er ein „normaler“ Erwachsener werden will.

Das Beispiel der psychischen Pubertät eignet sich ausgezeichnet dazu, uns zu zeigen, wie unwahrscheinlich das soeben geäußerte Axiom ist. Unter der psychischen Pubertät versteht man die Phase, worin sich das Kind psychisch selbständig auf die Fragen des Menschenlebens in dieser Welt einzustellen anfängt. Annäherungsweise, sagen die Bücher, geschieht dies zwischen dem 14. und dem 18. Lebensjahr. Man beschreibt dann das Einsamkeitserlebnis, das Gefühl, anders als die anderen zu sein, das Nicht-verstanden-werden, die Sehnsucht nach der großen Freundschaft, das Streben nach Idealen von erneuernder Bedeutung für das geistliche und gesellschaftliche Leben der Menschen, das Grübeln, heftige Diskutieren, Philosophieren, das beginnende Verliebtsein, die Schwierigkeiten mit sich selber, die Konflikte mit den Eltern, deren Umgangsformen und Autoritätsausübung als Unterschätzung der Selbständigkeit des Jugendlichen gefühlt werden, u. a. m. – dies alles beschreibt man als typische Erscheinungen der Pubertät.

Und – so meint man – dies *muß* ein Mensch durchgemacht haben, sonst wird er niemals wirklich erwachsen. Wenn Rümke[2] die

[1] Vgl. über Probleme der Phasenlehre Kapitel 1 meiner „Verkenning en Verdieping“ (Untersuchung und Vertiefung). Purmerend 1950, „Die Entwicklungspsychologie als Problem“.

[2] In seinem Buch: De levenstijdperken van de man. Amsterdam, De Arbeiderspers (Die Lebensabschnitte des Menschen).

Pubertät bespricht, dann mißt er – sehr begreiflich für einen Psychiater – den Schwierigkeiten dieser Phase besonderen Wert zu, und ihre drei Hauptgruppen werden alle so gesehen, daß man durch die typischen Pubertätsprobleme hindurch*muß*, um ein „normaler Erwachsener“ zu werden. Rümke spricht über Störungen in der Individuation, Regulation und Integration. Die ersten sind Schwierigkeiten beim sich Loslösen oder nicht genügenden Loslösen von den Eltern. Das Kind wird nicht selbständig, oder nur unter sehr vielen Konflikten. Nicht als ob man solche Konflikte vermeiden könnte, innerhalb gewisser Grenzen sind sie sogar Zeichen eines gesunden Strebens nach Selbständigkeit. Aber sie können von schleppender, unvollständiger oder zu radikaler Art sein. – Die „Regulations-“ störungen hängen mit den vielen Änderungen eng zusammen, die in diesen Jahren im körperlichen Haushalt des jungen Menschen stattfinden. Immer wieder geben neue interne Organe Impulse, ändern sie ihre Funktion und die damit zusammenhängenden Schwankungen im Wohlbefinden, wie Gereiztheit, innere Spannung, Ermüdung machen die „Regulation“ des psychischen Lebens manchmal schwierig, und in ernsten Fällen können sogar „Kurzschlüsse“ und „Ausbrüche“ auftreten. Wenn sie nicht von selber vorübergehen und sich nicht innerhalb gewisser Grenzen in ihrem Verhältnis zur Umgebung halten, dann befindet dieser Mensch sich also in einem Zustand, in dem er ärztliche Hilfe benötigt. Und auch hier muß man darüber hinweghelfen, wenn er ein „normaler“ Erwachsener werden soll. – Die „Integration“ bedeutet die Fähigkeit der Person, eine Einheit zu schaffen und zu erhalten innerhalb der vielen Triebe, die in ihr auftreten, und auf eine solche Weise, daß sie „sich selber nicht aus der Hand fällt“, daß sie nichts tut, was ihr entgleitet und das ihr selber fremd ist. Will der Mensch eine ganze Persönlichkeit werden – und integer bedeutet eine Einheit bildend – dann wird er auch der Integrationsschwierigkeiten Herr werden müssen.

Aber muß wirklich jeder eine solche psychische Pubertät, wie sie die Psychologen beschreiben und wie sie die Psychiater bei ihren Patienten antreffen, in ungesunder Form durchmachen, so daß er eben zum „Patient“ wird? Gibt es keinen Weg zur Erwachsenheit ohne diese psychische Pubertät?

Wenn wir diese Frage beantworten könnten, indem wir sagten, „Gewiß – man kann sehr wohl erwachsen werden, ohne je durch eine psychische Pubertät, wie die eben beschriebene, hindurchgegangen zu sein“, dann hätten wir damit nicht nur etwas über die Pubertät ausgesagt, sondern auch über die Notwendigkeit, daß die

Menschen in ihrer psychischen Entwicklung immer alle die gleichen Phasen durchmachen müssen. Es würde sich dann zeigen, daß diese letzte Notwendigkeit, zum mindesten was eine lange dauernde und wichtige Phase anbelangt, gar nicht besteht.

Nun also: dies ist tatsächlich der Fall. Der Weg des Menschen zur Erwachsenheit läuft nur unter gewissen Bedingungen durch eine psychische Pubertät, wie die eben beschriebene, hindurch. Nur wenn das Kind nach Vollendung seiner elementarsten Familien- und Schulerziehung eine lange Periode durchmachen muß, *bevor* es ins Leben der Erwachsenen eingelassen wird, entsteht die psychische Pubertät mit ihrem eventuellen Risiko von Individuations- oder Integrations-Störungen. Das Landkind oder die Arbeiterjugend durchlebt kaum etwas von den oben beschriebenen Erscheinungen, weil sie schon sehr jung in das Arbeitsleben aufgenommen werden; in Ländern, wo es Kinderehen gibt, in Umständen, wo sehr frühzeitiger Wehrdienst oder wo unmittelbare Lebensbedrohung auftreten, gibt es keine psychische Pubertät.

Vorsicht also mit dem Axiom, daß Phasen in der psychischen Entwicklung, welche uns so unvermeidlich und selbstverständlich vorkommen, auch wirklich unvermeidlich seien! Es gibt verschiedene Wege zur Erwachsenheit, und nur in einem bestimmten Kulturmilieu macht man eine bestimmte Art der Erwachsenheit – und dementsprechend eine bestimmte, dahinführende Entwicklung – zum Maßstab dessen, was man vom Menschen zu erwarten hat. Die Umstände, die Erziehung und die eigene Geschicklichkeit des Individuums sind in unendlich wichtigerem Maße verantwortlich für die Gestalt, die Jugend und Erwachsenheit annehmen, als eine Art biologischer Mechanismus von Gesetzmäßigkeiten[1], welcher aus dem menschlichen Keim eine menschliche Pflanze, Blume oder Frucht wachsen läßt, solange nur Nahrung, Sonne und Luft dazu vorhanden sind.

Gerade *weil* die menschliche Entwicklung soviel Spielraum enthält, ist der Mensch darauf angewiesen, erzogen zu werden[2]. Gerade weil es diesen Spielraum gibt, kann er sich in jede Richtung entwickeln, auch z.B. für Galgen und Rad aufwachsen, kann er krankhafte Entwicklungsabwege wählen, kann ein Kind auch überhaupt *nicht* erwachsen werden. Seine Erwachsenheit kann man erwarten, aber nicht voraussagen, und infolgedessen ist es unrichtig, in dem

[1] Vgl. im selben Sinne den Aufsatz von J. Château: „Sur la nature et le rôle de l'enfance", in: „Journal de Psychologie", 43,3 (1950).

[2] S. meine Einführung in die theoretische Pädagogik. Stuttgart 1966.

Kinde eine Miniaturausgabe des künftigen Erwachsenen sehen zu wollen.

5. Schon in der frühesten Entwicklung des Kindes sehen wir, daß mehr als „Ernähren und Behüten“ dazu gehört, wenn aus dem Kinde je ein erwachsener Mensch werden soll. Es war von alters her allgemein bekannt, und die Wissenschaft hat vor kurzem über einen Umweg unter dem Einfluß Freuds eingesehen, daß das Kind liebevolles Hegen und Pflegen *braucht*. Kommt das Kind hieran zu kurz – und dies haben gerade dieselben Kreise eingesehen, welche Freud als ihren bedeutendsten Lehrmeister betrachten – dann entwickelt es sich ungünstig. Dem tatsächlichen Zustand der Hilflosigkeit des Kindes wird keine genügende Hilfe geleistet, wenn man ihm nur Essen und Trinken und die übrige Körperpflege bietet. Es gibt ein unmittelbares Bedürfnis nach etwas anderem: nach dem Sicherheitserlebnis, das nur aus bewiesener Liebe geboren wird; *kein* Hunger, *kein* Durst, *keine* Kälte, *keine* Unruhe (usw.) ist *keine* genügende Beantwortung des für die Entwicklung des Kindes Notwendigen.

Die technisch vollkommenste, aber rein sachliche Versorgung wiegt eine unbeholfene, eigentlich ungenügende, aber warme, vernünftige und selbstbeherrschte Versorgung nie auf.

Drei Gegebenheiten für das Verstehen der Dynamik, welche die psychische Entwicklung in Bewegung bringt und in Bewegung hält, sind wir nun schon begegnet: erst muß es ein lebendes Wesen geben; da dieses Wesen „Mensch“ ist, stellt sich sodann heraus, daß es hilfsbedürftiger ist als irgend ein anderes Wesen und daß es drittens einer sicheren Geborgenheit bedarf. Doch muß an unserer Argumentation noch irgend etwas fehlen, denn wir können noch nicht verstehen, daß der Schöpfer irgend ein Wesen so ahnungslos und unvernünftig geschaffen haben kann, daß es aus seinem Zustand vollkommener Sicherheit und Geborgeheit in seiner reinen Hilflosigkeit es je wagen kann, weg zu wollen und allerhand Neues auszuprobieren, wie Greifen und Gehen, womit es ja einen Teil der sicheren Geborgenheit verlieren wird.

Diese vierte Gegebenheit, die wir vorläufig nur andeuten als „Neigung zur Exploration“, ist von der größten Wichtigkeit, und man könnte die psychische Entwicklung nie ohne diese vierte Gegebenheit verstehen.

Zur Vereinfachung versuchen wir, diesen vier Grundgegebenheiten der psychischen Entwicklung Namen zu geben, von denen wir vorläufig nichts anderes fordern, als daß sie brauchbar seien. Wir sprechen also von dem *biologischen Moment*, dem *Prinzip der Hilflosigkeit*, dem *Prinzip der Geborgenheit*, dem *Prinzip der Exploration*.

6. Wenn dem Prinzip der Geborgenheit nicht in dem Maße Genüge geleistet wird, das der Hilflosigkeit des Kindes entspricht, so wird das Kind in denjenigen Entwicklungsaspekten zurückbleiben, von denen das Prinzip der Exploration abhängig ist; es wird sich nicht völlig an die Exploration herantrauen.

Wenn es in dem biologischen Moment einen Mangel, einen Defekt, ein Mißverhältnis gibt, dann wird man das auch in der Ganzheit der Person bemerken, z.B. durch ein größeres Hilflosigkeitserlebnis. Wenn dann nicht eine entsprechende Beschützung auftritt, dann werden auch hier die Entwicklungsaspekte, welche von dem Prinzip der Exploration abhängig sind, demgemäß zurückbleiben. Sehr leicht kann hier aber auch ein Mangel an Exploration auftreten trotz einer genügenden oder dank einer übermäßigen Beschützung. Um so leichter kann das geschenen, weil – wie wir sahen – die Beschützung nicht in einem quantitativen Verhältnis zur Hilflosigkeit steht. Wenn es an Beschützung mangelt, dann kann eine zwar technisch ausreichende, aber gefühlsarme „kalte" Versorgung die Ursache davon sein. Es kann auch sein, daß die Temperatur *mehr* als warm ist, so daß das Kind in einer Treibhaushitze von Gefühlen weichlich erzogen wird. Im letzten Falle wird das Kind dauernd auf Beschützung zusteuern, ohne selber je Kraft genug zu haben, einen angemessenen Grad von Selbstschutz zu erreichen. Was aber geschieht bei gefühlsarmer Versorgung? Man fordert dann frühzeitig vom Kinde ein Verhältnis zur Welt, in dem das Gefühl nur eine kleine Rolle spielt. Aber gerade das junge Kind ist in hohem Maße auf andere Beziehungen angewiesen als die, welche durch den Verstand und seine Hilfsmittel (z.B. die Sprache) entstehen. Es ist vielmehr angewiesen auf die direkte Berührung (Tast-, Geruchs- und Temperatursinn), die Wahrnehmung mit Auge und Ohr aus der Nähe oder Ferne und auf alles, was es durch die Seinsweise der Versorger an Gefühlsgegebenheiten erfahren kann (Zärtlichkeit, Bosheit, Aufgeregtheit, Nervosität, Geduld-Ungeduld, Ruhe-Gehetztheit, Fröhlichkeit-Deprimiertheit usw.). Die gefühlsarme Erziehung läßt das Kind also hilfsbedürftiger als erwünscht, hilft ihm nicht, eine eigene Gefühlswelt zu entwickeln, weil es ja in dieser Gefühlswelt nie angesprochen und erst recht nie beantwortet wird.

Es ist klar, daß gerade in dieser Lebensphase, in der das Kind noch so auf die Gefühlswelt angewiesen ist, Gefühlseindrücke eine besonders große Bedeutung für das Kind haben. Zwar hat sich – in unserem Kulturkreis jedenfalls – eine gewisse Stabilität Gefühlseindrücken gegenüber entwickelt, wenn das Kind ungefähr 10 Jahre alt ist, und schon einige Jahre vorher entwickelt sich ein zunehmendes Verständnis für das, was gewisse Ereignisse und Äußerungen gefühlsmäßig „wert" sind. Aber nichtsdestoweniger bleiben sowohl die fortdauernden als die zufälligen Gefühlserfahrungen von größter Wichtigkeit. Eine immer klagende, brummige Mutter, die dauernde Nervosität allzu ängstlicher Eltern, die sich immer gerade noch beherrschen, werden genau so spürbar in der Gefühlsatmosphäre wie der Einbruch eines gewaltigen Ereignisses, wie ein Unfall, eine Vergewaltigung, das Sterben von Vater oder Mutter, die Entdeckung entsetzlicher Untreue oder was das Kind dafür hält.

Es sind gerade die habituellen (= zur Gewohnheit gehörenden) Gefühle und Gefühlsbeziehungen, die dem Kinde das Gefühlsschema einprägen, das seine gefühlsmäßige Haltung der Welt gegenüber kennzeichnen wird.

Es sind jene heftigen, zufälligen Ereignisse, woraus manchmal ein ganzes Gefühlsschema entsteht, das ein schon bestehendes vernichtet, unnachspürbar in sich aufnimmt oder unauffällig auf einer anderen Ebene weiterbestehen läßt.

7. Das Prinzip der Exploration ist ein schönes Beispiel – das auch auf die anderen Prinzipien angewendet werden kann – wie in einem solchen Prinzip verschiedene Dynamismen in der psychischen Entwicklung noch ununterschieden ineinanderliegen, die später sehr wohl unterschieden werden können. Das sich sicher fühlende Kind geht ein auf die Welt, begegnet Menschen und Dingen, manipuliert an und mit ihnen, erlebt ihre Seinsweise mit Offenheit und lernt diese Seinsweise kennen. Das Kind begegnet so dem Anderen, von dem sich herausstellen wird, daß es nicht nach seiner Pfeife tanzt und objektive Eigenschaften hat (z. B. es ist hart, es ist hohl, es fällt auf dich) oder von dem sich herausstellt, daß es sich selbständig benimmt (z. B. wegläuft, dich anschaut, dich beißt, etwas sagt, böse wird, lieb zu dir ist).

Die Welt, in der man zu leben haben wird, kündigt sich in der Exploration an. Und in dieser Gegenüberstellung wird nun auch das Subjekt Relief bekommen. Nach dem Anlächeln der Mutter, dem Mit-dem-Blick-folgen, dem Greifen-nach – alles *sehr* frühe Zeichen des Subjektes im Lebewesen – kommt eine unendliche Reihe von Erfahrungen mit dieser Welt von Dingen und lebendigen Wesen.

„Erfahrungen" aber setzen ein Subjekt und ein Objekt voraus, sind die Erfahrungen *von* jemandem *mit* etwas oder jemandem. Es gibt zwischen Kind und Welt eine solche Beziehung, wobei – tatsächlich – glücklicherweise nicht alles zum Kinde „durchdringt", aber doch wohl vieles. Die Welt steht nicht aktiv einer „Tabula rasa" gegenüber, aber Kind und Welt bedeuten etwas für einander unter der Bedingung, daß das Kind aktiv ist, aus sich herausgeht, zur Welt kommt, kurzum „exploriert", „erfährt".

Bildet sich eine „objektive" Welt, dann bildet sich entsprechend ein objektives *Subjekt*. D.h. im Explorationsprinzip liegt auch ein anderes Prinzip genetisch bereit, nämlich daß *das Kind selbst jemand sein will* (Emanzipationsprinzip). Es ist sinnlos, festzustellen wollen, ob der Exploration das Selber-jemand-sein-sollen zu Grunde liegt, oder umgekehrt. Beide Momente bestimmen sich gegenseitig.

8. Aber: auch das Tier verläßt sein Nest, schnuppert und krabbelt herum (exploriert) und läuft von zu Hause fort (emanzipiert sich). Man kann nicht bestreiten, daß auch das junge Tier zum erstenmal auf Erden ist und darum allerhand zu lernen hat, aber es besteht hier doch ein großer Unterschied. Das Tier lebt in einer Welt, die ihm durch seine Instinkte bekannt gemacht wird. D.h. es hat „Welt", so wie und insofern seine Instinkte sie ihm geben. Ist es ein Tier, das fliegt, dann hat es eine Welt, die zu einem fliegenden Tiere paßt, und es kommt nur mit denjenigen Tieren (oder Menschen) in Konflikt, die sich in diese Welt einmischen; nur diejenige Beute verfolgt es, welche zu seiner Lebensform paßt – wenn es Hunger hat. Was dem kriechenden Tiere ein unüberwindbares und also hiermit vermiedenes Hindernis bedeutet, ist für das laufende oder fliegende Tier ein Gegenstand ohne jede Bedeutung, oder ein Stützpunkt, oder ein Schutz u.a.m.

Kurzum, jedes Tier hat seine eigene Welt, die mit seinen Instinkten übereinstimmt, in der die Dinge ihre feste Bedeutung und Bedeutungslosigkeit haben; man nennt dies die „Umwelt"[1] des Tieres, man könnte vielleicht auch von seiner „festen Welt" sprechen.

In der festen Welt des Hirsches bedeutet der vorbeirasende Zug nichts, und das Tier weidet nach einer ersten Schreckreaktion ruhig weiter. Der Mensch bedeutet nichts in der Welt der meisten Tiere, wenn er zum ersten Male darin auftaucht. Ändert sich dies, dann ist das meistens dem Menschen zuzuschreiben. Gerade *weil* das Tier eine feste Welt hat, braucht es nur eine so kurze Jugend und kann es nur

[1] Der Ausdruck stammt bekanntlich von dem Biologen v. Uexküll.

ziemlich wenig lernen. Gerade *weil* der Mensch eine lange Jugend hat und es sich herausstellt, daß er viel lernen kann, kann man annehmen, daß der Mensch eine solche feste Welt *nicht* hat und im Gegenteil immer dasjenige wieder durchbricht, was er an Welt hatte. Diese Annahme ist tatsächlich richtig: der Mensch durchbricht das ihn konkret Umringende dauernd, z.B. durch das Entdecken und die Benützung der Sprache, die ihn fähig macht, über Dinge zu sprechen, die an anderem Ort, die später, die nie bestanden haben oder bestehen werden. Der Mensch *gibt* seiner Welt Bedeutung. Er lebt in einer „offenen Welt", hinter jeder Entdeckung liegt eine neue; das, was heute unbekannt und die Grenze des Wissens war, wird sich morgen als durchbrochen herausstellen; was heute gültig ist, hat morgen seine Bedeutung verloren. Es ist kein Wunder, daß beim Menschen die Frage nach der Grundlage des Lebens, der Sicherheit, der Bedeutung der Welt entsteht.

Also: Tiere explorieren in einer festen Welt, verlassen ihre Eltern in einer festen Welt; Menschen explorieren eine offene Welt, verlassen ihre Eltern in einer offenen Welt. Kein Wunder, daß sie später weggehen und eine Erziehung notwendig ist, kein Wunder, daß diese Exploration kein Ende findet.

9. Doch hat auch der junge Mensch gewisse Sicherheiten in seiner Welt. Wir sprachen schon vom *Prinzip der Sicherheit*, der Geborgenheit, worin Nahrung, Versorgung, Sauberhaltung, Hegen und Pflegen eingeschlossen sind. Bis zu einem gewissen Grade liegt hierin die erste Sicherheit, die das Kind braucht, die dauernde Ausfüllung und Ergänzung seines „biologischen Defizits". Zu seinem Wachen gehört Schlafen, zu seinem Hunger und Durst Nahrung, zu seinem Naßsein Trockenlegung, zur Abkühlung Erwärmung, zur Hitze Abkühlung. So schließen sich also dem biologischen Defizit unmittelbar zwei andere Festigkeiten an: die *Erwartung* des Behebens des biologischen Defizits, und, durch die Regelmäßigkeit und Sicherheit, womit dies geschieht: die erste *Gewohnheitsbildung*.

In dieser Erwartung ist noch nicht immer die Einstellung auf eine angenehme emotionelle „Temperatur" mitgegeben, aber die meisten Mütter schaffen diese Atmosphäre ganz natürlich und von selber. In diesem Hegen, in diesem Liebesbeweis liegt für das Kind die fundamentale Sicherheit der Welt; hierdurch entsteht das *Sich-geborgen-Fühlen*.

Hier liegen also drei in ihrer Entstehung eng verbundene Festigkeiten, die außerdem im Leben des Kindes fortgesetzt zu werden pflegen. Eltern erfüllen bleibend die Erwartung, daß sie ihre Kinder ernähren, kleiden usw., sie bilden Gewohnheiten, und das Kind fühlt sich weiterhin geborgen. Auf dieser Grundlage und in dem Maße, in dem diese Garantien verwirklicht sind, kann das Kind seine Exploration in einer offenen Welt unternehmen und mehr und mehr selbst jemand werden.

Es gibt noch mehr Sicherheiten für den Menschen, als die schon erwähnten. Da sie so außerordentlich wichtig sind, sollen zwei weitere, die in gegenseitiger Beziehung stehen und eng zusammenhängen, hier behandelt werden. Die erste ist die *menschliche Gemeinschaft*, die zweite ist die der *Systeme*, welche große Gebiete dessen beherrschen, was für die Menschen „Objekt" ist.

10. Das Gemeinschaftsleben der Menschen hat seine Gewohnheiten, Traditionen, Einteilungen, z.B. nach Geschlecht, Alter und Funktion, seine festen Verhältnisse, kurz, es hat geordnete Formen. Das Kind wird mit mehr oder weniger Geduld und Toleranz in diese Formen aufgenommen. Es erfährt mehr oder weniger Hilfe, Rat, Beispiel, es erfährt da seine Einsamkeit oder seine Teilhaberschaft, aber es lernt auf jeden Fall die Verhältnisse, die Möglichkeiten des Gemeinschaftslebens kennen. Es lernt hier auch, woran es ist, worauf es rechnen kann und womit es zu rechnen hat. Darin ist es zuerst sehr abhängig von den Erwachsenen, und ihr Wohlwollen wird es noch zusammen mit ihrer Aufklärung viele Jahre begleiten müssen. Das Defizit, dem wir erst als „biologischem" begegneten, treffen wir jetzt als „soziales" an; das Kind kann *nicht* sprechen; und wenn es das kann, so kann es *nicht* schweigen, es kennt die Umgangsformen nicht, wem man wohl und wem man nicht ein Küßchen gibt, es kann noch nicht teilen, nicht zusammenspielen, zusammenarbeiten usw. Immer füllt der Erzieher das Defizit, bis das Kind selber seine Erfahrungen verarbeiten und die Probleme lösen kann.

Teilweise hat das Gemeinschaftsleben der Menschen sich in Formen und Gestalten festgelegt, die die Flüchtigkeiten dieses Lebens überwinden. Die Familie, die Schule, die Kirche, der Staat sind solche Formen. Aber es gibt auch Formen ganz anderer Art, wie Traditionen, Konventionen, Gesetze, Abkommen, Theorien, Methoden, Wissenschaften, Techniken, Verfahren; hergestellte Gegenstände, angelegte Landschaften, Äcker, Wiesen, Bauland, Gärten, Kunstgegenstände, Gebäude, Städte. Das Kind muß alle diese Dinge kennenlernen. Teilweise, ja größtenteils gelingt das nur, wenn es selber an etwas dieser Art teilnimmt, etwas dieser Art selber herstellt, sich ausdenkt usw. Dazu übernimmt das Kind sehr viel, was es nicht selber zu erfinden braucht, aber doch gilt, daß es das Prinzip gewisser außerordentlich wichtiger Hilfsmittel des Menschen *entdecken* muß. Dies gilt z.B. für die Sprache, das Benützen von Werkzeugen, das Anwenden bestimmter Denkweisen, z.B. des Rechnens.

In der Sprache haben wir ein System vor uns, das uns befähigt, die Wirklichkeit in einer Form zu handhaben, die uns von der Notwendigkeit erlöst, die Wirklichkeit selber mit uns herumzutragen, sie konkret anwesend zu haben. Das Kind erfindet dieses System nicht, es muß es aber entdecken, wenn es je fähig sein soll, selber etwas, das es sich ausgedacht oder persönlich erfahren hat, mitzuteilen. Die Entdeckung des Werkzeugs ist nicht die Entdeckung eines Systems, sondern eines Prinzips, nämlich des Prinzips der mechanischen Beziehungen, welche autonom sind in bezug auf die menschlichen, die *organischen* Beziehungen. Ein Beispiel möge dies verdeutlichen[1].

11. In einer Ecke des Zimmers steht gegen die Wände geschoben ein Tisch. Auf der Tischplatte sind senkrechte Stäbchen angebracht und untereinander fest verbunden worden, so daß ein oben offener Käfig entsteht. In die Tischplatte, nicht weit von der Ecke der Wände, ist ein Nagel geschlagen. Daran ist ein Bindfaden befestigt, der parallel zur langen Seite, nahe der Wand läuft und endlich zwischen den Stäbchen an der kurzen Seite nach außen herunterhängt (A). Die

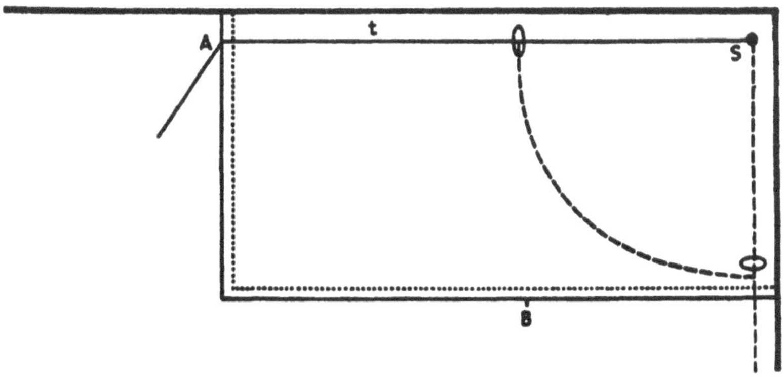

Oberfläche des Käfigs möge 80×40cm messen, der Nagel sei 38cm von der Vorderseite entfernt und in 35cm Abstand von dem Nagel ist in einer Schlinge im Bindfaden ein Bonbon befestigt. Würde man sich

[1] Vgl. A. Rey: L'intelligence pratique chez l'enfant, Paris 1935, S. 56f.

immer um jedes Stäbchen herum nach der Vorderseite hin den Bindfaden mit dem einen Finger weitergeben, ihn zwischen den nächsten Stäbchen durchziehen, dann würde der Bindfaden endlich bei dem Eckpunkt der Stäbchen ankommen. Man könnte auf diese Weise den Bindfaden immer weiter durchgeben, bis er senkrecht auf der langen Reihe von Stäbchen stände, so daß das Bonbon nun 3 cm von der Vorderseite des Käfigs entfernt wäre und aus der Schlinge geschoben werden könnte. Wenn man Kindern von 4–7 Jahren die Aufgabe stellt, sich des Bonbons zu bemächtigen, dann stellt sich heraus, daß die jüngere Gruppe ausnahmslos von einem so direkt als möglichen organischen Kontakt Gebrauch macht, obwohl dabei nichts herauskommt. D. h. das Kind versucht das Bonbon direkt über den Rand des Käfigs hin zu ergreifen, oder wenn es sich herausstellt, daß es das nicht „darf“, so versucht es, zwischen den Stäbchen hindurch zu greifen. Stellt sich heraus, daß dieses letzte unmöglich ist, dann kann es an dem Bindfaden ziehen, usw. Ein fünfjähriger Junge versuchte die beschriebenen Möglichkeiten umsonst, dann gab er diese Methode auf und entdeckte einen großen Holzblock irgendwo im Zimmer. Er nahm diesen Block, hob ihn über den Rand des Stäbchenzauns hin und ließ ihn an der kurzen Seite in den Käfig fallen. Auf die Frage, warum er das täte, antwortete er, daß er sehen möchte, ob „es zieht“, ob dieser Holzblock das Problem vielleicht lösen könne.

Vom Standpunkt derer, die die mechanischen Beziehungen der Objekte im Prinzip kennen, ist das Manöver mit dem Block einfach sinnlos[1]. Von den Mitteln aus gesehen, über die das Kind verfügt, das noch überwiegend an seine organische Instrumentierung und Kraft (greifen, ziehen, heben, hinstellen, schieben, umstoßen, mit Händen, Füßen, mit dem ganzen Körper usw.) gebunden ist, ist die Handlung aber sinnvoll. Das Kind fügt das „Große-Schwere“ (= das „Kräftige“) einem Milieu hinzu, in dem nach seiner einzig möglichen Auffassung seine *Kräfte nicht ausreichen*. *Mehr* Kraft muß also das Problem lösen.

Solange nun die Werkzeuge, jene nicht-körperlichen Zwischenträger zwischen Körper und Dingen, einfach das übersichtliche Verlängerungsstück der organischen Mittel bilden, sind sie noch mehr oder weniger zugänglich; sind ihre Bewegungen aber denen entgegengesetzt, die man selber machen würde, dann ist es sehr schwierig, mit ihnen etwas anzufangen. Wenn etwas an dem Bindfaden befestigt ist,

[1] Rey sieht diese Konsequenz seines eigenen Materials hier nicht, so daß die in dem hier Folgenden entwickelte Interpretation ganz auf meine eigene Verantwortung geht.

dessen man sich bemächtigen kann, indem man es mit dem Bindfaden zu sich zieht – dann kann man das lernen; aber wenn man die Hand aufmachen muß, um das Werkzeug zu handhaben, womit man greifen soll, dann ist *das* schwierig. Das Hantieren mit einem Bleistift, einer Feder oder einem Pinsel ist schon schwierig, doch viel schwieriger ist das Hantieren mit Kneifzange, Hebel, Schlüssel und ähnlichen Werkzeugen.

Doch ist die Entdeckung des Prinzipes des Werkzeugs dem Kinde in unserem Kulturkreis von ungefähr sechs Jahren an möglich und allgemein zugänglich.

12. Hiermit haben wir nun gleichzeitig eine wichtige Grundeigenschaft der psychischen Entwicklung kennen gelernt: Lange nachdem das Kind die Sprache entdeckt hat und also nicht mehr auf den konkreten Umgang mit den Dingen selber angewiesen ist, stellt sich heraus, daß doch das Prinzip dieses konkreten Umganges in dem eben geschilderten Verhältnis noch wirksam ist. In der psychischen Entwicklung sehen wir frühere Verhältnisse von Kind und Welt weiterbestehen, obwohl sich neue daraus entwickelt haben. Bei einer Zerstörung der höheren Verhaltensmöglichkeiten fällt das Kind auf die genetisch ursprünglicheren zurück und behält in Situationen, welche das zulassen oder fordern, die genetisch ursprünglichere Verhaltensform weiter zur Verfügung.

So entsteht in der psychischen Entwicklung eine Schichten-Struktur, in der die verschiedenen Schichten ebenfalls zur Verfügung bleiben, obwohl die „höher" gelegenen Niveaus eine geordnete Beherrschung der Wirklichkeit möglich machen auf eine Weise, die abstrakter und bewußter als das niedriger Gelegene ist. In einem früheren Stadium der Entwicklung waren diese Niveaus in ihrem Verhalten weniger deutlich gegeneinander abgegrenzt, oder die Entdeckung war noch nicht gemacht, die das höhere Niveau erst ermöglichte. So kann das ungerichtete ein gerichtetes Bewegen („Suchen", „Greifen") werden, aus dem gerichteten Bewegen kann, nach der Entdeckung der Symbolbeziehung, das Zeigen, aber auch das Sprechen, das Hantieren etc. entstehen. Man könnte das das *Prinzip der genetischen Schichtung* nennen, d.h. aus einem Stadium mit wenig unterschiedenen Verhaltensmöglichkeiten entsteht ein Stadium mit immer mehr Möglichkeiten, wobei die primitivsten erhalten bleiben und oft noch eigene Leistungsverbesserung zeigen, bis ein gewisses Stadium erreicht worden ist, in dem die Person sich auf einem bestimmten Verhaltensniveau (z.B. dem theoretischen) und damit in bestimmten Beziehungen zur Welt vorzugsweise bewegt. Eine gewisse Verödung des mehr primitiven Verhaltensniveaus ist oft die Folge davon.

Der Adoleszent kann sich auf die Weise des Pubeszenten benehmen, dieser wie ein Schulkind, dieses wie ein Kleinkind und das Kleinkind wie ein Säugling. Aber auch der Erwachsene kann sich wie ein Kleinkind oder ein Flegel benehmen.

Wenn man Phaseneinteilungen in der psychischen Entwicklung aufstellt, sieht es immer so aus, als ob aus der einen Phase und nach ihrer Vollendung die nächste entstünde. Aber diese Vorstellung ist irreführend und zeigt nur *eine* Seite der Entwicklung, nämlich die „Schichten" selber; aber sie verbirgt die Tatsache, daß alle diese Schichten ineinander verwoben sind und als Verhaltensniveau – zum Guten und zum Bösen – verfügbar bleiben. Ebensosehr bleibt verborgen, daß immer *neue* Entdeckungen und Erfahrungen qualitative Änderungen in die Lebenslinie bringen.

13. Kehren wir nun zu den „Sicherheiten" im Verhältnis des Kindes zur Welt, über die wir in § 9–11 sprachen, zurück. Das Kind erobert das Prinzip des Werkzeugs. Die Welt, worin das Werkzeug „funktioniert", ist die Welt des Anderen. Aber ist das Kind nicht schon längst vorbereitet auf die Entdeckung des Werkzeugprinzips durch sein Spiel, und ist es – zu gleicher Zeit – nicht schon längst in Berührung mit „dem Anderen", gleichfalls in der Welt des Spieles?

Prüfen wir zuerst ein vorhergehendes, aber eng mit diesen Fragen zusammenhängendes Problem: *Kennt das Kind die Ernst-Situation*, und geschieht es im Gegensatz zu dieser Ernst-Situation, daß man vom *Spiele* des Kindes redet?

Oder ist *das* Spiel – abgesehen davon, ob wir von Kindern oder Erwachsenen sprechen – der *Arbeit* entgegenzustellen? Das Kind kennt von seiner Geburt an einige vollkommen „ernste" Situationen, wie Schlafen, Gestillt-werden, seine Notdurft verrichten, Schmutzigsein, Saubergemacht-werden. Genetisch gehören diese Situationen nicht zur Atmosphäre des Spiels, obwohl sich das Spiel ihrer bemächtigen kann. An diese Situationen schließt sich zuerst die Gewohnheitsbildung an, nicht das Spiel. Aus diesen Situationen entsteht auch die Arbeit nicht. Also bilden Ernstsituationen eine eigene Kategorie. So ist die Frage, ob das Kind auf den Erwachsenen rechnen kann, eine grundsätzliche Ernstsituation für das Kind. Wir werden sie eine „existentielle" Ernstsituation nennen, weil die Existenz des Kindes, sein „to be or not to be" davon abhängt.

Welches ist dann das Verhältnis von Kind und Welt, das dem Spiele zugrunde liegt? Das Spiel ist die wesentlichste Beschäftigung des gesicherten Kindes mit einer Welt, die noch alle Seinsmöglichkeiten hat. Es ist zweitens die Beschäftigung eines Wesens, das noch keine festen Umgangsformen und Beziehungen zu dieser Welt aufgebaut hat, das noch in einer *offenen Kommunikation* zu der es umringenden Mensch- und Dingwelt steht und also außerordentlich aufgeschlossen und zugänglich ist für dasjenige, was in dieser Welt vorgeht. Das letzte zeigt sich u.a. darin, daß das Rollende oder Runde verlockt zum Rollen, das Hohe zum Höhermachen und Umschmeissen, das Leere zum Füllen, das Volle zum Leeren, das Offene zum Hineinstochern, Hineinkriechen, Durchgehen, das Weinende zum Mitweinen, das Lachende zum Mitlachen. Kurz: in der offenen Kommunikation lebend verkehrt das Kind noch in einer ansteckenden Welt. Diese ansteckende Welt bildet die Kehrseite dessen, was wir Exploration genannt haben. Das Kind, das auf diese Weise in die Welt hineingelockt wird, verwandelt dieses Verhältnis allmählich in das Verhältnis der *Bevorzugung* für bestimmte Beschäftigungen, das Interesse für bestimmte Gebiete dieser Welt. Damit verschwindet die Möglichkeit des Abenteuers keinesfalls, aber die Exploration differenziert sich, indem sie teilweise in Interesse rationalisiert wird. Im Interesse selber setzt sich dieser Rationalisierungsprozeß fort. Die systematische Erwerbung von Kenntnissen, die Einübung technischer Formen sind das Resultat. Dahin gelangt die Entwicklung aber unter der Bedingung, daß das Kind mit den Formen der Rationalisierung in Beziehung gebracht wird, welche in der Kultur vorhanden sind, da es sonst bei einigen rudimentären eigenen Versuchen und Zufallserfolgen stehen bleiben würde. Hier ist der Mensch weitgehend abhängig von dem, was in der Kultur angehäuft und aus den Entdeckungen der höchst begnadeten Geister auf den Höhepunkten ihrer kreativen Arbeit entstanden ist. Es gibt aber auch noch eine andere Differenzierung von Ich und ansteckender Welt, wobei das Spiel als Möglichkeit *erhalten* bleibt. Das Kind kennt, wie wir sahen, im Anfang die Objekte und ihre Eigenschaften in ihren mechanischen Beziehungen nicht. Es verkehrt mit der Welt in der Sprache seines eigenen Wesens, nicht in der Sprache dieser Welt selber. Das will nicht sagen, daß die Welt auf diese fremde Sprache nicht reagieren würde. Aber sie reagiert nur sehr unvollständig. Immer wieder gibt die Welt ein anderes unerwartetes Geheimnis preis, immer „tut" die Welt etwas, und solange das andauert, ist ein Hinaus in diese Welt möglich, solange bleibt „Spiel" möglich. Der Mensch, sagt Buytendijk mit

Recht, spielt nur mit demjenigen, das auch mit ihm spielt. Das „zu schwierige" Spielzeug offenbart nichts, und deshalb kann man auch nicht damit spielen. Ebensowenig kann man mit etwas spielen, wovon von vorneherein alle Möglichkeiten festgelegt oder bekannt sind. So etwas kann Arbeitsobjekt, eventuell ein Lehrmittel sein, ein Stück Spielzeug, ein Spielobjekt aber nicht[1]. Ebensowenig kann man mit einer Sache spielen, nachdem ihre Möglichkeiten erschöpft, d.h. völlig bekannt und voraussagbar geworden sind; das verlassene oder das „tote" Spielzeug ist eine solche erschöpfte oder bald zu erschöpfende Gegebenheit. Ein Mensch kann noch spielen, solange er das Offene, das Zielfreie (nicht: Ziellose) annehmen kann, das im Umgehen mit dem Unbestimmten liegt. Wenn er alles im voraus wissen will, dann hat er sich das Spiel verdorben. Wenn er alle Möglichkeiten im voraus festlegen will, dann ist das Spiel zum Experiment geworden und schon kein eigentliches Spiel mehr. Im Spiel ist derjenige der schlechteste Spieler, der sicher weiß, daß er doch immer gewinnt, oder doch immer verliert; das schlechteste Spiel ist das, dessen Ablauf immer gleich ist. Ein gutes Spiel, ebenso wie ein gutes Spielzeug, ist unerschöpflich, und es erwartet deshalb nicht von dem Spieler, daß er sich unbeschränkt neue Spielvariationen ausdenkt. Es erwartet das mit Recht nicht, da beim Kinde die produktive Phantasie sehr beschränkt ist[2]. Im Spiele also ist es vornehmlich die Wirklichkeit, die sich in ihrer endlosen Verschiedenheit offenbart.

Das, was wir das Spiel des Kindes nennen, ist der Umgang mit einer noch unbekannten Welt, die sich einmal so und dann wieder anders verhält (= sich als solche erweist), und zwar einem arglos (d.h. unsystematisch) an die Sache herangehenden, jungen (d.h. erfahrungsarmen) Menschenkind gegenüber. Dieses Kind lebt in einer offenen Welt, wie wir sahen, und hinter jeder Erfahrung liegt also eine nächste. Es lebt in offener Kommunikation mit jener Welt (= die Welt wirkt ansteckend auf das Kind). Auch in seiner Körperlichkeit antwortet das Kind noch direkt auf die Welt: beim Hohen geht die Stimme, gehen die Gebärden in die Höhe; beim Großen-Schweren geht die Stimme hinunter, werden die Bewegungen breit, atmet das Kind kräftig und langsam durch die Nase ein usw. Der eigene Körper tut selber auch etwas: die Beine baumeln, die Füße trampeln, die Arme schwingen – und die drehende Mühle spricht die Arme an

[1] Die weitere Ausführung dieser Frage s. in dem Abschnitt über „Das Ding in der Welt des Kindes".

[2] Vgl. J. Château: Le réel et l'imaginaire dans le jeu de l'enfant, Vrin Paris 1946, S. 133.

und macht, daß sie auch Mühlenflügel werden. Der Ball spielt mit uns, aber auch der Wind usw.

14. Anfänglich ist das Spiel also eine ernste Sache, insofern es das Kind in die Welt einführt. Es ist selber eine existentielle Ernst-Situation, aber doch unterschieden von den vorher besprochenen Ernstsituationen, indem sich hier *nicht* das Bekannte und immer wieder dasselbe vollzieht. Auch wenn das Kind es noch so sehr liebt, das bekannte Spiel zu wiederholen, um dessen bekannten Ablauf mehrmals zu genießen – ist dies nur *innerhalb* des Spieles möglich, es ist nicht selber die Wurzel des Spieles. Das Spiel ist eine wesentlich kindliche Form der Exploration der Welt. Dem Spiele steht die Arbeit insofern gegenüber, als sie an eine Zeit der Vollendung gebunden ist, zielgerichtet verläuft, bekannt ist in ihrem Ergebnis, das ein gefordertes Ergebnis ist. Wir sahen schon, wie Bevorzugung, Interesse und also auch Systematisierungen gleichfalls ihren Ursprung in den Wurzeln des Spieles und der Exploration finden, so daß in dieser Hinsicht die Arbeit eine Zeit lang genetisch mit dem Spiel verbunden ist. Die Loslösung davon ist abhängig von der Frage, ob die „fremde" Welt nicht nur anders ist, sondern ob sie auch den Apell der Aufgabe hören läßt. Den Appell der Aufgabe, die man nicht selber gewählt hat, in der aber neben dem Wahlmoment und auf die Dauer *über* ihm das Moment der aufgetragenen Aufgabe erscheint. Der Ernstcharakter der Aufgabe ist schon vorbereitet in den Ernstsituationen, die mit den Grundbedingungen der menschlichen Existenz gegeben sind (Ernährung, Defäkation, Erschöpfung usw.). Diesem Ernstcharakter kann der Mensch sich nicht entziehen. Wohl kann man sich gegebenenfalls anderen Ernsterlebnissen entziehen, z.B. dem Ernst der Exploration, wie sie sich aus dem Spiele ergibt (der Junge hebt das Auto hoch und schaut „tief 'rein"). Man kann sich dieser Situation entziehen, aber wie selbstverständlich stellt sie sich immer wieder ein. Ernst ist es auch mit der Wirklichkeit in Begegnungen, wo sie nicht mit sich unterhandeln läßt (auf einem Ball kann man nun einmal nicht stehen, da fällt man um); mit dem Kopf durch die Wand – das geht nicht. Auch die Menschen können so unbestechlich sein in ihrer Tatsächlichkeit. Sie haben außer ihrer eigenen Art auch ihre Befehle und Verbote, ihre Weigerungen und Bitten. „Von selber" wird sich aus der Spielwelt nie das Arbeitsverhältnis lösen, dies kann aber unter dem Einfluß von psychischen und durch psychische Faktoren, die von Anfang an anwesend waren oder später dazukamen, entstehen, geleitet oder verdorben werden. Anderseits ist aber genetisch das

Arbeitsverhältnis undenkbar ohne das des Spieles: bei einer mehr detaillierten Betrachtung kämen wir hier natürlich mit einer ganzen Reihe pädagogischer Fragen in Berührung.

15. Wir sind der Sprache begegnet als Beispiel eines Systems, welches das Kind entdeckt. Das Kind – so sagten wir, findet in der Sprache, dem jahrhundertealten Kulturprodukt seines Volkes, eine Sicherheit, einen Halt. Das aber ist nur ein begrenzter Aspekt von der Bedeutung der Sprachentdeckung. Zuerst müssen wir die Sprache als Möglichkeit sehen, um mit dem Mitmenschen in Gemeinschaft zu treten, und zwar auf eine unendlich differenziertere und abstraktere Weise als zuvor, als das Kind und seine Erzieher noch auf die konkrete Handlung und die unsystematische Äußerung angewiesen waren, z.B. den bösen Klang in der Stimme oder die Fröhlichkeit, die im ausgelassenen Spiel zum Ausdruck kommt.

Wir müssen die Sprache ferner als Mittel betrachten, um die Wirklichkeit auf eine andere Weise zu beherrschen als durch die tatsächliche Handlung mit den Dingen. Ein Mittel, wodurch wir die menschliche Beschränktheit in Zeit und Raum weitgehend überwinden. Schließlich müssen wir die Sprache verstehen als Arsenal menschlicher Hilfsmittel, beim Denken und beim Sich-Ausdrücken sowohl wie beim Vortäuschen von Gefühlen und Gedanken.

Wir sahen nun schon, wie sehr das Kind in einer offenen Kommunikation mit der Außenwelt lebt, wie die Dinge und die Menschen „ansteckend" sind, wie das Kind den Dingen in ihrem eigenen Objekt-Charakter *organisch* begegnet. In einem solchen Verhältnis von Kind und Welt, von Subjekt und Objekt, ist „Handeln" nicht dasselbe wie zielgerichtetes Benehmen, das sich geordnet auf ein beabsichtigtes Resultat hin bewegt, bezogen auf Objekte, die in sich anders sind als das Subjekt, eventuell mit anderen zusammen, die ebenfalls in sich anders sind als das Subjekt. Das ist das Handeln des Erwachsenen. Beim Kind zeichnen sich alle diese Unterscheidungen erst unbestimmt ab. Sie sind da, aber noch ohne einen Teil der Totalität zu bilden, die sie als solche zu einer Einheit von Sein verbindet (womit das Kind erwachsen wäre). Aber gerade dieses Aufgeschlossensein für die Objekte, für die Lebewesen, die Menschen, für das sich Bewegende, das Zarte, das Laute, das Leichte, das Freundliche, das Fesselnde macht das Kind erziehbar. Es macht, daß die psychische Entwicklung weiter gehen kann.

Gegen diesen Hintergrund sehen wir das Kind deutlich, wie es lebt, bevor es die Sprache entdeckt hat, und gleichfalls kann uns klar werden, wie es die Sprache entdecken kann; wie ferner diese selbe Sprache hilft, die Subjekt-Objekt-Spaltung zu vervollständigen, so daß einerseits die Objektwelt eine Geschlossenheit und geordnete Einheit aufzuweisen beginnt, während anderseits dieses Ich, kognitiv bereichert und selber geordnet und geformt, sich gleichfalls in die Sprache verhüllen, sich in der Sprache verstecken kann, sei es in einem unpersönlichen Sprechen, sei es in irreführenden, ausweichenden, unaufrichtigen Wörtern usw.

Wir dürfen nie vergessen, daß das Kind in einer Welt geboren wird, welche die Sprache besitzt und sofort anfängt, sie in bezug auf das Kind anzuwenden. Wird doch das Kind dadurch auf die menschliche Stimme als konstituierendes Erfahrungsmoment gerichtet. Nicht nur als irgendeinem Erfahrungsmoment begegnet es der menschlichen Stimme, sondern als dem Moment einer Beziehung zwischen Menschen, und zwar einer besonderen Beziehung. Einer Beziehung m.a.W., worin mit dem Kinde gehandelt wird oder in bezug auf das Kind gehandelt wird.

Und nochmals: „gehandelt" nicht nur sehr bestimmt in Beziehung zum Kinde, sondern auch: *durch* Personen, deren essentielle, emotionelle Bedeutung im Leben des Kindes die eindringlichste Deutlichkeit besitzt, eine Tatsache, die der ganzen Situation, worin die Sprache für das noch sprach-lose Kind („in-fans") auftritt, ihre „Temperatur" verleiht.

Die sozial-kooperative Situation, worin die Sprache durch das Kind zu seiner Zeit entdeckt werden wird, lenkt das Kind also in ungezwungener Weise und in der angenehmsten emotionellen Temperatur.

Schon beim Kind von 6 Monaten treffen wir das „Resonieren" auf die menschliche Stimme an, welches an Häufigkeit und musikalischer Richtigkeit in den nächsten Monaten zunimmt. Schon dann ist die menschliche Stimme deutlich nachweisbar nicht nur „ein" Erfahrungsmoment, sondern ein sehr bestimmtes, mit positiver Bewertung beantwortetes Erfahrungsmoment.

In derselben Zeit „vokalisiert" das Kind auch in zunehmendem Maße lebhaft: d.h. auch von sich aus erzeugt es Stimmlaute und amüsiert *sich* damit. Wir sehen hier also, was wir in der psychischen Entwicklung immer sahen: erst ein unspezifisches Funktionieren (es kommen Laute aus dem Kind), dann eine zunehmende, doch noch allgemeine Gerichtetheit auf die Funktion (das Kind erzeugt bestimmte Laute), danach eine spezifische Gerichtetheit auf die Funktion (das Kind erzeugt einen bestimmten Laut); damit entsteht zugleich die Möglichkeit zu einem spezifischen Resonieren auf die Stimmlaute der Umgebung. Das Kind ist nun ungefähr 8 Monate alt.

Es ist deutlich, daß es sich hier noch nicht um die Entdeckung der *Sprache* handelt. Dazu gehört mehr, aber man kann sehen, daß sich die Sprachentdeckung auch auf diese Weise vorbereitet. Auf die Entdeckung der Symbolbeziehung wird das Kind gleichfalls vorbereitet. Das schwächt keinesfalls die Tatsache ab, daß die Entdeckung dieser Beziehung trotz aller Vorbereitung doch ein Sprung bleibt nach einer ganz neuen, bis dahin im Kinderleben *nicht* bekannten Beziehung. Wenn man die Symbolbeziehung, so wie sie in der Sprache auftritt, einmal reduziert auf „Stehen-für" (dieses Wort „steht für" diese Sache), dann muß man bedenken, daß ein „stehen" von Etwas „für" das Andere, durch das Kind auf dem Niveau der Anschauung reichlich erfahren wird. Das Kind kennt Mutters Tasche, Vaters Pfeife, es kennt auch das (abgerissene) Bein von einer Puppe. Das „gehören zu" ist eine Abhängigkeit, die einer näheren Analyse vorausgeht, welche später in allerhand Unterscheidungen vorkommen wird (im Eigentum, pars pro toto, Mittel-zu, in der Eigenschaft, dem Kennzeichen usw.). In einem Quasi-Gebrauch der Sprache avant la date treffen wir dieselben Kategorien an, etwa wenn das Kind, weil das zu einer bestimmten Situation gehört, Wörter oder kleine Sätze nachäfft. Auch der erste wirkliche Sprachgebrauch tritt in einer konkreten Situation auf, in der das Kind zusammen mit anderen Menschen „handelt".

Eine ganz besondere Schwierigkeit der Genese der Sprache des Kindes liegt in der Tatsache, daß das Kind in seiner Sprachentdeckung den Eintritt in ein System vollzieht. Der Übergang wird deutlich aus dem Fragedrang[1] und aus der Anwendung des „ersten" Wortes außerhalb der Situation, in der es erlernt wurde. Diese endgültige Sprachentdeckung, die in die zweite Hälfte des 2. Lebensjahres (zwischen 1;6 und 2;0) fällt, hat bestimmt auch wieder ihre Vorphasen, aber die eigentliche Sprachentwicklung im engeren Sinne fängt *dann* an.

Welches auch das Wort sei, an dem das Kind seine Entdeckung vollzieht, es ist immer zu gleicher Zeit „Satz", d. h. als Einheit von Sprachäußerung ist es in diesem Augenblick weder ein Wort noch ein Satz, und von diesem Kern aus entwickelt sich ein ganzes System, in jeder Sprache ein anderes.

Der Gebrauch von „Signalen" wie „Papa!" „Mamma!" „Dada!" „sollst nich" kann noch sehr wohl nur Quasi-Sprachgebrauch sein, auch wenn diese Worte sinnvoll angewandt werden. Das Kind gebraucht sie dann als Teil einer bestimmten Situation, als zugehörig zu

[1] Vgl. William Stern: Psychologie der frühen Kindheit (5. Aufl. 1928) S. 132: „Fragedrang"; ders.: Kindersprache (4. Aufl. 1928) S. 190.

einer Situation oder Person, ohne daß man von eigentlicher Sprachentdeckung sprechen kann. Es ist selbstverständlich, daß man – wenn man solche Signale „Worte" nennen will – hier nicht von „Substantiven" sprechen kann. Erst wenn schon kleine Sätze gebildet werden, innerhalb deren Funktionen und Bedeutungskategorien unterschieden werden, kann man anfangen, von Wortarten und Satzteilen zu sprechen. Aber auch dann immer noch innerhalb eines Systems, das arm ist an Unterscheidungsmöglichkeiten. Darf man bei einem Kinde von 1;7, das „is eine" und „datte da" durcheinander gebraucht, wenn es um einen Namen oder eine Erklärung fragt, sagen, daß im ersten Falle ein Verbum und im zweiten Falle keines vorkommt? Um eine solche auf hoher Differenzierung von Wortarten und Funktionen beruhende Unterscheidung anwenden zu dürfen, muß das System der Wortarten schon sehr entwickelt sein. Ebensowenig dürfen wir sagen, daß im zweiten „Sätzchen" ein Demonstrativpronomen vorkommt. Aber wie weit sind wir mit der Systematisierung z.B. bei einem Mädchen von 3;9, das, die Sprache schon gut beherrschend, ihre kleinen Zöpfe mit denen ihrer Schwester vergleicht und sagt: „Ich krieg welche große Zöpfe alse Marie"? Dürfen wir sagen, daß sie *das* Personalpronomen, *das* Verbum, *das* Substantiv hat? Meinetwegen, aber das System der Pronomina hat sie noch nicht, und beim Gebrauch eines Adverbs vom Typus „ebenso . . . wie" kommt die Frage auf, wie es denn um eine ganze Reihe mit solchen adverbialen Konstruktionen verwandter Möglichkeiten des Satzbaues steht. Im allgemeinen erreicht das Kind zwischen seinem fünften und sechsten Geburtstag einen systematisierten Sprachgebrauch, der Sprache entsprechend, die es in seinem Milieu hört.

Bei einem Jungen von 6;9, der sagt: „Wenn die Wasserleitung leer ist, kann immer noch neues Wasser kommen, zufolge des Wasserturms" fehlt die Kategorie der Präpositionen keineswegs. Syntaktisch drückt er sich richtig, in der Wortwahl falsch aus. Er rettet sich aber sehr gut aus der Schwierigkeit, um zum Ausdruck zu bringen, daß das Wasser dem Weg „folgen" muß vom Wasserturm.

Noch bei Jugendlichen in der Pubertät[1] und sogar bei Erwachsenen bereichert und ändert sich die Sprache, sofern sie geistig aktiv sind und indem sie, von den Gebieten ausgehend, in denen sie sich ausdrücken müssen, durch Studien differenzierter sehen und analysieren lernen.

[1] Vgl. meinen Aufsatz „Allgemein geistige Entwicklung und Sprachentwicklung, hauptsächlich in der Pubertät" in „Verkenning en Verdieping" (Untersuchung und Vertiefung), Purmerend 1950.

Es ist klar, daß die Sprachentwicklung weitgehend von der Erziehung abhängig ist. Die Fähigkeit, die Sprache intelligent zu gebrauchen, wird hauptsächlich danach zu beurteilen sein, ob ein gutes Milieu alle Möglichkeiten im Kinde geweckt und durch eigenen Sprachgebrauch ihnen Form gegeben hat. Ein mangelhaftes Sprachniveau ist demgemäß für die Entwicklung der Intelligenz eine der schwersten Hemmungen.

16. Der kindliche Selbstausdruck nimmt im sogenannten „Zeichnen" des Kindes eine mehr oder weniger sichtbare Gestalt an: dies kann gewiß jeder *sehen*. Doch dürfen wir dieses sogenannte Zeichnen, diese *graphische Selbstäußerung* von der Ganzheit des kindlichen Ausdrucks nicht loslösen. In seiner Bewegung, Haltung, in seinem Gesichtsausdruck, Lachen, Heulen, Brüllen, in seiner Sprache und in seinen Spielprodukten, überall zeigt das Kind sein Inneres. Manchmal mit Hilfe eines Materials, das sehr wenig Freiheit läßt — wie gewisse Spielmaterialien - manchmal mit Hilfe eines Materials, das weitgehend rationalisiert ist, z. B. der Sprache - oder mit einem Material, das für die Erwachsenen sehr schwer zu „entziffern" ist, manchmal mit Hilfe eines Materials, das jedem eine Chance gibt, der irgendwelches Interesse für das Kind hat.

Die graphische Selbstdarstellung geschieht meistens mit Hilfe eines Bleistiftes oder Pinsels, die wie ein verlängerter Finger als Verlängerer der organischen Mittel kaum den Charakter eines Werkzeugs haben.

Noch mehr in die organische Struktur eingeflochten bleibt diese Äußerungsform, wenn man das Kind mit der Hand selbst färben läßt, wenn es im nassen Sande Figuren knetet, drückt oder zeichnet. Diese Arbeitsform hat aber, wenn das Äußerungsmaterial nicht allzu flüchtig ist (wie z. B. nasser Sand), immer die Eigenschaft, daß das Kind sein Produkt wiederfindet, nachdem es sich etwas davon entfernt hat. Darin haben solche Arbeiten etwas Gemeinsames mit dem Bauen oder Figuren-legen, aber die direkte Spur der bewegenden Hand, die ein Teil ist des sich in der Bewegung äußernden Menschen, finden wir nur in der graphischen Selbstdarstellung. Es ist klar, daß in dieser Äußerungsform ursprünglich nichts lag, was den Namen „zeichnen" rechtfertigen kann. Wer gesehen hat, wie sich etwa in der Schule gelernte Ziffern ruhig in die „Zeichnung" eines Hauses mischen, oder wie Buchstaben Teile eines Gemäldes bilden, wird verstehen können, weshalb wir der Meinung sind, daß der Ausdruck „zeichnen" der Entwicklung vorgreift.

Im gegebenen Beispiel laufen Zeichnen und Schreiben im Prozeß des Sich-Ausdrückens durcheinander. Daß die Schreibrichtung von links nach rechts an sich willkürlich, für das Kind in der Ganzheit seines graphischen Ausdrucks erst recht willkürlich ist, bedarf keiner weiteren Auseinandersetzung; und so ist auch das anfängliche Schreiben keineswegs nur der Gebrauch von graphischen Schriftsymbolen, sondern zugleich eine Selbstäußerung zeichenhafter, malerischer Art. Das Schreiben als systematisch geordnete Mitteilungsform entsteht eines Tages, nachdem das Kind schon längere Zeit mit Schriftsymbolen und ihrer Herstellung vertraut ist.

„Das Kind" – so sagt man oft – „zeichnet nicht, was es sieht, sondern was es weiß". Insofern damit gemeint ist, daß das Kind nicht nachzeichnet – weder nach der Natur, noch nach dem Vorbild –, kann man mit dieser Aussage im allgemeinen einverstanden sein. Aber mit diesem „wissen" muß man aufpassen, ebenso wie mit der Voraussetzung, daß dasjenige, was gezeichnet wird, nun auch *alles* ist, was was das Kind weiß.

„Wissen" muß man hier folgendermaßen verstehen: das Kind gibt seinem erlebten Verhältnis zur Welt Gestalt. Darin spielt das Wahrgenommene, das Gelernte, das in der Theorie Bekannte kaum eine Rolle, und insofern zeichnet das Kind also gar nicht, was es weiß. Nur das, was von diesem „Wissen" Gefühlsbedeutung für das Kind hat, wird dargestellt. Das Kind zeichnet z. B. ein Haus mit einer offenen Vorderwand, wo man in das Wohnzimmer hineinschauen kann. Im Zimmer oder Hause finden wir dasjenige wieder, was für *dieses* Kind „zu-Hause-sein" gefühlsmäßig bedeutet, aber auch die offene Wand selber zeigt, wie das Kind sein Verhältnis zur Welt erlebt. Ist es böse, ist es schlechter Laune, fühlt es sich vernachlässigt, dann sehen wir dasselbe Kind, das vorher so fröhlich Häuschen zeichnete, plötzlich damit aufhören, oder es zeichnet jetzt ein Haus mit einer schwarzen, zugeschmierten Vorderseite. Das Kind stellt das erlebte Verhältnis zur Welt dar.

Oder es malt die menschliche Figur: noch *vor* dem dritten Geburtstag sehen wir den „Kopffüssler", einen Kreis mit zwei Strichen nach unten. Immer mehr Teile und Einzelheiten treten allmählich auf, immer mehr strebt das Kind danach, die menschliche Figur abzubilden.

Es kommt aber sehr oft vor, daß dasselbe Kind, vielleicht sogar in derselben Zeichnung, Menschen eines sehr verschiedenen Differenzierungs-Niveaus abbildet. Das hängt u. a. davon ab, welche Gefühlsbedeutung diese oder jene Menschenfigur im Dargestellten hat. Auf ein oder einige Exemplare von solchen Menschenfiguren darf man also keinesfalls die Beurteilung des graphischen Äußerungs-Niveaus

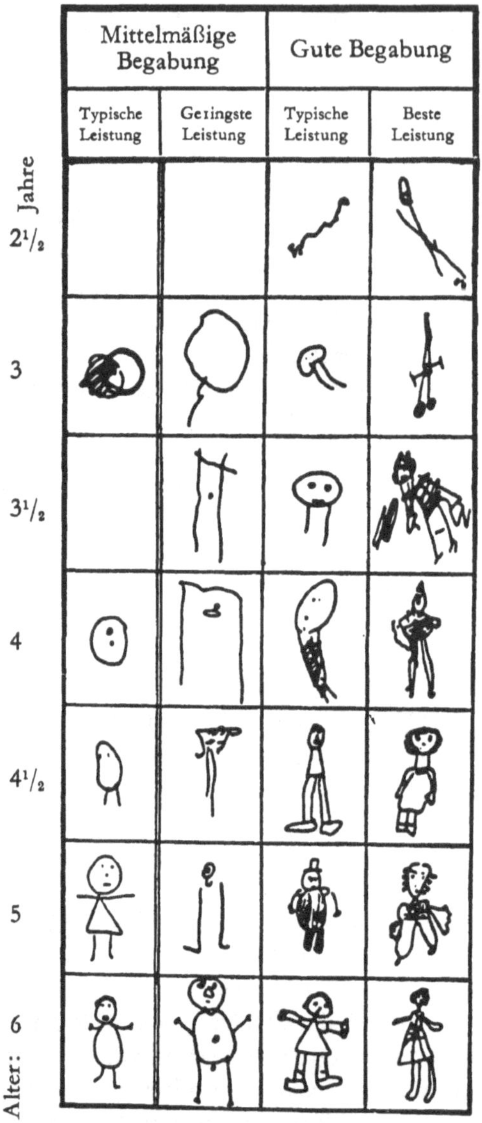

Menschliche Figur,
gezeichnet von Kindern mittelmäßiger und guter Intelligenz.
Nach: L. B. Amers: J. genet. Psychol. 1945. (66), Seite 164.

„Ein Hund“ 4;8.
Zwei Beine unten, zwei oben, Schwanz rechts in der Mitte.

„Ein Hund“ 7;7

„Ein Hund“ 9;2½

„Fliege“ 4;8
Die runden Kugeln sind die Flügel.
Rechts: der Körper.

„Fliege“ 7;7

„Fliege“ 9;2½
Vgl. Graewe, Zs. f. päd. Psych. XXXVI

„Vogel“
(kein Vorbild) 4;3
Das Menschenschema ist deutlich spürbar.

„Vogel“ 7;11. Gezeichnet, nachdem ein Vorbild zur Verfügung gestellt war. Einfluß d. Vorbildes äußerst gering. Das Menschenschema beeinflußt deutlich das Tierschema.
Vgl. Graewe, Zs. f. päd. Psych. S. 298

Nach einem Vorbild gezeichnet. 9;2½
Vgl. mit nebenstehender Figur, dasselbe Vorbild – jetzt wirkt das Menschenschema nicht mehr. Vgl. Graewe: Zs. f. päd. Psych. XXXVI S. 298

des Kindes basieren, und die Intelligenz (wie Florence Goodenough es tun möchte) erst recht nicht! Dazu kommt noch, daß bei der Abbildung des Menschen noch mehr als bei allen anderen Zeichenobjekten auch das Beispiel anderer Zeichner (wer hat noch nie ein „Männchen" für ein Kind gemalt?) eine Rolle spielt und das Kind beeinflußt. Ein Weihnachtsmann auf der Tafel, und die ganze Kinderschar entdeckt plötzlich eine Menge Abbildungsmöglichkeiten in der menschlichen Figur.

„Vater kommt nach Hause". Rechts Treppe; oben drei Schlafzimmer mit elektrischen Birnen. Beachte den Fußwärmer unter dem Tisch unten. – Zeichnung eines sechsjährigen Jungen.

Nicht weil das Kind an sich „komplex", sondern weil es erlebend wahrnimmt, analysiert es die wahrgenommene Welt, die es eventuell „zeichnet" (= ausdrückt) nur nach denjenigen Kennzeichen, welche ein besonderes Gefühlsrelief vergegenwärtigen: sie fielen auf als

„witzig“, „schön“, „häßlich“ usw. Es werden fünf Löcher in typischer Konstellation gezeichnet, da sie den Fußwärmer für das Kind erst zu einem richtigen Fußwärmer machen (s. die Zeichnung). Das erklärt auch, warum das Abzeichnen willkürlicher Dinge für das Kind kaum sinnvoll ist. Es drückt sich nicht aus in solchen Zeichnungen, da das „Vorbild“ nicht aus seinem Lebensstoff selber stammt. Es fühlt eine solche Aufgabe nicht als sinnvoll und faßt sie also auch nicht als *Aufgabe* auf. Wie schwierig wird dann das Abzeichnen von Figuren, die überhaupt nichts vorstellen. Übrig bleibt nur eine sehr globale graphische Andeutung, wie eine Figur ungefähr aussieht („Eckigkeit“, „ein paar Linien, die kreuz und quer durcheinanderlaufen“ „etwas, das rund ist“ und „ein paar Pünktchen hier“)[1].

Das Kind nimmt nicht nur global wahr, sondern erlebt auch global. Die Theorie von Max Verworn, daß am Anfang jeder Entwicklung das Zeichnen, die Abbildung des Wahrgenommenen (Physioplastik) stehe, während der Ausdruck des inneren Bildes (Ideoplastik) erst später folge, ist also für die menschliche psychische Entwicklung nicht richtig. Das Entgegengesetzte ist wahr, und dann noch mit dieser Korrektur, daß das innere Bild *nicht* das „gewußte“, sondern das „erlebte“ ist. Die Tatsache, daß das Kind erlebend wahrnimmt und das Erlebte primär in graphische Anschaulichkeit transponiert, wenn es nun mal die Zeichenmittel in der Hand hat und mit ihnen bekannt ist, macht auch, daß die *Farbe* keinen abbildenden, sondern einen ausdrückenden Wert hat. Oft ist es die Sonne, die als erste eine gelbe und damit eine mehr oder weniger „abbildende“ Farbe bekommt.

Die Farbe ist weiter selbstverständlich abhängig von den vorhandenen Farben, aus denen das Kind wählen kann, und auch hier darf man keine allgemeinen Folgerungen aus wenigen Zeichnungen ziehen. Oft ist das Rot bei Kleinkindern die Farbe ungezwungener Gefühlsäußerung – das Gelb zeigt schon eine weniger infantile, oft gewissen Bedingungen unterworfene Gefühlsbeziehung zur Welt – das Schwarz ist oft die Farbe des Ungezogenen, Bösen, Traurigen, Schuldigen. Aber wie oft kann hier der Zufall solche Regelmäßigkeiten vollkommen unzutreffend machen.

Die Kinderzeichnung zeigt oft sehr schön, wie vieles, das im späteren Leben völlig unterschieden erlebt wird, jetzt noch eins-und-unteilbar ist. Wir sehen, daß dieselbe Farbe sowohl das „Böse-das-ich-in-mir-fühle“ wie „das Ungezogene“, „das-darf-keiner-wissen“

[1] Man denke an die bekannten Vorbilder, die Martha Muchow Kleinkindern zum Abzeichnen vorlegte. S. M. Muchow: „Aus der Welt des Kindes“ Maier, Ravensburg 1949.

wie „Schuldgefühl" ausdrückt. Beim Kinde erzeugen dieses „Böse-in-mir" und das „Ungezogene-im-Anderen" beide denselben Gefühlszustand von Geladenheit; auch das Ungezogene dieses Anderen oder in mir selber – Bosheit, Ungezogenheit, Trauer liegen im selben Felde drohender Geladenheit. Auch im Sprachgebrauch des Kindes sehen wir das noch-Undifferenzierte, und wir sehen, wie das Kind sich damit abquält und behilft, solange es nicht über feinere Mittel verfügt. In seinem Blick auf die Welt sehen wir, wie das traurige Gesicht manchmal als böse, das Sicherheit erweckende als das Warme, oder das Warme als das Sichere aufgefaßt wird. Und diese Verwandtschaften bleiben für viele Erwachsene noch direkt erkennbar. Das Ununterschiedene bleibt bestehen als das, was in derselben Gefühlssphäre liegt.

2. *Entwicklungsverlauf*

17. Wo wir dem Kinde Versorgung, Gemeinschaft und Schutz bieten, entfalten sich schon viele Möglichkeiten des Menschen in einem ersten Entwurf. Besonders für die Formung des Gefühlslebens, des Verstandes und des Willens ist der Mensch jedoch abhängig von einer weiter fortschreitenden Erziehung[1].

Beschreiben wir hier in großen Linien den psychischen Entwicklungsverlauf eines Kindes in unserem Kulturkreis, dann braucht eine solche Beschreibung eigentlich noch zwei Ergänzungen: Die Beschreibung des individuellen Lebensverlaufs mit allen seinen besonderen Charaktervarianten und die Beschreibung des Entwicklungsverlaufes bei Kindern, die irgendwo anders wohnen oder früher lebten. Von altersher teilt man in Westeuropa die psychische Entwicklung nach Gesichtspunkten ein, die nicht in der Entwicklung selber gegeben, sondern z.B. von körperlicher Bedeutung sind oder an die Schulorganisation anknüpfen – und nicht selten laufen dabei verschiedene Gesichtspunkte durcheinander.

Wenn ein amerikanischer Psychologe, Arnold Gesell, eine Einteilung der ersten fünf Lebensjahre geben will, liegt der Akzent ganz auf dem Physiologischen; er sagt z.B.: „Im ersten Viertel des ersten Jahres erlangt das Kind die Beherrschung über zwölf sehr kleine Muskeln, die das Auge bewegen". Gesell hat anscheinend Bedenken zu sagen, daß das Kind lernt, seinen Blick zu richten und daß es lernt, zu lächeln. Doch ist die psychologische Bedeutung der Beherrschung

[1] Für eine ausführlichere Analyse der Fragen, die mit der Einteilung der psychischen Entwicklung in den verschiedenen Perioden zusammenhängen, siehe meine „Verkenning en Verdieping".

dieser Muskeln nur zu beschreiben, indem man zum Ausdruck bringt, was der Mensch in seiner Ganzheit mit diesen „sehr kleinen Muskeln" *tut*, nämlich sehen, lächeln, mit dem Blick folgen usw. Anderseits sehen wir die Einteilung vom Typus: „das noch nicht schulpflichtige Kind", „Schulkind", „Oberschul-Alter"; oder eine teils psychologische, teils physiologische: praenatale Phase, Neonatus (erste zwei Wochen), der Säugling (einschließlich des Neonatus), das Kleinkindalter, die Kinderjahre (alles schon Erwähnte einschließend, oder: das Alter über zwei Jahren), die Pubertät (ungefähr 12.–18. Jahr), die Adoleszenz (anfangende Erwachsenheit)[1].

Es ist selbstverständlich, daß man bei einem sorgfältigen Studium oder bei einer ausführlichen Behandlung noch mehr Perioden unterscheiden könnte. So fängt man immer mehr an, die „puerale Periode" (Langeveld 1937) abzusondern als eine Zwischenspanne zwischen dem jungen Volksschulkind (bis ungefähr 10 Jahren) und dem Eintritt in die Pubertät[2].

Gerne charakterisiert man diese Entwicklungsphasen mit einem kennzeichnenden Ausdruck. Je mehr wir uns der Geburt nähern, um so mehr ist die psychische mit der physischen Entwicklung verbunden, und um so weniger ist sie von Erziehungseinflüssen abhängig, was gewisse grobe Phaseneinteilungen anbelangt; und um so hantierbarer werden solche kennzeichnenden Ausdrücke. Wer die ersten drei Monate „das dumme Viertel" nennt (wie es in Holland populärwissenschaftlich geschieht), läuft keine Gefahr, daß jemand nicht verstehen wird, was gemeint ist . . . solange man dazu bereit ist, bei einer solchen Allgemeinheit Halt zu machen und nicht mehr zu verlangen, als sie. Wer den Ausdruck „Märchenperiode" benützt für eine Periode z. B. vom 5. bis zum 9. oder vom 4. bis zum 8. Jahre, macht sich weitgehend abhängig von Milieufaktoren, während derjenige, der den Ausdruck „egozentrische" Periode oder „oedipale Phase" zu benützen wagt, eine ganze Theorie und Untersuchungsmethode voraussetzt, die im Stande sein muß, die Erscheinungen der sogenannten

---

[1] Man beachte, daß die französischen und englischen Äquivalente des Wortes „Pubertät" nur die körperliche Pubertät meinen, die psychische deuten diese Sprachen an mit „adolescence". In amerikanischen Büchern fängt man an, für die Periode von 16 oder 18 bis 24 Jahren den Ausdruck „years of youth" zu benützen.

[2] Erste ausführliche Behandlung 1929 von H. Vorwahl als „Vorpubertät", ebenso für das Mädchen: 1934 Elisabeth Lippert; 1949 Maria Zillig; 1950 H. H. Muchow; A. Witt Blair und W. H. Burton: Growth and development of the preadolescent, 1951; N. Beets 1953.

Egozentrizität des Kindes oder die sogenannte Bindung des Jungen an die Mutter aufzuweisen, beziehungsweise sie zu konstruieren.

Durch jede Einteilung hindurch spielen natürlich auch die individuellen Kennzeichen ihre Rolle: der eine ist nun mal schneller, sensibler, aktiver usw. als der andere.

Doch kann man auch von diesen Faktoren sagen, daß sie oft experimentell zugänglich sind und daß sie eine gewisse konvergierende Tendenz zeigen.

Engels[1] untersuchte bei Kindern von 6 bis 14 Jahren, inwiefern sie beim Ordnen verschieden geformter und gefärbter Figuren die *Form* oder mehr die *Farbe* beachteten. In untenstehenden Graphiken sind die Ergebnisse verarbeitet, welche sich auf 213 Schüler beziehen, die als die intelligentesten aus einer Gruppe von 800 ausgewählt

Farbe und Form als Ordnungsprinzip

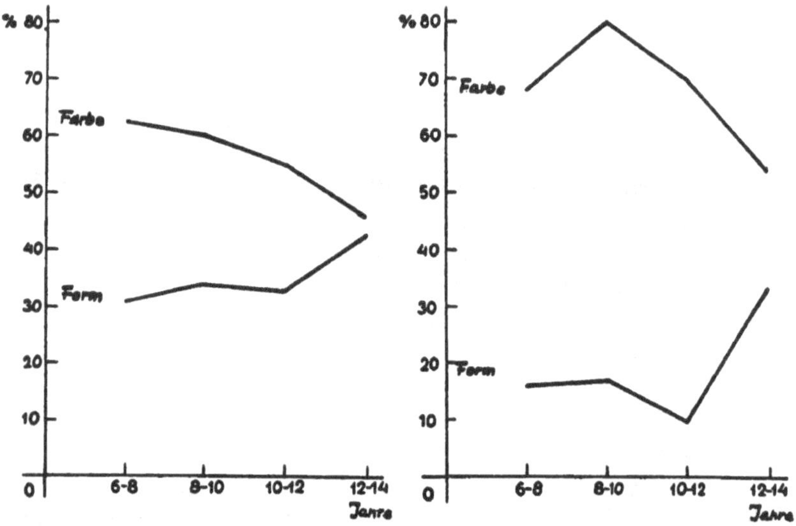

Auf der horizontalen Achse sind die Altersgruppen 6–8 J., 8–10 J., 10–12 J., 12–14 J. angegeben. Auf der senkrechten Achse sind die Prozentsätze der Kinder angegeben, die vornehmlich die *Farbe* beachteten (oben), die *Form* (unten). Links sind die Ergebnisse verarbeitet von 213 Schülern, die als die intelligentesten gewählt wurden aus einer Gruppe von 800 Schülern. Rechts stehen die Ergebnisse von 247 Schülern mit der niedrigsten Intelligenz der Gruppe von 800.

[1] Über die teilinhaltliche Beachtung von Farbe und Form. In Zs. f. pädag. Psychol. XXXVI, 1935.

waren (Tabelle links), und auf 247 Kinder mit der niedrigsten Intelligenz aus der selben Gruppe von 800 Kindern (Tabelle rechts).

Sieht man sich die Graphiken an, dann gibt es einen deutlichen Unterschied zwischen den intelligentesten und den unintelligentesten Kindern, aber die Tendenz der Erscheinungen ist dieselbe: anfänglich bei den jüngeren Altersgruppen eine deutliche Unterscheidung der Typen, später bei den höheren Altersgruppen eine zunehmende Annäherung an einen Zufallswert. Bei der jüngsten Altersgruppe ist das Ordnen nach der Farbe bei beiden Intelligenzgruppen deutlich; dieses nimmt aber allmählich ab, während Ordnen nach Form mit den Jahren sehr zunimmt. Zugleich finden wir bei den Intelligentesten von Anfang an einen höheren Prozentsatz, der nach der Form ordnet, als bei den unintelligentesten Kindern. Diese letzten kommen im Ordnen nach Form den intelligentesten von 6–8 Jahren erst im 12. Jahre gleich. Bei Verschiebungen des Zeitpunktes sehen wir also im Ganzen eine ähnliche Entwicklungstendenz. Es wird hieraus deutlich, mit welcher großen Vorsicht man Phasen-Einteilungen der Entwicklung allein auf Grund von Alterskriterien beurteilen muß.

18. Alle solche Einteilungen haben ihr Für und Wider. Kann doch eine Entwicklungsbeschreibung aus den verschiedensten Gründen Einschnitte aufweisen. Das junge Kind fängt sein Leben in der größtmöglichen Hilflosigkeit an, und selbst in der Ernährungssituation, auf die es instinktiv und reflektorisch vorbereitet ist, muß es gleich lernen, sich der besonderen Situation anzupassen. Dieses Beginnen der körperlichen Funktionen und das Lernen auf diesem primitiven Niveau ist an sich ein wichtiges Ereignis im frühen Kindesleben. Hier liegt der Anfang der psychischen Entwicklung. Aber die Erzieher überlassen das alles nicht dem Zufall, „der natürlichen" Entwicklung, und auch hierdurch verlieren Einteilungen an Bedeutung.

Die Eltern des Zwillingspaares Johny und Jimmy McGraw[1] versuchten, Johny einen Vorsprung in seiner Entwicklung zu verschaffen, indem sie ihn dauernd übten in solchen Dingen wie Kriechen, Sitzen, Reichen, Greifen. Das Ergebnis war von keinerlei bleibender Bedeutung. Aber er wurde auch in speziellen Fähigkeiten geübt, im Schwimmen, Tauchen, Schlittschuhlaufen. Selbstverständlich bekam er nun doch einen Vorsprung und zeigte dank der besonderen Aufmerksamkeit, die man ihm schenkte, mehr Mut und Selbstvertrauen als Jimmy. Als ihm diese Sonderzulage entzogen wurde, verschwand

[1] Vgl. Myrtle B. McGraw, A story of Johny and Jimmy, N. Y. Appleton 1935.

sein Gewinn wieder allmählich. So sieht man deutlich, wie die Erziehung nicht nur in der spontanen Entwicklung gegebenen Tendenzen erlaubt, „sich“ zu entwickeln, sondern daß sie diese Entwicklung mit psychischen Mitteln (Aufmerksamkeit, Ermutigung und Selbstvertrauen) fördern oder hemmen kann, während sie endlich auch noch völlig *neue* Fähigkeiten hinzufügen kann, die nicht zum spontanen Entwicklungsplan gehören.

19. Aus einem Stadium vegetierenden Schlummerns oder Schlafens, das in den ersten Lebenstagen 80% der 24 Stunden einnimmt, entwickelt sich das Kind während eines halben Jahres zu einem Wesen, das die halbe Zeit schläft. Die Zeit des Wachseins wird überwiegend mit spontanem Benehmen gefüllt – also nicht mit Reaktionen – und zwar zu 30% im Laufe des ersten Jahres. Dieses auftretende spontane Benehmen (schauen, greifen, strampeln, sich aufrichten usw.) bildet die Grundlage für das Selbständigwerden des Kindes. Doch ist dieses Selbständigwerden auch noch von etwas ganz anderem abhängig, und zwar von der Weise, mit der das Kind zur Selbständigkeit ermutigt wird. Hat das Kind z.B. erfahren, daß es, wenn es schreit, immer *gleich etwas* bekommt, das es gerne hat (es erhält Nahrung, wird aufgenommen, gewiegt, beruhigt oder getragen), dann verschwindet die Notwendigkeit, selber Reize zu ertragen, seine Zeit abzuwarten, kurz: die Wirklichkeit kennenzulernen als eine Sache, die nun mal unabhängig ist von eigenen Grillen und Launen. Das Kind bleibt vollkommen von seinen Eltern abhängig, die es verwöhnen, und sein Bild von der Wirklichkeit wird immer irreeller. Oder aber das Kind hat nie die pflegende und hegende Sicherheit kennengelernt; es hat dadurch z.B. die Welt als eine absolute Übermacht kennen gelernt, so daß es sich zu sehr in sich selbst zurückzieht und isoliert. Dadurch lernt es ebensowenig wie das erste Kind die Wirklichkeit in ihren reellen Verhältnissen kennen. Es stützt sich nicht auf einen anderen und schmarotzt nicht, aber andere Menschen müssen sich dieses jämmerlich scheuen und in sich selber verkrampften Kindes erbarmen.

Zahlreiche Varianten eines solchen „Grundschemas“ kommen vor und wirken hemmend, beziehungsweise befreiend auf die Entwicklungsmöglichkeiten des Kindes[1].

---

[1] Vgl. Norman R. F. Maier: Frustration. The study of behaviour without a goal, McGraw-Hill, N. Y. 1949. David M. Levy: Maternal overprotection. Columbia Univ. Press 1943 ([4]1950). Fritz Redl und D. Wineman: „Children, who hate“. Free Press, Glenex 1951. Carlson Smith: The stepchild. Chicago Univ. Press.

Die Bedeutung solcher Faktoren – wir werden sie der Einfachheit halber „Gefühlsfaktoren“ nennen – ist unter Fortlassung der erstbesprochenen Entwicklungserscheinungen die Quintessenz der sogenannten Psychoanalyse[1]. Das Menschenkind kommt hilfloser auf die Welt als irgendein Tier, aber es hat als Betriebskapital eine Anzahl elementarer Reflexe zur Verfügung und eine lange Lernzeit in Aussicht, und demgemäß eine unerhörte „Lernfähigkeit“.

Bei „Reflexen“ wird an Bewegungen gedacht, welche mechanisch auftreten, wenn ein bestimmter Reiz auftritt, und die zu den Anlagegegebenheiten des Organismus gehören.

Solche Reflexe sind künstlich isolierbar, und an Stelle eines natürlichen Verhaltens, in dem immer eine Anzahl Reflexe sinnvoll vereinigt *und* der konkreten Situation angepaßt sind, tritt ein „Vorfall“ auf, etwas, das das Subjekt überkommt. Manchmal tritt dies rein mechanische Reagieren auch in dem natürlichen Verhalten auf (Brechreflex). Das Neugeborene zeigt Reflexe von großer Bedeutung, die nötig sind, um den Körper funktionieren zu lassen und zu erhalten, aber es zeigt auch Reflexe, die gar keine biologische Bedeutung haben und die eventuell nur zeitweilig bestehen. Vom ersten Augenblick an, da das Kind mit einem „Objekt“ (etwa der Brust der Mutter) konfrontiert wird, treten Anpassung und „lernen“ auf. Auch auf andere Weise wird das ursprüngliche Stammkapital ersetzt durch etwas „selber Gemachtes“. Wenn z.B. das junge Kind den Finger eines Erwachsenen in die Hand gelegt bekommt, greift es reflektorisch diesen Finger. Reflektorisch, d.h. ohne den Daumen zu benützen, während es die Hand bewegt, als ob sie leer wäre. Sie läßt nur zufällig los. Später greift das Kind selber, dann greift auch der Daumen um das Festgehaltene hin, und das Kind läßt los oder hält fest, wie's ihm gerade gefällt. Über die reflektorischen Mechanismen schiebt sich also von den ersten Lebenstagen an schon ein zentral geleitetes Verhalten: nutzlose Reflexe verschwinden oder sind nicht Teil des Verhaltens, bestehende nützliche Reflexe werden verändert, andere Reflexe werden völlig ersetzt. Und das alles führt zum zentral geleiteten, weniger auf Hilfe angewiesenen Verhalten.

Das junge Kind, das ja die Sprache noch nicht kennt und das nicht – im Gegensatz zum Tiere – über eine Instinktausrüstung verfügt, welche es befähigt, erwachsen zu werden, ist einerseits also sehr auf seine „Lernfähigkeit“ angewiesen, auf eine lange Jugend als Lernzeit,

[1] Vgl. außer den Werken der bekannten Psychoanalytiker das Werk von Karen Horney: Neurosis and human growth. The struggle toward selfrealisation, Norton N. Y. 1950.

auf die empfangene Gelegenheit zu lernen („Erziehung"). Anderseits muß man im Auge behalten, daß das Kind äußerst sensibel auf seine Umgebung reagiert, ohne zu verstehen, was vorgeht. Es lebt, in gewissem Sinne, in einer offenen Kommunikation mit der Außenwelt. Unruhe, Spannungen, Kontroversen emotioneller Art, Fröhlichkeit, entspannte Einfalt des Herzens schaffen eine Atmosphäre, die es in sich aufnimmt und die es verarbeitet als Stoffe für den Aufbau seiner Persönlichkeit. Es ist selbstverständlich in seinem Aufnehmen und Verarbeiten auch von seiner Anlage abhängig, und selbst die Zugänglichkeit für Gefühlskontakte mit der Außenwelt ist sicher nicht nur eine Frage des Milieus, sondern weitgehend mitbestimmt durch die Anlage, wie vornehmlich die pathologische Entwicklung uns sehen lehrt. Auch diese offene Kommunikation mit der Außenwelt – die in einem speziellen Werk über die Entwicklungspsychologie eine ausführlichere Beschreibung fordern würde – ist für das Kind ein Sicherheitssystem. Es hat aber keinen sehr differenzierten Apparat von Empfangs- und Äußerungsmöglichkeiten, es kann nur schreien und sich auf der Stelle, wo es ist, bewegen. Aber sehr bald kann es auch „lallen" und andere Laute produzieren, unter denen die Mutter schon große Unterschiede bemerken kann. Das junge Kind ist auch „total sensuel", d.h. ganz auf seine Sinnlichkeit angewiesen: Temperatursinn, Gleichgewichtssinn, Tastsinn, Geschmack, Vibrationssinn, allmählich auch Gesicht und Gehör. Sie sind die Detektoren von dem, was in seinem Lebensraum geschieht. Und die Reaktionen sind größtenteils seine Rettung. Man muß dieses reflektorische, stark sinnliche, in offener Kommunikation lebende und auf Lernen und Erzogen*werden* angelegte Wesen deutlich vor sich sehen, um zu verstehen, was für eine große Bedeutung das Betreten der Welt des Symbols (die Sprache) und des Werkzeuges haben muß. Entwicklungspsychologisch spräche also viel dafür, z.B. die Sprachentdeckung als Anfang einer neuen Periode zu betrachten.

Es ist aber inzwischen sehr viel geschehen, das auch von größter Bedeutung ist: das Kind ist entwöhnt, es hat laufen gelernt usw. Eine kleine und selbstverständlich unvollständige Übersicht haben wir in dem Folgenden zusammengestellt. Wir können hier nicht auf Details eingehen und geben erst einmal eine „Zeittafel" verschiedener Erscheinungen und Fähigkeiten, wie sie beim jungen Kinde auftreten. Die gegebenen Zahlen sind grobe Durchschnittswerte und setzen eine genügende allgemein körperliche und geistige Versorgung des Kindes voraus. Die Durchschnittszahlen für Zwillinge und im allgemeinen für Mehrlinge sind anders als bei einzelnen Kinder. Wir beschränken uns hier auf diese letzten.

Erscheinung	Termin
1. Das Kind schreit, niest, saugt	1. Tag
2. lächelt jemanden an,	6.– 8. Woche
3. lacht	9.–14. Woche
4. macht Kopf- und Augenbewegungen, um einem Gegenstand zu folgen	2.– 3. Monat
5. hält den Kopf während einiger Zeit hoch und schaut im Kreise herum	3.– 4. Monat
6. „spielt" mit der eigenen Hand	14.–16. Woche
7. folgt mit den Augen der eigenen, sich bewegenden Hand	4.– 5. Monat
8. greift nach einem Objekt, das es gesehen hat	5.– 6. Monat
9. bekommt die erste feste Nahrung	6.–12. Monat
10. sitzt einen Augenblick ohne Hilfe	7.– 8. Monat
11. stellt den Daumen den Fingern entgegen	7.–10. Monat
12. versucht zu kriechen	9. Monat
13. versucht Wortimitationen	10.–12. Monat
14. steht alleine	10.–17. Monat
15. läuft alleine	13.–15. Monat
16. entdeckt die Sprache	18.–24. Monat

20. Wenn man sich fragt, ob man nach der Entwöhnung und der Entdeckung der Sprache noch ein Ereignis im Leben des Kindes nennen könnte von ähnlicher und so allgemeiner Bedeutung, dann kann man an das Verlassen der elterlichen Versorgung denken, oder an die große kulturelle und intellektuelle Entdeckung, zu der die Sprache das Kind vorbereitet und befähigt. Aber es wäre nicht möglich, irgendwann einen bestimmten Augenblick zu nennen, an dem diese Ereignisse spezifisch stattfinden; alles seit der Geburt geht in der Richtung des Selbständigwerdens, und alles seit der Entdeckung der Sprache in der Richtung der intellektuellen und kulturellen Erfindung, und in beiden Fällen ist alles von Erziehungsgegebenheiten weitgehend abhängig.

Man kann an besonders wichtige Entdeckungen in der Entwicklung denken, etwa 1. die Entdeckung der Sachwelt in ihrer nicht von den Menschen abhängenden Eigenart, 2. die Entdeckung des Lebens als Aufgabe, 3. die Entdeckung des eigenen Inneren, 4. die Entdekkung der Anziehungskraft des anderen Geschlechts. Aber wieviele andere sehr wichtige Ereignisse in der psychischen Entwicklung gibt es nicht, an denen wir damit vorbeigegangen sind! Um nur einige zu nennen: die Entdeckung des Werkzeugs, engstens zusammenhängend mit den mechanischen, den Objekten eigenen Verhältnissen, auf die das Werkzeug paßt; die Orientierung in immer weiterem Kreise durch Entfernung vom eigenen Hause und von der eigenen Zeit; das Eintreten in den Kreis der Gleichaltrigen und die Entwicklung zum Sich-behaupten darin, ohne die Hilfe der Erwachsenen zu brauchen, das Sich-einer-allgemeinen-Verhaltensregel-fügen-lernen, ohne dazu persönlich angehalten zu werden; das Verlieren-können: to be a good loser, und das Erkennen von Unrecht; die Entwicklung des Schamgefühls als Ausdruck der Reserven der eigenen Intimität usw.

Eine ausführliche Behandlung der psychischen Entwicklung müßte solche und noch viele andere Probleme aufnehmen. Sie müßte zu gleicher Zeit zeigen, wie sehr in dieser sogenannten „Entwicklung" die Erziehung eine dominierende Rolle spielt, so daß die Person als ein „Werkstück" entsteht auf einem skizzenartigen und unstatischen Muster von der „angeborenen Anlage" und der „natürlichen Reifung". Wir beschränken uns aber auf die vier angegebenen Punkte als Richtschnur wegen ihrer besonderen Bedeutung für den gegenwärtigen Zusammenhang.

Die Entdeckung der Dinge in ihrer Eigenartigkeit ist nicht dasselbe, wie der Schritt – und was für ein Schritt! – zum naturwissenschaftlichen Weltbild des naturwissenschaftlich gerichteten Menschen des 20. Jahrhunderts! Weit davon entfernt. Es ist primär die Erfahrung, daß das Leben nicht ein reines „Bei-sich-selber-sein" bedeutet, sondern daß es ein „Sein-*in*-dieser-Welt" ist. Zweifelsohne ist die Welt in gewissem Sinne immer so, wie wir sie sehen, anderseits steht die Welt *vor* uns mit einem eigenen Sinn, mit dem man nicht unterhandeln kann. Betrachten wir das einen Augenblick näher. Wir sagten: „Die Welt ist so, wie wir sie sehen", und damit meinen wir dies: für einen frohen Menschen sind die Bäume schön und lacht der Himmel, für einen deprimierten sind die Bäume tot und ist der Himmel leer[1]. Ein hungerndes Kind lebt in einer Welt des unerreichbaren Essens, in einer Welt, die ihm nichts zu essen gibt. Ein Kind, das sich zurückgesetzt fühlt, lebt in einer Welt der Bevorzugung der anderen. Die Welt wird unser eigenes Innere. In seinem Gefühlsleben macht der Mensch die Welt zu sich selbst und sich selbst zur Welt. Die Unterscheidung von Ich und Welt geht unter *diesem* Gesichtspunkt verloren und bleibt zugleich unter einem anderen Gesichtspunkt bestehen. Die Welt als Objekt, worauf unser Kennen sich richtet, bleibt „das andere",

[1] S. meinen Aufsatz: Die „geheime" Stelle des Kindes, im IV. Kap. § 2 meines Buches: Die Schule als Weg des Kindes. Versuch einer Anthropologie der Schule. Westermann, Braunschweig 1968, 4. Aufl.

während sie zugleich „durchfühlt“ wird und damit transponiert in „das eigene“. So eignet sich der Mensch die Welt zu, im doppelten Sinne: er fühlt sich heimisch in der Welt, er verliert sich in der Welt – und die Welt wird ihm eigen. Der Bauer fühlt sich Land und Vieh zugehörig, aber Land und Vieh hören damit auch auf, nur ihr reines Selbst zu sein.

Von den ersten Lebenswochen an steht das Menschenkind in diesem doppelten Verhältnis „eins-sein-mit“ der Welt und „anders-sein-als“ die Welt. „Das andere“ (vgl. § 7) verlockt zur Exploration, und damit konstituiert es sich immer mehr als „die“ Welt: d.h. was beim jüngsten Kind anfängt als dasjenige, was es in die Hand bekommt oder nimmt, als dasjenige, wogegen es stößt, als das, was die freie Bewegung behindert, als das, was sich von selbst bewegt, auf einen zukommt, oder von einem weggeht: dieses alles wird immer mehr *ein* Erfahrungsgebiet, wird immer mehr *die* Welt. Und das Kind dringt begeistert in diese Welt ein; dank dem Spiel, der eigenen Fortbewegung, der Sprache untersucht es diese Wirklichkeit anfänglich weitgehend. Aber das Ordnen der Vielheit, die entsteht durch nach-vornetreten der einzelnen Erfahrungen aus einer ungegliederten oder kaum gegliederten Ganzheit, wird immer notwendiger, wenn sie nicht wieder ihr Relief verlieren sollen. Dabei hilft die Sprache dauernd, aber die Erziehung muß hier eingreifen, wenn die Entwicklung in dem Sinne weitergehen soll, der unserem Weltbild gemäß ist.

Die Erziehung fängt daher an, Erfahrungen zu systematisieren: die Schule tritt in Funktion. Sie verschafft dem Kinde Hilfsmittel (Lesen, Buchstabieren und Schreiben), die unter anderem sehr dazu geeignet sind, das Erfahrene festzulegen, um sich von Milieubeschränkungen loszulösen (was die Familie nicht bietet, bietet das Buch), und Zeit und Abstand zu überbrücken. Sie verschafft das Ordnungsmittel, das wir „rechnen“ nennen, sie bietet Heimatkunde, Kenntnis gewisser Naturerscheinungen, Kenntnis von dem, was wir „Geschichte“ und „Erdkunde“ nennen.

Das Kennenlernen der Dingwelt und der Beziehungen zwischen den Dingen wird auf den verschiedensten Untersuchungsgebieten sichtbar. Vergleichen wir die Ergebnisse der Untersuchungen, dann sehen wir, wie diese dem explorierenden Kinde in verschiedenen Augenblicken ihre Geheimnisse preisgeben. Das einfach zugängliche Gebiet, das oft zufällig in der Erfahrung eines bestimmten Kindes auftritt, gibt diesem Kinde schon früh den Prototypus von Erfahrungen und Unterscheidungen, die später auf einem schwierigeren Gebiete erst erobert werden müssen. Hier liegt eine der Ursachen für die schnellere Entwicklung und die besseren Leistungen des Kindes, das in einem gut entwickelten Milieu aufmerksam erzogen wurde: auf einfachen Erfahrungen und Entdeckungen wird da rascher und mit mehr Chancen auf gutes Beispiel und gute Verbesserung weitergebaut als dort, wo Gelegenheit, Beispiel und Hilfe primitiv und ungeordnet bleiben. Dies wird natürlich besonders an der Sprachentwicklung deutlich.

Lernt das Kind in einem Milieu mit hohem Sprachniveau an *einem* zufälligen Beispiel eine bestimmte Kategorie von Worten oder eine Ausdrucksweise kennen, dann hat es gleich viel mehr Chancen, als in einem weniger hohen Sprachmilieu, um dasselbe Sprachmittel nochmals und auf eine andere Weise im Sprachgebrauch zu hören oder selber zu gebrauchen. Aber abgesehen von diesen Milieu- oder Anlageunterschieden innerhalb der Grenze des Normalen, kann man doch auf verschiedenen Gebieten eine konvergierende Tendenz von Entwicklungserscheinungen konstatieren.

So sehen wir z.B. beim Nachahmen (z.B. Nachlegen) verschiedener Figuren, daß vom 3. bis zum 7. Jahre in zunehmendem Maße ein Abbildungsergebnis entsteht, das entweder völlig mit der Sache übereinstimmt oder ihr doch ziemlich nahe kommt. Wir teilen hier eine durch uns vereinfachte Tabelle mit aus einem Werke[1], das sich speziell mit diesem Nachahmen beschäftigt, und wir sehen pro Altersgruppe den Prozentsatz guter oder gutgemeinter Nachahmungen deutlich steigen – auch wenn es dabei einen kleinen Unterschied zwischen Großstadt- und Landkindern gibt. Wir lernen hieraus, daß die Möglichkeit, etwas aus der Wirklichkeit mit genauer Sachlichkeit zu übernehmen – und also in den wirklichen Charakter dieser Möglichkeit einzudringen – deutlich zunimmt.

Alter	Großstadtkinder	Landkinder
3–4 J.	2%	0%
4–5 J.	22%	19%
5–6 J.	54%	54%
6–7 J.	72%	66%

Wählt man ein schwierigeres, aber ähnliches Untersuchungsmaterial[2], das höhere Ansprüche an eine vergleichbare Gruppe von

[1] L. Hoffmann: „Vom schöpferischen Primitivganzen zur Gestalt", München 1953, S. 224.

[2] Vgl. R. Selinka: Der Übergang von der ganzheitlichen zur analytischen Auffassung im Kindesalter, in Zs. f. päd. Psychol. 40. Jg. (1939–40)

Kindern stellt, dann findet man einen etwas anderen Verlauf, aber ebenfalls ein deutliches Konvergieren in der Haupttendenz: das bessere Eindringen in die Sache-wie-sie-ist. Nimmt man nun aber eine Sache, deren Eigenschaften und Funktion ein tieferes Eindringen fordern, dann liegt die Entwicklung, was den Altersaufbau anbelangt, selbstverständlich anders. Michaud z.B. untersucht, ob und inwiefern Kinder die Funktion einer Fahrradpumpe verstehen. Noch bei Zehnjährigen findet er nur ein paar Prozent, bei denen das der Fall ist, bei Dreizehnjährigen ungefähr ein Viertel seiner Versuchspersonen, bei Vierzehnjährigen ungefähr 45%, bei Fünfzehnjährigen über 66%[1].

Es ist klar, daß das Kind mit seiner Weltuntersuchung fortfährt, je nachdem es „Welt" gibt, je nachdem sein Milieu dazu stimuliert und es dazu veranlagt ist, überhaupt zu etwas durchzudringen.

Man hat das ältere Volksschulkind wohl einen „Wirklichkeitsfanatiker" genannt, aber man darf dem Realschüler und dem Schüler der technischen Hochschule mit ebensoviel Recht diesen Namen geben. Wenn die Welt in der Nähe der Mutter bekannter geworden ist, sucht das Kind ein weiteres Areal; das Spielzeug wird sachlicher und das Explorationsgebiet größer. Die Ordnungsmöglichkeiten nehmen zu dank Unterricht, Sprachentwicklung und zunehmender Formung der sich entwickelnden Intelligenz.

Die Ordnungs*mittel* können anfänglich selbstverständlich nicht sehr abstrakter Art sein, und wir sehen z.B., daß der Gebrauch der Zeit als Ordnungsmittel zu großen Schwierigkeiten führt. Dazu ist nicht nur nötig, daß man eine Ahnung von einer Zeitlinie hat, die sich in die Vergangenheit unabsehbar ausstreckt – es ist sogar schon vieles geschehen, *bevor* Großvater geboren wurde – und es ist nicht nur nötig, eine Aufeinanderfolge, die zugleich eine „Auseinander-Folge" ist, zu analysieren und zu reproduzieren, es gehört auch eine Menge Tatsachenkenntnis dazu. Und das ist noch lange nicht alles!

Wenn man die Welt besser kennen lernt, fängt sie an, weitere Perspektiven zu eröffnen, zugleich verliert sie aber auch ihre intime Geschlossenheit. Das Unbekannte erweist sich nicht mehr nur als das irgendwie Mögliche; man weiß jetzt auch vom noch nicht Bekannten schon genug, um begründete Vermutungen darüber zu haben. Hat es je eine beängstigende Bedeutung gehabt, dann nimmt jetzt die Veranlassung dazu ab. So verlockt die Welt denjenigen, der mehr weiß, auch weiterhin zum Explorieren; blasiert wird ein normal erzogenes Kind nie. Die Welt *bleibt* fesselnd.

[1] E. Michaud: Essai sur l'organisation de la connaissance entre 10 et 14 ans. Vrin, Paris 1949.

Wer die Welt immer mehr kennen lernt „so wie sie ist", tritt, je nachdem diese Eroberung fortschreitet, in eine neue Welt hinein, die immer mehr „die-Welt-von-uns-allen" ist. Der Siebenjährige wird das Märchen vom Storch gerade noch glauben und auch an die Existenz des Sankt Nikolaus glaubt er noch, trotz der vielen sozialen Kontakte in der Schule; aber bald ist das vorbei. Länger behauptet sich noch die Glaubwürdigkeit des Märchens, noch länger die der affektiv so sehr ansprechenden Abenteuergeschichten von Robinson bis Karl May. Aber immer unwahrscheinlicher wird auch diese Welt und immer mehr quasi-reell müssen diese Geschichten werden. Darin drückt sich selbstverständlich auch eine andere Dimension der explorierten Welt aus: die der Menschen, die gleichfalls immer besser gekannt werden „wie sie sind"[1]. Das Kind lernt von Jugend an, was es vom einen und was es vom anderen zu erwarten hat, aber das ist eine primitiv-unmittelbare Kenntnis, die stark an die Personen gebunden bleibt, mit denen das Kind im täglichen Zusammenleben bekannt geworden ist. Zu diesem beschränkten „Tableau" treten auch die Lehrerin und der Lehrer hinzu, und *mit* dem sozialen Wirkungsbereich breitet sich die Anzahl derjenigen aus, denen das Kind in all ihrer Verschiedenheit begegnet. Es wird immer schwieriger, das Kind irrezuführen (das Kind fängt an, Menschen und Dinge bewußt unsympathisch oder sympathisch zu finden). Es bekommt umschriebene Sympathien und Antipathien, feineres Unterscheidungsvermögen für eigene und anderer Leute Beweggründe, bis die Kulturpubertät uns die Möglichkeit einer ausgesprochenen Bevorzugung der spezifisch-kongenialen Personen zeigt. Eine immer mehr individualisierende Kenntnis der Mitmenschen tritt dann unter günstigen Umständen auf.

22. Das Kind lernt also nicht nur *seine eigene*, sondern auch *die* Welt besser kennen. Es lernt die Welt in ihrer Eigenart besser kennen. Immer weniger stellt sich heraus, daß die Welt noch alles bedeuten kann. Die Weise, in der das junge Kind mit der Welt spielt, wird allmählich durch eine Beschäftigung mit der Welt vervollständigt, die nun einen bewußteren explorativen Charakter zeigt. Das Spiel, das ohne Zeitgrenze weitergeht, das abläuft und aufs neue anfängt, wird immer mehr zurückgedrängt durch die Erziehung und die Lebensnotwendigkeit innerhalb bestimmter Zeitgrenzen. Die Welt kann uns fesseln und mitlocken, aber für die Erziehung mindestens ebenso wichtig, wenn nicht wichtiger, wird das „willkürliche" Interesse für

---

[1] Vgl. zur Verdeutlichung die Untersuchung von Julius Wagner: Zur Psychologie der Schulstrafe, Zs. f. päd. Psychol. XXIX, 1928.

die Welt, welches das Kind von sich aus hat. Dieses entsteht nicht „von selber“, aus dem affektiven Gefesseltsein durch die Verlorenheit *in* der Welt: der Mensch *wählt* die Zuwendung zur Welt. Auch das Kind wählt diese Gerichtetheit und bleibt bei dieser Wahl. Dauernd muß sich die willkürliche Aufmerksamkeit auf ihr Thema beschränken. Nun kann man die Welt „wie sie ist“ nicht kennen, wenn man nicht zu dieser Welt geht und sich durch sie bestimmt.

Dieses sich-durch-die-Welt-bestimmen ist die Grundlage für die Möglichkeit, systematisch etwas von dieser Welt kennenzulernen. In der Naturwelt wird der Mensch also z.B. nur seine Jägerfähigkeiten vervollkommnen können, in der Kulturwelt wird er nur in das Weltbild eindringen können, das sein Kulturmilieu sich geschaffen hat. „Zur-Welt-gehen“ bedeutet aber, daß man eine Welt *haben* muß, daß man diese Welt also als solche *erkennen* muß. Und hier liegt nun eine fundamentale Wendung in dem Verhältnis von Kind und Welt: zuerst hatte die Welt eine große Anziehungskraft für das Kind, dann wendet das Kind *sich* der Welt zu und nimmt diese Welt zu sich.

Das Spielzeug ist eine Zwischenform zwischen diesen beiden Haltungen. Richtiger gesagt: bestimmte *Arten* von Spielzeug bedeuten eine Zwischenform. Treffen wir doch einerseits Spielzeug an, das sich an die Bewegungswelt des Kindes anschließt (z.B. den Ball, den man rollen, werfen, stoßen, fangen kann); anderseits das Spielzeug, dem man weitgehend gehorchen muß, da seine sachlichen Eigenschaften wenig oder gar keine Beziehung zu den organischen Impulsen des Kindes haben. Dieses letzte Spielzeug variiert von dem Satz Hohlwürfel bis zum Meccano-Baukasten.

Aber auch im sozialen Spiel (Murmeln, Quartett-Spiel, Fußball) liegt die Notwendigkeit, die sachlichen Eigenschaften bis ins letzte auszunützen, will man als Spielgenosse in der Gruppe mitzählen. Außerdem muß man sich bei dieser letzten Art von Spielen auf das *Zusammenspielen* mit anderen einstellen, und in dieser Hinsicht muß man sich auch diesen anderen unterwerfen. So wie man mit einer Murmel nicht umgehen kann, als ob sie ein Würfel oder ein Ball wäre, und so wie man sich beim Murmelspiel der sachlichen Erfahrung von der Kugelform der Murmel und den Unebenheiten im Boden bedienen muß, so läßt man sich auch beim Bauen oder beim Baukasten durch die Eigenschaften, welche Gleichgewicht, Tragfähigkeit, Stabilität der Bauarbeit oder der Konstruktion bestimmen, führen.

Das Spiel ist hier nur möglich, insofern das Kind sich gewisse Wirklichkeitseigenschaften zu eigen gemacht hat. Beim Spiel kann das noch geschehen, während zugleich die Freude am Spielen selbst erworben und genossen wird. In der Arbeitssphäre muß sich das Kind mit einem entschieden kleineren Gefühls-Honorar begnügen, und je weiter die Vorbereitung auf die Arbeitshaltung vorschreitet, um so mehr muß das Kind lernen, auf ein solches Honorar im elementaren Sinne zu verzichten. Aber im höheren Sinne kehrt es wieder zurück in dem sogenannten „Interesse“ für die Sache. Doch dieses Interesse ist etwas wesentlich anderes als die Liebhaberei des kleinen Sammlers. In dem Interesse fordert die Sache das Kind wieder für sich, während in der Liebhaberei das Kind die Sache noch für sich in Beschlag nimmt. Auch die Liebhaberei wird allmählich sachlicher, und aus dem Muschelsammler kann ein Biologe werden. In der Wechselwirkung von Kind und Sache, von Mensch und Welt, wird der Mensch immer fähiger, sich auf das, was er will, zu richten und dann der Sache, so wie sie *wirklich* ist, zu folgen. Aus der lockenden Welt und dem Ich, das sich darin verliert, entsteht das wählende Ich, das *sich* bei der Welt aufhält und damit die Welt als Aufgabe annimmt und überwindet. Im Gefühlsleben offenbart sich die in dem obenstehenden erwähnte Entwicklung in der Abnahme der totalen Affektivität – das Kind, das immer mit seiner ganzen körperlichen Kraft böse ist, weint, erschrickt, jauchzt – und in dem Entstehen einer distanzierteren und differenzierteren Emotionalität. Durch die eigene Körperempfindung hervorgerufene Gefühle werden besser ertragen und sind weniger wichtig. Gefühle, aus dem Sehen des anderen, der Natur, des Schönen oder des Nützlichen geboren, spielen immer mehr eine Rolle. Gefühle treten auf, die nicht an das Erlebnis der eigenen Souveränität („das schaffe ich schon“) anschließen, sondern die auch intellektuelle und andere Arbeitsprozesse begleiten. Das Schamgefühl erwacht mit der Abnahme der totalen Affektivität – wäre es anders, wie völlig vernichtend wäre dann die Scham! – und mit der zunehmenden Distanz zur Welt und zu uns selber: wir fangen an zu lernen, *daß* und *wie* andere uns sehen.

Und damit werden wir zugleich geprüft. Keiner kann sich schämen, der sich nicht beurteilt, betrachtet, angesehen fühlen kann. Auch kann sich niemand schämen, der sich an nichts mißt, der keine Aufgabe kennt. Darum offenbart sich die beschriebene Entdeckung der Welt als Aufgabe und die sie begleitenden Erscheinungen auch auf dem Gebiete der sittlichen Entwicklung des Kindes. Die Moralität wird von bloßer Konformität („tun was Vater oder Mutter sagen; unterlassen, was verboten wird“) zur Aufgabe, aus sich selbst eine kohärente Person zu machen; d. h.: ein Wesen, das dasjenige abweist, was es nicht zu sich rechnen will, und das nach einem Ideal strebt.

„Ich selbst" bedeutet jetzt die Aufgabe, aus sich selbst etwas zu *machen*.

23. Damit kommen wir zur *Entdeckung des eigenen Inneren*. Das Kind hat das eigene Innere schon sehr früh kennen gelernt als ein „bei-sich-sein": man hatte ein kleines Geheimnis, man war in sich selber zurückgescheucht worden, man mußte mit einer Enttäuschung fertig werden, man mußte gegen eine große Sehnsucht kämpfen, plötzlich kamen Erinnerungen auf usw. Aber das Kennenlernen des eigenen Inneren als die Entdeckung 1. der eigenen Beschaffenheit und 2. des inneren Forums – sei es Schauplatz des Lebens, sei es des Kampfes –, auf dem sich die Entscheidungen *von* uns selbst und *über* uns selbst vollziehen, das ist ein Ereignis der „Reifejahre". Dieser Entdeckung geht eine Periode voraus, in der das Kind seine Kräfte mißt, völlig in der Gruppe untertaucht und die Welt auf diese primitive Weise, ohne Verinnerlichung, untersucht. Es ist die „puerale Periode" zwischen 10 und 14 Jahren, in der das Kind positiv sein eigenes Ich zu erkennen anfängt („ich bin Ich"), worin es andere mit Vorliebe „Angeber" schimpft, und worin es meint, selber zu Höchstleistungen fähig zu sein. Darauf folgt in der Kulturpubertät eine Periode der Konfrontation mit sich selber. Nun erst lernt das Kind sich *selbst* kennen, und es erfährt diese Begegnung wie eine Begegnung mit etwas völlig Neuem. Es begegnet in dieser Form sich selbst zum ersten Male, und es erlebt diese Begegnung wie die Entdeckung einer völlig ursprünglichen Lebensquelle und als eine absolut ursprüngliche Lebensansicht. Debesse charakterisierte dies mit dem Ausdruck „crise d'originalité juvénile"[1]. In der Pubertätspsychologie, die seit dem Ende des vorigen Jahrhunderts in Amerika entstand[2], spielt der Gedanke an ein solches Selbsterleben die Hauptrolle in der Interpretation des Jugendlichen. Aber man hat auch andere Aspekte hervorgehoben. Der Jugendliche fängt an, eine Protesthaltung gegenüber der Welt anzunehmen, er sucht Annäherung ans andere Geschlecht, er soll besonders religiösen Bekehrungen zugänglich sein, er experimentiert mit den großen Problemen des geistigen und moralischen Lebens usw. Alle diese Aspekte kann man tatsächlich antreffen, je nach Milieu, Zeit und Persönlichkeitstypus. Mit Recht sagt Ruth Benedict: „Es ist zwar eine Naturtatsache, daß das Kind zum Manne wird; der Weg aber, auf dem sich dieser Übergang vollzieht, unter-

[1] Vgl. sein Buch: La crise d'originalité juvénile. Alcan, Paris 1936.
[2] Siehe mein Kapitel über die Pubertätspsychologie von G. Stanley Hall bis zum zweiten Krieg in: Verkenning en Verdieping.

scheidet sich von einer Gesellschaft (und Gruppe) zur anderen, und keine dieser besonderen Kulturbrücken sollte als „der natürliche Weg zur Reife“ angesehen werden[1]“. Es kann also auch da, wo das Pathos der Selbstentdeckung und der Charakter der Krise fehlt, die psychische Entwicklung zur Erwachsenheit weitergehen. Bei großen Gruppen der agrarischen und Arbeiterjugend fehlt dieser Schock der Selbstentdeckung und dieses Beschäftigtsein mit sich selber und der Welt als einer persönlichen Aufgabe völlig.

Eine viel größere Rolle spielen da entweder traditionelle Lebens- und Glaubensformen, die als charakteristisch für die Erwachsenheit gelten, in die man ohne eine große Krise oder einen schwierigen Übergang eintritt – oder: die Kräfte der eigenen Sensualität und die darauf abgestimmte Vergnügungsindustrie beherrschen da das Leben. *Eine Kulturpubertät ist eine pädagogische Aufgabe in jeder Gesellschaft, welche nicht überwiegend durch Tradition oder eine diktatorische Orthodoxie beherrscht wird.* Die Übergangsphase zwischen der „kulturellen Person“ des Kindes, welche die Volksschule vollendet hat, zur erwachsenen Lebensform ist eine *notwendige* Forderung geworden in einer Gesellschaft, in der die festen geistigen Lebensnormen durch persönliche Entdeckung – sei es auch mit pädagogischer Hilfe! – erworben werden müssen. *Es hat sich also mit anderen Worten herausgestellt, daß die psychische Pubertät als Erziehungsphase nicht nur kein Naturprodukt, sondern eine pädagogische Aufgabe ist.* Dies bedeutet nicht, daß der Erzieher eine solche Phase in einer bestimmten Gestalt bei den Kindern künstlich hervorrufen soll. Es bedeutet aber wohl, daß die gesellschaftlichen Maßnahmen dem Kinde Gelegenheit lassen müssen zu „pubertieren“ und – daß die Erzieher fähig sein müssen, einem solchen Prozesse eine Leitung zu geben. Dies ist um so mehr der Fall, als die Entdeckung der eigenen Geartetheit mit der Entdeckung des „inneren Forums“ zusammengeht. Der junge Mensch, der mit beginnender Selbsterkenntnis naturgemäß auch „hinter“ die Äußerlichkeiten der Welt zu schauen beginnt und mehr zu sehen vermag als je zuvor, erfährt sich selbst nicht als eine reine Tatsachengegebenheit, sondern als einen Maßstab. D. h.: er fängt jetzt an, zu unterscheiden zwischen demjenigen, was er in sich selber gutheißt und was nicht, was er zu sich selber rechnen möchte, was er von sich selber zuläßt und erwartet und was nicht. Er entdeckt sich selbst also als *Tatsache*

[1] Continuities and discontinuities in cultural conditioning, *in*: Psychiatry I (May 1938) S. 161. Schon H. Schlemmer (Die Seele des jungen Menschen, 1926) hat auf die Tatsache hingewiesen, daß die ganze psychische Pubertät auch überschlagen werden kann.

und als *Norm.* Er hat die Welt auch in einem normativen Lichte sehen gelernt. Er, der in seiner Selbstentdeckung zugleich auch die Welt als „erster" entdeckte „so wie sie nun doch eigentlich ist", er sah diese Welt als gewaltig und überwältigend einerseits, anderseits aber als einen völligen Mißerfolg. Und sowie die Selbstentdeckung der Welt eine Norm der eigenen Person offenbart, so offenbart auch die Entdeckung der Welt eine Norm, unter der sie steht. So wie die Norm der eigenen Person dazu aufruft, dieser zu entsprechen, so fordert die Welt in ihrer normativen Unvollkommenheit zur Hilfe auf. Dieser doppelte Appell bildet die Einheit der Gewissensproblematik des Jugendlichen. Gewissensgrübelei *und* Idealismus, Selbstverachtung *und* die größten Erwartungen von sich selber, psychologisches Grübeln über sich und andere *und* philosophische Betrachtungen über die Bestimmung dieser Welt – sie gehören alle im gleichen Maße zu diesem Bilde, und die sich nähernde Erwachsenheit wird deutlich, wenn dies alles in der Realität auf die Probe gestellt wird und aus der Tatsache, daß die Extreme allmählich bescheidenere Proportionen zeigen.

24. Wer anfängt, sich selbst in seiner eigenen Geartetheit zu entdecken, muß zugleich auch die anderen als Wesen mit einer *eigenen* Art sehen. Die anderen sind, da sie zugleich mit uns einen Rausch der Entdeckungen durchleben, zugänglich für das Erlebnis der „Wahlverwandtschaft", und die großen Freundschaften finden hier einen außerordentlich fruchtbaren Boden. Aber auch das *Anders-sein* des anderen wird besonders wichtig: negativ, als die stumpfe Spießigkeit der Erwachsenen mit ihrem kanalisierten Leben – positiv, als das Wunder des vollkommen Anderen, das doch so verwandt ist. Diese Offenbarung wird besonders stark erlebt, wenn dieses Andere das andere Geschlecht ist. Zur Tiefe, Heftigkeit und Farbe dieses letzten Erlebnisses wirkt zweifelsohne auch die Tatsache der geschlechtlichen Verschiedenheit selber mit. Und dieser Unterschied ist erlebt im *eigenen* Mann-sein oder Frau-sein, und in der Vorbereitung auf das Verhältnis zum Geschlechtlichen als solchen und im Verhältnis zum anderen Geschlecht. Die eigene körperliche Entwicklung, das Eintreten von etlichen körperlichen Veränderungen, ist dem Kinde keineswegs entgangen. Die Bekanntheit mit der Anatomie des anderen Geschlechts – Objekt unendlicher Neugierde – das Verständnis für die eigene Entwicklung und für das, was sich beim anderen abspielt, die Erziehung zur Selbstbeherrschung oder Selbstachtung, zur Angst oder zur Abscheu vor dem anderen Geschlechte und dem Ge-

schlechtlichen, das alles spielt tatsächlich eine große Rolle in der vorhergehenden Erziehung. Dieses und noch mehr.

Aber wenn der Jugendliche entdeckt, daß das andere Geschlecht anziehend ist, daß es eine Quelle der Freude bedeuten kann, – wenn m. a. W. alles ziemlich normal verläuft –, wird dadurch das Verhältnis zu sich selbst und der Welt anders. Das geschlecht*lose* Verhältnis zur Welt, wie wir es beim Kinde kennen[1], ist das Verhältnis zu einer Welt, worin die oder der Geliebte noch nicht wartet, nicht flüchtet, verborgen ist oder zum Vorschein kommt. Es *ist*, kurz, das Verhältnis zu einer nicht-erotischen Welt. Und gerade das Entstehen der erotischen Welt, die sich in der zweiten Hälfte der Pubertät so kräftig anzukündigen pflegt, bedeutet eine große Änderung. Die Welt bekommt plötzlich eine blühende Kraft, Farbe, aber auch eine Verlassenheit, Farblosigkeit, eine Mattigkeit, die in einer Welt, worin die Kategorie der Erotik fehlt, nicht vorkommt. Die Tiefe der Einsamkeit wird nun weitgehend mitbestimmt durch einen neuen Sinn, den das Zusammensein haben kann. In der Entdeckung der eigenen Geartetheit entsteht die Sicherheit der eigenen Einmaligkeit (es gibt kein Duplikat), aber zugleich gibt es die Möglichkeit des „Großen Freundes", der dieselbe Selbstentdeckung und Entdeckung der Welt durchgemacht hat, wie ich (vgl. § 23). Es erwartet den Menschen aber noch etwas wesentlich anderes; etwas von radikalerer Bedeutung als die große Freundschaft, weil es auch die eigene Körperlichkeit und damit die tiefste Intimität und dadurch auch die tiefste Befriedigung und das größte Risiko des „Sich-preis-gebens" enthält. Es gibt irgendwo jemanden, der für mich *bestimmt* ist und dem ich der oder die Erste, Wertvollste und Einzige bin. Der Mensch darf hoffen auf ein Zusammensein, das den Charakter der Exklusivität besitzt, und der Jugendliche, dessen geistige Hintergründe durch die europäische Kultur bestimmt worden sind, lebt mit der Perspektive eines solchen Verhältnisses der Auserkorenheit. Wie das beim Kinde ist, das aufwächst in einer geistigen Atmosphäre, die die Polygynie oder Polyandrie angenommen hat, wollen wir hier außer Betracht lassen. Es genügt, an das Bestehen dieses Milieus zu denken, um zu verstehen, daß eine Kulturpubertät auch in dieser Hinsicht keine biomechanisch determinierte Phase in der psychischen Entwicklung bildet.

Das Kind hat anfänglich die Gemeinschaft mit seinen Eltern, in der das Leben vollkommen scheint. In die Atmosphäre der Sicher-

---

[1] Selbstverständlich ist mir die Theorie der „infantilen Sexualität" bekannt. In diesen Zusammenhängen dürfen wir darauf aber nicht eingehen.

heit der Familie treten Familienmitglieder, Verwandte, Freunde der Familie und gleichaltrige Freunde des Kindes.

Danach fängt das Kind an, an seine Selbstentdeckung anschliessend, „Große Freundschaften" zu bilden. Die Distanz zur sicheren Familienwelt nimmt zu, und jetzt beschützt man sich selber. Aber man hat seine Sicherheit nicht mehr in Händen, wenn man sich einem anderen schenkt, der selber das gleiche tut. Zusammen in der Geborgenheit, und durch die Autorität einer definitiven Verbundenheit, findet man diese Sicherheit wieder, insofern Erwachsene sich je wieder sicher fühlen werden. Sehr bald werden sie, in einer Welt, deren Unsicherheit ihnen dauernd bekannt ist, selber ihren Kindern Sicherheit bieten müssen. Die Entdeckung der erotischen Welt ist die Vorbereitung zum definitiven „Griff" nach der Erwachsenheit: zur Erzeugung der kommenden Generation und zur Verantwortlichkeit für sie.

Der Jugendliche erfährt allmählich die Anziehungskraft des anderen Geschlechts. Er sucht Annäherung und, unterstützt durch das, was Familie, Jugendverein und die Große Freundschaft ermöglichen: Berührung und endlich Verbundenheit. In diesem Prozesse wird die sexuelle Anziehungskraft angesprochen; die Erziehung wird auf die Probe gestellt, insofern sich jetzt zeigen kann, ob man gelernt hat, immer seinen Willen durchzusetzen oder Geduld zu haben, ob man anderen Wärme schenken kann oder nicht.

Hier wird nun das, was bis jetzt nur im unbestimmten, allgemeinen Sinne „sexuell" war – z.B. die Masturbation, das sich mit Wohlbehagen Vertiefen in die eigene Körperlichkeit – plötzlich im definitiven Sinne und konkret ein wichtiges Moment in der Ganzheit des sich allmählich formenden Geschlechtsverhältnisses. – Gibt es zunächst nur ein unbestimmtes Sich-angezogen-fühlen zu „Mädchen", zu „Jungen", so kommt jetzt noch ein spezifisches Angezogen-werden zu „*diesem* Mädchen, *diesem* Jungen" dazu. Und es hängt wieder engstens mit der Erziehung und der eigenen Lebenswahl zusammen, wie man nun daraus zu einer definitiven Bindung kommt.

Es ist klar, wenn *eine* Phase in der psychischen Entwicklung weitgehend von der vorhergehenden Lebensgeschichte und Formung abhängig war, dann ist es die Phase der Pubertät, welche gerade so deutlich an die körperlichen Erscheinungen anzuschließen schien; diese aber sind wohl notwendige Bedingungen, doch sie bestimmen die Gestalt der psychischen Entwicklung keinesfalls, und noch weniger bestimmen sie die Richtung des Entwicklungsverlaufes.

V

Gespräch mit dem Leser

Einige einführende Bemerkungen grundsätzlicher Art

Die vertraute Welt des Kindes ist die Welt, wo es zu Hause ist: mit den Leuten in seinem Hause und auf der Straße in der Nachbarschaft seines Hauses, seines Dorfes, seiner Stadt, in Wald und Wiese darum herum usw. Ich habe an anderer Stelle anzudeuten versucht, wie das Kind lebt – d. h. wie es ein Mensch ist – im bezug auf die Erwachsenen, namentlich auf seine Eltern, und wie es sich lebt in einer eigenen wie in einer geheimen Welt, und schließlich habe ich über die Schule geschrieben als eine Lebenswelt des Kindes. Das findet sich zusammen in meinem Buch: *Die Schule als Weg des Kindes. Versuch einer Anthropologie der Schule* (Georg Westermann, Braunschweig). Ausführlicher über *Die Beziehungen der Eltern zum Kind* hatte ich zuvor schon geschrieben in dem Sammelbändchen, das eine Vortragsreihe verschiedener Autoren herausbrachte unter dem Namen: *Das Kind in unserer Zeit*, im Alfred Kröner Verlag in Stuttgart (1958).

Es handelt sich bei alledem um den Versuch, die Welt des Kindes als menschliche Lebensform kennen zu lernen. Wenn es zutrifft – wie wir es in dem Aufsatz über *Die „Projektion" im kindlichen Seelenleben* und auch in dem Aufsatz über „*Das Ding in der Welt des Kindes*" dargelegt haben –, daß menschliches Leben immer Sinngebungsaufgabe ist, und daß sich diese Arbeit des Lebens in einer Trialektik des Geistes mit dem eigenen Körper und der Welt der Tatsachen von Menschen und Dingen und objektiven Kulturformen vollzieht, dann tritt das Kind in diese Trialektik schon früh ein. Nach einer Phase des „Pan-Sensualismus", wenn es ernährt, gereinigt, versorgt wird, findet das Kind bald seinen unbestimmten Horizont, d. h. stellt sich dieser abenteuerliche „Geist" ein, der den Menschen zu dem macht, was er ist.

Erst auf dem Untergrund dieses Kind-Welt-Verhältnisses versteht sich die „psychische Entwicklung", so wie man sie zu beschreiben pflegt. Aber, selbstverständlich, wächst dann aus dieser Entwicklungspsychologie wiederum ein tieferes Befragen jenes Untergrundes und damit ein besseres Verstehen.

Damit ist der Zusammenhang verschiedener Ansätze in meinen Veröffentlichungen, die zum Teil hier zusammengefaßt sind, kurz angegeben. Noch zwei Bemerkungen gehören dazu. Erstens: es spielt in jener „Kinderpsychologie des Erwachsenen", die wir „Psychoanalyse" zu nennen pflegen, wesentlich aus der verwickelten Person-Welt-Genese die „libido-genetische" Kategorie die Hauptrolle. Sie tritt in einer Dialektik mit den Eltern – als „Bindung", „Oedipus-Komplex" usw. –, mit dem „Über-Ich" – das ja dieser Beziehung entstammt –, mit der Welt auf der Grundlage des „Wirklichkeitsprinzips" usw. – Ich möchte glauben, daß eine zusammenfassende Behandlung der Anthropologie des Kindes von der Psychoanalyse aus recht an der Zeit wäre. Nachher könnten wir dann einmal sehen, was jeder von uns für Karten in der Hand hielt, und wie das Spiel dadurch bedingt war. – Zweitens: in der gegenwärtigen Entwicklungspsychologie spielt, neben der psychoanalytischen Anthropologie, noch eine andere Grundvoraussetzung eine prädisponierende Rolle. Es ist der Glaube, daß wir in der Aufspaltung des Gegenstandes schließlich doch dem Kinde näher kommen. Es erscheinen heutzutage massenhaft Untersuchungen – darf man hier ein quasi-schweizerdeutsches Wort bilden? –: „Researchli", „echte Untersuchungen" und ganz große Tatsachenhaufen, denen der Rahmen fehlt, innerhalb dessen sie nur Bedeutung gewinnen könnten. Ihre Voraussetzungen sind schwer greifbar verborgen in der Wahl der Themen, in der Aufspaltung selbst, in den mannigfachen großen und kleinen Voreingenommenheiten der Versuchsanordnung und schließlich in der zuweilen banalen Gruppierung der Materialien zu einem Buche. Es wäre wichtig, die anthropologischen Voraussetzungen solcher Bücher herauszuarbeiten und zusammenfassend darzustellen.

Im Haufen der sich monoton wiederholenden – aber allerneuesten und deshalb „wichtigeren" – Bücher, würde der Untersucher einen unerwarteten Lohn finden: er wäre nämlich im Stande, das Fazit zu ziehen aus vielerlei, das jetzt unverdaulich aber als Hauptspeise auf den Tellern unserer Generation darauf wartet, hinuntergeschluckt zu werden. Fabriksmarke, recht hygienische Herstellungsweise und schönste Verpackung sollen sie von der Nahrhaftigkeit überzeugen. Es gibt bestimmt bessere Gründe und es wäre eine wichtige Aufgabe und eine großartige Leistung, wenn man diese herausstellen würde. Ein Teil der „Tatsachen" bekäme dann Tatsachenwert, und wir würden verstehen, was wir täten, wenn wir sie verarbeiten würden. Besser wenigstens als es jetzt manchmal möglich ist.

Solange wir über solche Untersuchungen nicht verfügen, ist es schwer zu beurteilen, wo wir mit der pädagogisch zulässigen oder auch nur verantwortungsvoll verwendbaren Entwicklungspsychologie stehen. Ich möchte meine Beiträge nicht mißverstanden sehen: sie sind noch recht weit von einer gewissen „Vollständigkeit" entfernt und laden jeden zum Mitarbeiten und Weiterarbeiten ein. Auch wo sie kritisch sind, sind sie es aus positiven Gründen. Sie versuchen ja der Erziehung zu dienen und das heißt zweierlei. Sie können keine Bedeutung gewinnen ohne ihre Beziehung zum Bilde des Menschen überhaupt gezeigt zu haben. Dabei ist es nicht möglich, über den Menschen zu sprechen, als ob er ein Stein wäre[1]. Dieser Mensch lebt von dem, was ihm sein Sein bedeutet. Die Überlegungen über die Weise, wie sich der Mensch mit seiner Welt als Welt-von-Bedeutungen auseinandersetzt, führen uns auch zu einem so breitgetretenen Feld wie das der „Intelligenz" und der „Intelligenz-tests". Auch die Intelligenz funktioniert in der gegenseitigen Durchdringung von Mensch und Welt und ist in die Entwicklung dieses Menschen aufgenommen. Damit sind Mensch und Welt als kongenitaler Prozeß auf eine Bedeutung hin gegeben. Es gehört zu den einfachen Tatsachen, daß diese Bedeutung nicht willkürlich lebbar ist. Es liegt unverbrüchlich die Einheit des Daseins mit der Sinngebung, mit der Bedeutungsgewinnung, dem menschlichen Sein zugrunde. Alle Tatsachen sind in ihrer Beziehung zum Bilde des Menschen deshalb auch zu befragen auf ihren Sinngehalt, auf diese Bedeutungsgewinnung hin. Dieser Teil der Forschung ist weder dogmatisch noch präskriptiv. Sie weiß aber um die Unlebbarkeit eines Menschenbildes nur deskriptiv-analytischer Art nach dem Bilde der Naturwissenschaft. Die angepaßte, gewohnheitsmäßig lebende, konditionierte Lernmaschine, die einer nur dinglich-sachlichen, sozial-assimilierenden, wohlprogrammierten Lehrmaschine gegenüber sitzt, wäre der höchste Erfolg des nur physikalischen Weltbildes[2]. In einem solchen Bilde die Tatsachen unterzubringen ist nur möglich, nachdem man den Menschen, an dem sie gewonnen werden sollen, zuvor definitiv um seine Existenz gebracht hat.

[1] „Il est aussi absurde de parler d'un homme comme on parlerait d'un caillou que de parler d'un caillou comme on parlerait d'un homme". George Gusdorf: Introduction aux Sciences Humaines. Paris 1960, S. 479.

[2] Man vgl. auch H. Röhrs: Das erzieherische Verhältnis – eine schicksalhafte Grundbedingung der Menschwerdung. in: Pädag. Rundschau. XVII (1963), S. 612. –

VI

Die Bedeutung des eigenen Körpers für das Selbsterlebnis des Kindes[1]

1.

Wer geringschätzig urteilt über den Körper, urteilt abschätzig über den Menschen. Nicht weil der Körper der Mensch ist, sondern weil der Mensch ohne seinen Körper nicht existiert und dank seinem Körper er selbst sein kann, wennschon das manchmal zugleich nur *trotz* seines Körpers gelingt.

Merleau-Ponty sagt irgendwo: „Der eigene Körper ist in der Welt wie das Herz im Leibe". Dieser Körper bildet die Grundlage meines Identitätsbewußtseins, und die Einheit der erlebten Welt bezieht sich auf die Einheit meines Körpers, der immer „*als* Ichselbst" durch die Räume, um die Gegenstände herum zu den entfernten oder nahen Grenzen meines Gehens, Sehens oder Greifens geht. Ich messe die Welt mit den Maßverhältnissen meines Körpers: hoch ist, was ich nicht erreichen kann, groß, was ich nicht umfassen kann. Aber gleichfalls wird die Welt endlos, wenn ich traurig bin, mein Körper scheint dann nicht mehr imstande, einen Abstand zurückzulegen. Ich kann meinen Körper dazu nicht mehr bewegen, weil das Leben zum Stillstand kommt.

Mein Körper ist mir nie Gegenstand in dritter Person so wie die allgemeine Psychologie lange geglaubt hat: *es* nimmt wahr, *es* hört, *es* sieht. Mein Körper ist nie diese dritte Un-Person. Sogar amputierte Glieder bleiben uns noch phantomhaft bei: die amputierte Hand greift den Schlüssel und versucht erfolglos, die Tür zu öffnen. Ich rechne meinen Körper ganz zu mir selbst. Bei der Begrüßung schütteln wir uns nur die Hand oder wir küssen uns. Die eine Berührung des

[1] Früher erschienen in „Psychologische Rundschau" V, 3 (1954).

Körpers ist weniger intim als die andere, aber beide sind höchst bezeichnend, auch wenn sie noch so konventionell sind: jeder drückt *sich* in diesen Begrüßungsformen aus.

Daß mein Körper mir nie völlig als Gegenstand erscheint, bedeutet aber keineswegs, daß mein Körper nicht innerhalb der personalen Sphäre – d.h. innerhalb der Sphäre, in der alles „Ich" bedeutet – eine ganz bestimmte und insofern „objektive" Bedeutung hat. Keiner kann über seinen Schatten springen. – Aber es geht mich auch die Welt in meinem Körper auf ganz entschieden bestimmte Weise an: eine Nadel trifft meinen Finger und tut nicht dem Finger, sondern *mir* weh; eine Stimme trifft nicht mein Ohr, demzufolge „es" hört, sondern *ich* höre; die Bäume der Allee entlang werden größer auf *mich* zu, kleiner von *mir* ab und die Entfernung zum dortigen Hause habe *ich* zu durchschreiten; die Spitzen der Flügel des Flugzeuges gehören *mir* an: sie bestimmen *meine* Flügelweite und sie bedeuten mir, wie und wo *ich* fliegen kann.

Sehr bezeichnend ist auch, wie jede Beeinträchtigung des Körpers im Selbsterlebnis verarbeitet wird. Es ist die *ganze* subjektive Bedeutung des Körpers von der Beschädigung mitbestimmt. Eine körperlich deutlich lokalisierbare Verletzung offenbart sich in seiner ganzpersönlichen Bedeutung. Beim Kinde ist das erst recht der Fall, weil die Einheit des Kindes noch weit weniger auflösbar ist als die der Erwachsenen. Die Distanzierung, d.h. die innere Abgrenzung des Subjektes der Körpersphäre als solchen gegenüber, ist dem Kinde nur erst *gelegentlich* möglich. Hat sich im Zusammenhang mit irgendeinem körperlichen Defekt einmal eine bestimmte Lebensform herausgebildet, dann finden wir nicht nur beim jungen Kinde, sondern auch noch bedeutend später, ein unmittelbares Erlebnis des Körpers als genau so-und-so beeinträchtigtes Ganze.

Als Beispiele aus einem umfangreichen Material wähle ich zunächst die Klecksbilder eines fünfjährigen Mädchens. Sie liebt es, ganz sauber und ordentlich farbige Striche nebeneinander zu malen. Manchmal schaut es auch wie eine Hühnerleiter aus. Darauf beschränkt sich vorläufig ihre Phantasie und ihr Bedürfnis. Es findet dann eine Mandeloperation statt. Die ersten Bilder, die sie malt, nachdem sie vom Krankenhaus nach Hause zurückgekehrt ist, zeigen aber ein völlig anderes Gepräge: es platzt ein hartes Gelb aus allen Gefügen hinaus. Die braven, ordentlichen Striche sind nur noch teilweise und im Hintergrund da. Nach vierzehn Tagen aber kehrt die alte Arbeitsweise zurück: der Sturm hat sich gelegt. Das Mädchen reagierte heftig auf den Eingriff in die Körpersphäre. Die Körpersphäre ist als Erlebnisweise, als affektives In-der-Welt-sein in den Bildern ihrer Krise vertreten. Später sehen wir dann, wie sich der Sturm wieder legt. Alles kehrt zurück in die alten Verhältnisse. Der Körper zeigt sich nicht mehr: er ist aus der Konfliktsphäre zurückgekehrt in die Sphäre des Erlebnisses als Selbstverständliches.

Wir wählen nun die aus Plastilin geknetete Menschengestalt, wie sie von einem 8jährigen Mädchen nach Tracheotomie hergestellt wurde. Ihre Luftröhre schien irgendwie zugewachsen und sie atmet schon seit Monaten durch ein Metallröhrchen, das im Hals angebracht ist. Sie kann im Augenblick nicht mehr sprechen. Betrachten wir nun das von ihr hergestellte Männlein, dann zeigt sich auf einem undifferenzierten, stämmigen Körper ohne Beine ein langer, etwas gebogener Hals, der ungefähr halb so lang ist wie der ganze Körper. Ein kleiner, nur als Kugel angedeuteter Kopf krönt das ganze. Dominant im ganzen Bilde ist also offensichtlich: mein Hals. Das Bild spricht nur eine Sprache: es handelt sich um meinen Hals.

Ich bitte sie nun noch ein Männlein zu machen, aber – bitte – nicht mit einem so langen Hals. Es entsteht tatsächlich eine ganz andere Figur, jetzt auf einen Sockel oder auf eine Säule gestellt. Schon dadurch zeigt sich ein Selbsterlebnis desjenigen, der durch sein Leiden „ausgezeichnet" ist. In dieser zweiten Gestalt ist der Hals – konform der Aufgabe – kurz. Aber: von einem dicken Band ist er diesmal umgeben. Wieder also zeigt sich im Erlebnis des Körpers deutlich die traumatisierte Stelle, d.h. die Stelle, die im Selbsterlebnis eine determinierende Bedeutung erworben hat.

Wir kommen nun zu fünf zusammengehörigen Bildern von Gesichtern, hergestellt von einem fünfzehnjährigen Knaben mit beschränktem Sehvermögen. Er kam zu uns, weil er wiederholt Kleinigkeiten stahl, zuweilen aber bedeutendere Geldsummen weggenommen hatte.

Wir machten nun in der Behandlung mit ihm eine Reise durch das Weltall. Dabei kamen wir auf einem Planeten an. Wir baten ihn, uns dort führen zu wollen. Anfangs liefen wir über eine völlig verödete Mondlandschaft: keine Spur von menschlichen Wesen konnte ihn dort beunruhigen. Bis wir endlich, nachdem wir ganz tief in eine Kluft hinuntergestiegen waren, doch den Planetenbewohnern in einem tiefen, verborgenen Schacht begegnen. Ich brauche nicht zu sagen, wie dieses äußere Geschehen dem inneren Erlebnis dieses Jungen angemessen ist.

Wir erleben nun mancherlei Abenteuer mit den Planetenbewohnern und bitten unseren jungen Freund, er möge uns nun doch einmal so einen Planetarier zeichnen oder malen oder kneten. Wir zielen ab, auf einen Ausdruck des eigenen erlebten Gesichtes, aber wir lassen dem Buben ein Alibi, indem wir auf dem Umwege des Porträts eines Planetenbewohners ihm zum Selbstausdruck helfen wollen. Und was kommt dabei nun heraus?

Wir geben zuerst eine schwere, einen Zentimeter dicke Bleiplatte mit Hammer, Dupeisen und Punzen; dann: eine vier Zentimeter dicke Holzplatte mit Hammer und Meißeln. Danach folgt eine nicht zu weiche Tonerde, beim nächsten Mal werden zu derselben Tonerde auch Farbe und Pinsel zur Verfügung gestellt; schließlich besteht das Material aus Wachs, und es gehören wieder Farben und Pinsel dazu[1]. Auf der Bleiplatte wird zweimal gearbeitet mit einer Woche Unterbrechung, das gleiche geschieht mit der Holzplatte. Zusammenfassend können wir sagen, daß von Mitte Juni bis Anfang November die fünf Gesichter entstehen und daß zwischen dem dritten und vierten drei Monate verfließen.

Vergleicht man die ersten mit den späteren Bildern, dann stellt sich heraus, daß auf den ersten Bildern die Pupillen so angebracht sind, daß die Augen schielen. Im vierten Bild, wozu Tonerde und Farbe zur Verfügung gestellt waren, und das ungefähr viereinhalb Monate nach dem ersten Bilde hergestellt wurde, korrigiert der Junge den Pupillenstand, den er erst noch falsch ansetzt, unmittelbar danach und spontan. Betrachten wir das erste Bild (in Blei), dann sehen wir wie mit ungeheurem Affekt die Augen als tiefe Löcher durch die Bleitafel hindurchgehackt sind. Es sind auch zwei große Partien unter den Augen ausgehackt. Aber: diese Löcher sind nicht „das, was sieht", so sagt uns der Junge. Er zeigt dabei auf zwei untiefe Grübchen als „das, was sieht". Diese Grübchen stehen wie zwei kleine Punkte gleich neben der Nase. So wie die Augen ist auch der Mund zweifach da, scharf eingeritzt unten und darüber derb und breit ausgehackt. Es legt sich das affektive Bild des *erlebten* Gesichtes *in* das abbildende, das naturalistische Bild des Gesichtes. Es sind also zwei Formen der Gegebenheit des eigenen Körpers zu gleicher Zeit da: der *erlebte* und der *gekannte* Körper.

Im *zweiten Bilde*, das aus Holz gemacht wurde, sind die Augen wieder als tiefe Spalten eingehackt. Es sind wieder zwei große Partien unterhalb den Augen ausgehackt. Im übrigen ist das Gesicht mit Bleistift kaum angedeutet. Das affektive und das bildhafte Gesichtsschema sind jetzt nicht geschieden da.

---

[1] Daten: 1. 17/VI–24/VI; 2. 4/VII–11/VII; 3. 25/VII; 4. 30/X; 5. 7/XI.

Fünf Wochen nach Anfang der Behandlung und nach einigem Fortschritt der Behandlung kommt nun das Bild mit widerstandsärmerem Material: farblose Tonerde. Wie wild hätte das Kneten noch sein können. – Es ist aber eine geordnete Form erreicht, wo Augen und Mund eingeritzt sind. Die Pupillen stehen immer noch gleich neben der Nase. Das affektive Schema des erlebten Gesichtes fehlt wiederum.

Zum vierten Male muß unser Junge ein Gesicht machen. Noch immer *will* er Gesichter machen. Jetzt wird eben außer Tonerde auch – und zwar zum ersten Male – Farbe zur Verfügung gestellt. Seit dem vorigen Bilde sind drei Monate verlaufen. Jetzt wird der Pupillenstand korrigiert. Auch der Mund hat jetzt nichts Grausames mehr an sich.

Es ist nun in der Behandlung der Augenblick da, wo wir das weichste Material anbieten: Wachs. Es wird formgerecht modelliert, nachdem im Anfangsstadium weiches Material nur formlos zusammengeschlagen wurde. Die Augen stehen an der richtigen Stelle, der Mund verliert jede affektive Bedeutung. Die Spannungen sind abgeebbt. Das Gesicht wird nichts anderes als ein Gesicht. Ich gehe jetzt nicht ein auf die parallel einhergehende Besserung in der ganzen geistigen Haltung dieses Buben.

Betrachten wir nur eine Wunderblume, die er auf unsere Veranlassung für uns malte *vor* der Behandlung, und vergleichen wir diese Blume mit derjenigen, die er *nach* der Behandlung machte, dann steht die erste Blume selbständig da, etwas sensuell, schwer – aber gut geformt. Vorläufig nichts von der inneren Problematik des sogenannten „jugendlichen Diebes". Die Blume steht in ihrem eigenen Raum, kräftig und unabhängig da.

Wenn wir dann aber die zweite Blume betrachten, dann ist der Unterschied bedeutend. Was für eine leichte Grazie! Fast tanzend schwingt sich die Pflanze in ihre Umwelt hinein. Klein und zierlich aber strahlend prahlt die Blumenkrone. Alles Schwere und Ausgeschmierte ist verschwunden.

Die erste Blume sagt: ich kann schon ohne euch, ich behaupte mich, und es geht mir gut. Es war die Blume eines Kindes, das sich noch keinerlei Schwierigkeit eingestanden hatte.

Die zweite Blume erscheint „erlöst", zeigt *echte* Freiheit, *echtes* In-und-Mit-der-Welt-Sein. Das Erlebnis des eigenen körperlichen Gebrechens, das hier wie fast immer ein Erlebnis geworden ist von der *ganz*-persönlichen Stellung in der Welt, ist also umgestimmt geworden. Nicht das Gesicht ist durch irgendwelche ärztliche Kunstgriffe korrigiert, denen zufolge sich eine andere Einstellung zur Welt ermöglicht, sondern von der Stellung zur Welt aus ist das Erlebnis der eigenen Körperlichkeit anders interpretiert worden. Der körperliche Zustand blieb der gleiche, die Bewertung dieses Zustandes und damit die ganze Lebenshaltung änderte sich. Es ist nicht nötig zu sagen, daß der Junge im ersten Stadium der Erziehung schwer zugänglich war, daß er aber im letzten anfing, sich den guten menschlichen Beziehungen völlig zu öffnen.

2.

Aus dem Vorhergehenden dürfte es nun deutlich sein, daß der eigene Körper sich beim Kinde ganz spezifisch „meldet". Er verschwindet aus der affektiven Ausdruckssphäre, wenn alles „normal" wird, obschon wir die zweite Blume nicht ganz vergessen dürfen. Aber – ohne Zweifel: in der Blume drückt sich das Verhältnis zum eigenen Körper nur indirekt aus als frei und freudig-sicher. Sie kann uns etwas lehren, wenn wir schon andere, direkte Anweisungen zur Verfügung haben. Aber andererseits: die Blume kann nur etwas ausdrücken, wenn sie eine Gestalt annehmen kann, die etwas ausdrückt, und *das* ist nun wieder nur möglich, wenn sie nicht nur ein fremdes Objekt ist in einer mich umgebenden fremden Welt von fremden Körpern, die bei-sich-sind, sondern wenn sie *mir* etwas bedeutet und wenn sie *von* mir „bedeutend" verstanden werden kann, d. h. wenn ich sie als ein „Mich-bedeutendes" auffassen kann. Die Blume also *bedeutet* den Jungen, weil sie nicht *nur* ein bei-sich-Seiendes, ein in einer fremden Welt aus-wohnendes anderes ist. Dichter und Maler haben das schon längst gewußt: ihnen war die Welt schon immer Inneres, das im Äußeren sich antraf. Damit aber hört der Körper auf, ein „Körper" zu sein; er wird zum Leib. Er hört auf, Objekt zu sein, er wird eine Erscheinungsform des Ich, womit dieses Ich in der Welt erscheint und zugleich verborgen bleibt: denn obzwar das Ich sich primär nur im Körper zeigen kann, kann man dem Körper dieses Ich nur in sehr bedingter Weise ablesen. Man kann den Leib nur kennen, indem man ihn lebt, auch der Leib des anderen – des Geliebten, Gehaßten, Bewunderten, Verabscheuten – ist uns lieb, schön, häßlich als *gelebter* Leib. „Sache" wird er uns nur als „Fleisch und Knochen", aber dann ist er uns weder lieb noch verächtlich.

Leib-sein heißt Ich-sein und Leib-sein heißt Du-sein. Aber Leibsein bedeutet also auch: Welt haben und für andere in der Welt sein und Leib sein. Leib-Sein bedeutet in der Welt aber auch ein *mit* der Welt Sein, *mit* und *zu* den Dingen Reichen, Sehen und Dienen.

Deutlichkeitshalber können wir vorläufig auch so sagen: die Körperlichkeit des Kindes tritt uns auf dreierlei Weise entgegen:

es zeigt sich der Leib – erstens – in seinem *Begegnungswert*,
es zeigt sich der Leib – zweitens – als *Erlebniswert* und
– drittens – zeigt er uns sich als *instrumenteller Wert.*

Wir müssen nun gleich verdeutlichen, was wir mit diesen Worten meinen.

(1) Im Körper *bedeutet* uns der Mitmensch er selbst; es ist nicht sein Körper, dem wir begegnen, sondern er selbst; so ist er in unserer Welt, *so* treffen wir ihn da an, *so* wird ihm *begegnet* und so begegnet *er* von sich aus uns. Deshalb wählte ich an erster Stelle diesen Terminus des „Begegnungswertes".

Das Kind tritt uns entgegen und wir sehen den kleinen Knirps vor uns mit seinen gekniffenen Augen, zartem Körperbau, zackiger Bewegungsform, blasser Haut usw. usw. Er bedeutet uns in dem Begegnungswerte seines Körpers unmittelbar sich selbst. Er „mutet uns an" und „uns wird zumut" und schon „stellen wir uns ein". Schon fängt das Rücklesen der unmittelbaren Begegnung in ihre Ausdrucksbedeutung an.

Aber nicht nur *wir* begegnen dem Kind und nicht nur begegnet das Kind *uns*, das Kind hat auch schon von früh her, *aus* der Begegnung dasjenige verarbeitet was die Anderen, die ihm begegnet sind, von ihm hielten. Ich nenne das *„den gespiegelten Begegnungswert"*. In der Entwicklung der Persönlichkeit wird der Begegnungswert als solcher überbaut von der auf mich zurückgespiegelten Bedeutung meiner leiblichen Erscheinung für den Anderen, insofern diese Bedeutung-für-den-Anderen Bedeutung-für-mich wird. Damit kommen wir unvermeidlich zum *Erlebniswert* des Leibes.

(2) Das war die zweite Sinndimension, worin uns die Körperlichkeit entgegentrat:

das Kind *erlebt sich* körperlich – z. B. – als „zu klein", „zu schwach", müde, leistungsfähig, angegriffen, angefressen, usw. Dieses „*zu* klein" oder „*zu* schwach" kann aber zwei verschiedene Bedeutungen haben. Es kann sich handeln um gespiegelten Begegnungswert, es kann sich aber auch um ein *un*mittelbares Selbsterlebnis desjenigen Kindes handeln, das – z. B. – erfährt „nicht weit oder hoch genug reichen zu können, um an etwas heranzukommen", oder das erfährt, nicht stark genug zu sein, um etwas aufheben zu können. Obschon die Sprache beide Male sagt, das Kind wäre „zu klein" oder „zu schwach", liegen hier grundverschiedene Sachverhalte vor, die Verschiedenes bedeuten und deshalb verschieden verarbeitet werden. Das Erlebnis, „zu klein" zu sein, als gespiegelter Begegnungswert führt unter anderem zu den bekannten Minderwertigkeitsgefühlen: es ist die Selbsteinschätzung verletzt. Das Erlebnis, „zu klein" zu sein, als *unmittelbarer* Erlebniswert, kann an erster Stelle als bloße Feststellung genommen sein, es führt dann aber dazu, daß *produktive* Lösungen der begegnenden, bis jetzt unlösbaren Aufgabe gesucht werden. Das Kind, dem man *sagt*: „du bist zu klein, um mitzugehen", erlebt sich ganz anders als ein Kind, das *erfährt*, den untersten Ast eines Baumes nicht erreichen zu können, an dem es hinaufklettern möchte. Der Leib bedeutet in diesem Gesamterlebnis beide Male wesentlich verschiedenes, sagen wir: Niederlage das eine, – Potenz, Möglichkeit das andere Mal.

Zum Erlebniswert des Leibes gehört es natürlicherweise, daß man sich – z.B. – gesättigt oder hungrig, schläfrig oder wach fühlt, als kräftig oder schwach empfindet. Das Kind erlebt *sich* als körperlich leistungsfähig. Der Leib reicht ihm dieses Pathos gewissermaßen her. Es springt das Kind herum, schlägt sich auf den Bauch, versetzt anderen einen Puff. Nicht der ihm-zugehörige Körper ist munter, *es* selbst ist die Leib-gewordene Kraft, oder: seine Kraft ist eine Leibgewordene Form des Ich-Seins.

Weil aber die körperlichen Gegebenheiten mit zu verarbeiten sind in dem Selbsterlebnis der Person, kann sehr leicht der gespiegelte Begegnungswert sich in den Erlebniswert hineinmischen: unsere Mitmenschen sprechen nun einmal aus, daß sie uns klein oder schön oder unschön finden, und es *gibt* nun einmal Eigenschaften, die den Untergrund zu solchen Urteilen bilden können.

Wir wissen nun, daß das Erlebnis des eigenen Körpers auch ohne die Einmischung des gespiegelten Begegnungswertes für die Selbsteinschätzung Bedeutung hat; daß das Kind die Schlenkerigkeit seiner Arme und Beine kennt. Die Glieder werden ihm so komisch lang, es wird auf einmal so groß und nun erfährt es, daß es in seinen Bewegungen unsicherer wird, daß es den Klassenkameraden über den Kopf wächst und „also" zu lang ist.

Und der Spiegel zeigt die Sommersprossen. Die *sind* nun einmal da. Wie aber steht man dazu? Das hängt davon ab, inwiefern das Kind schon den eigenen Leib auf den Mitmenschen bezieht, inwiefern es sich schon als dem Anderen in dem Leib wahrnehmbar weiß und inwiefern es schon um die Tatsache weiß, daß sein Leib für den Andederen Verkörperlichung der Liebe bedeutet. Es ist die Pubertät, welche dieses letzte Erlebnis normalerweise herbeiführt. Man erlebt sich nun als Bedeutung der Liebe für den Anderen, und besonders das Mädchen weiß um diese Bedeutung ihres Körpers. Wenn das Mädchen in diesem Erlebniswert enttäuscht wird, verfällt sein körperliches Selbsterlebnis dem Alltäglichen, Nützlichen und es bedarf eines neuen, weniger einseitig körperlich begründeten Selbstwerterlebnisses.

(3) Damit kommen wir nun zu der dritten Sinndimension der Körperlichkeit, die wir als *Instrumentalwert* des Leibes bezeichnet haben. Wir dürfen dabei nicht vergessen, daß der Leib uns unter keinen Umständen reines Objekt wird.

In seinem aus dem Jahre 1929 datierenden *Journal Métaphysique*[1] schreibt Gabriel Marcel, daß ihm der Körper erscheint wie etwas, das er praktisch beherrscht – „quelque chose dont j'aï avant tout la pratique" – so wie man Klavier spielt, eine Säge oder ein Rasiermesser handhabt. Aber die praktische Körperbeherrschung geht alledem voraus. Der Körper ist eine „pratique initiale", eine Fundamentalpraxis.

Die Kinderpsychologie, ich brauche es kaum zu erwähnen, hat gerade auf *diesem Gebiete* gearbeitet. Das Kind greift, hantiert, geht durch das Zimmer, steigt auf die Treppe, baut, zeichnet, benützt Werkzeuge usw.

Kehren wir nun zu den Kindern zurück, die uns hier am Anfang entgegengetreten sind. Bedenken wir aber noch *eine* Sache: *bei der Begegnung* mit einem Kinde sagen Erwachsene oft: „Bist du aber groß geworden!"; *im Selbsterlebnis* fühlt das Kind z.B., wie lang seine Arme und Beine jetzt geworden sind, oder es weiß um sonstige Änderungen am eigenen Körper; *im Umgang mit Dingen und Werkzeugen* und in sämtlichen Leistungen des eigenen Körpers spürt das Kind, daß es *jetzt* etwas anderes kann, das es zuvor nicht fertigbrachte. Das heißt: die ganze Frage der Bedeutung des eigenen Körpers für das Kind soll im Lichte seiner *ständigen* Änderung betrachtet werden. Selbstverständlich vollzieht sich diese Änderung im ganzen der persönlichen Entwicklung.

Innerhalb der persönlichen Entwicklung als solcher zeigt sich das Erlebnis des eigenen Körpers als ein artikuliertes Ganzes. Das Mädchen, dessen Tonsillen herausgenommen waren, gab dieser traumatischen Erfahrung unwillkürlich Ausdruck. Gestaltlos und in heller

---

[1] Aufgenommen in *Être et Avoir*. Aubier, Paris 1935.

Farbe ergießt sich ihre Affektivität über die Welt: sie durchbricht den Rahmen der geordneten Verhältnisse.

Bei dem Mädchen von 8 Jahren und dem 15jährigen Knaben war die Beeinträchtigung innerhalb der Körpersphäre deutlich zum Ausdruck gebracht unter deutlicher Auszeichnung von Hals und Augen als traumatisierte Stellen.

Dürfen wir nun sagen, daß sämtliche Traumata in der Sphäre des Leibes immer erst Erlebniswert bekommen müssen, ehe sie für den plastischen Selbstausdruck in Betracht kommen? Wir müssen dabei aufpassen, denn wir fangen jetzt an, das Wort Erlebniswert in zweierlei Bedeutung zu gebrauchen.

Der Leib wird in seinem Begegnungswert und diesem Werte entsprechend „erlebt"; der Leib wird durch seinen *gespiegelten* Begegnungswert auf eine bestimmte Weise „erlebt"; er wird durch den Instrumentalwert auf bestimmte Weise „erlebt". Es entartet in eine reine Tautologie zu sagen, daß man durch den Erlebniswert des Körpers den Körper „erlebt". Die unterschiedenen Werte sind Sinndimensionen der Körperlichkeit und werden als solche *alle* erlebt, und die spezifisch vital-sensuelle Leiberfahrung ist nur ein Selbsterlebnis bestimmter Art, nicht „das eigentliche" oder „das einzige".

Also: Begegnungswert, Erlebniswert und Instrumentalwert sind alle drei „Erlebnisweisen" des Körpers. Nur werden wir es in plastischen Ausdrucksformen wie Zeichnung oder Plastik überwiegend mit einem Mechanismus des Synkretismus zu tun haben. D.h.: die verschiedenen Erlebnisweisen fallen zusammen in dem *einen* Ausdruck, und es läßt sich z.B. aus den Gesichtsplastiken nicht schließen, wie der Junge nun den *Begegnungswert* seines Gesichtes verarbeitet. Ebenso können wir aus den beiden Plastiken, bei denen das achtjährige Mädchen den Hals so besonders betonte, nichts folgern über die Weise, wie das Kind nun den schwer beeinträchtigten Instrumentalwert der Stimme verarbeitet. Im Kontakt mit Kindern stehen uns aber viele andere Informationsquellen zur Verfügung.

3.

Wir kehren nun zurück zu unserer These, die ganze Frage der Bedeutung des eigenen Körpers sei für das Kind im Lichte seiner ständigen Änderung zu betrachten. Wir wollen nun noch einmal schnell prüfen, wie *ein* bestimmter Aspekt dieser Problematik in genetischem Zusammenhange aussieht. Wir wollen nämlich sehen, wie das Kind aus seinem Leib heraus in die Welt hineintritt. Wir sehen dann das neugeborene Kind in der Bewegungsunruhe der verschiedenartigsten Körperreize. Die Unlust wird erst auf verhältnismäßig hohem Entwicklungsniveau nötigenfalls in Ruhe verarbeitet. Unlust äußert sich sonst in Bewegungsunruhe in der Körpersphäre. Sie bringt das Kind mit seinem ganzen Leibe in Bewegung. Das junge Kind ist notwendigerweise total-sensuell: es hat keine andere Möglichkeit sich im Leben zu behaupten, weil es vorläufig nur über seinen Körper als Mittel verfügt. Das heißt: unter allen Umständen wird seine Stimme laut und bewegt sich sein Leib irgendwie. Anfänglich zieht sich sein Leib zusammen und streckt sich aus. Sobald das Kind aber eine Welt hat, schwebt der Blick aus diesem Leib davon. Bald folgen ihm die beweglich am Leibe verbundenen Körperteile als wären sie elastisch und von einer Kraft zum angeschauten Menschen oder Dinge hingezogen: Hände und Füße strecken sich schon in die Welt hinein. Dann aber bemächtigt sich das Kind dieser von ihm fortschwebenden Körperteile, und man sagt nun, das Kind *greife*. Jetzt ist das Kind selbst anwesend in der Hand, die von ihm fortging zu den Dingen.

Aber bald fährt das Kind aus seiner eigenen Hand wieder hinaus in die Welt hinein, es verläßt, es überschreitet den Körper, es greift jetzt nicht mehr, *es zeigt*. Noch einmal müssen wir zurück zum Leibe. Die vom Kind in die Welt wegschwebenden Körperteile *erscheinen* dem Kinde als gewissermaßen „ihm gegenüber“: das Kind *sieht* seine Händchen und Füßchen und befindet sich damit in einer wunderbaren Ambivalenz: „mir gegenüber“ und doch „zu mir gehörig“, und so „spielt“ das Kind mit Händen und Füßen und läßt sie zu ihm zurückkommen, und so geraten sie dann z.B. in seinen Mund.

Man hat es manchmal so hingestellt, *als ob* das Kind keinen Unterschied mache zwischen Ich und Welt. Ich werde darauf im nächsten Kapitel, das der Projektion gewidmet ist, noch zurückkommen, aber soviel werde ich jetzt doch schon sagen müssen, daß nun gerade der Körper für das Erlebnis des Unterschiedes von Ich und Welt eine große Bedeutung hat.

Im Körper ist eine Meldestelle gegeben, die immer „mich“ meint. Im Körper spüre ich Hunger und Durst, Schmerz und Wonne. In der vital so hochbedeutsamen frühkindlichen Entwicklungsphase ist *fast* mein ganzes Sein ein leibliches. Das bedeutet überhaupt *nicht*, daß das Kind nun auch ein spezifisches „Körperbewußtsein“ haben würde, als ob ihm noch verschiedene andere Bewußtseinsformen zur Verfügung stehen. Der Leib ist vorläufig der wichtigste Faktor des Ich-Seins beim Kinde. Gerade *weil* dieses Kind sich noch so sehr *leiblich* erlebt, erlebt das Kind – wie Erwin Straus es genannt hat: – *pathisch*. Das Bewegende, der bewegende Gegenstand löst Bewegung im Kinde aus und veranlaßt das Kind dazu, das Bewegbare bewegen zu lassen. Aber nicht „ein Körper" sondern „mein Leib" bewegt, d.h.: *ich* bewege. Ich bewege mich, *weil* ich nicht ein massiver Block bin, sondern weil mein Leib „bewegbare Teile" an sich hat, die von der Welt zu sich gezogen werden können. Gleichzeitig aber befinde ich mich, indem ich mich bewege, als Handelnder einer Welt gegenüber: ich greife einen Gegenstand, ich stecke mir *etwas* in den Mund, ich klettere auf etwas anderes. Das Andere ergibt sich mir, indem ich es greife, berühre, besteige usw. Ganz besonders intim treten mein Leib und die Welt zusammen im Werkzeug. Das *Werkzeug* ist geradezu eine Amphibie: es lebt in der Welt der Dinge – die Zange greift den Nagel – aber zu gleicher Zeit muß dieses Werkzeug zu meinen organischen Möglichkeiten passen – die Zange wird mit der Hand hantiert. Die Hand aber bin *ich*. Und diese Ich-Bedeutung des Körpers, die Ich-Bezüglichkeit alles Leiblichen, finden wir an der Wurzel des *ganzen* Selbsterlebnisses des Kindes. Der Leib ist nicht ein Objekt, wird nicht als Fremdkörper angetroffen: *deshalb* kann der Körper einen Instrumentalwert gewinnen. Sein Erlebniswert ist eng verbunden mit dem ganzen Erleben des „Ich-in-der-Welt" des Kindes. Sein Begegnungswert zeigt sich nun darin, daß das Kind körperlich angefaßt, aufgehoben, geküßt, gewaschen, geschlagen wird und was nicht alles! Immer verifiziert sich das Ich-in-der-Welt *direkt* in der Körpersphäre. Daß andere Leute Nicht-Ich sind, ist keineswegs eine späte, sondern eine recht frühe Entdeckung: ich sehe mich nicht selbst an, sondern die Mutter, ich hebe mich nicht selbst auf, sondern der Vater. Immer wieder müssen wir in kinderpsychologischen Büchern lesen, das Kind habe eigentlich keine Ahnung vom Anderen als solchem. Die Andersheit des anderen zeigt sich aber in der Körpersphäre ganz deutlich und wird vom Kinde zweifelsohne unmittelbar erlebt. Der Andere ist: der Kräftige, der Warme, der Große, der Schnelle, aber auch der Beschützende, der Pflegende, der Beängstigende, der Fremde. Damit ist der andere in der Welt des Kindes deutlich erlebbar markiert. Recht hat man, wenn man behauptet, das Kind sei „egozentrisch" und kenne den anderen nicht, nur insofern das Kind den anderen zwar *als* anderen in seiner Welt *braucht* und *kennt*, aber noch recht wenig den „anderen-von-ihm-aus" gelten läßt. Aber obschon im Saugen an der Mutterbrust, die Brust in der Sinneinheit der instinktiven Handlung eine Bedeutung des Zu-mir-Gehörigen hat, sehen wir schon im sogenannten „Spielen" des satten Kindes mit der Brustwarze eine Distanzierung eintreten. Es ist selbstverständlich der Mund hier noch keineswegs „Instrument", auch wenn wir wissen, daß das Kind schon in der ersten Nahrungssituation „lernt". Das instrumentelle Verhältnis zum eigenen Leibe entwickelt sich überhaupt spät.

Anfänglich ist es die *organische Bedingtheit* des Handelns und der Handlungsstrukturen, die dem Umgang mit der Welt seine Grenzen steckt. Das Kind kennt dann nur *die* Lösungsmöglichkeiten, welche die *organischen* Handlungsdeterminanten fortsetzen. Das Kind sucht unmittelbaren, organischen Kontakt mit einem unerreichbaren Gegenstande, und wenn es den Gegenstand in seinen Besitz bringen könnte, indem es sich erst davon entfernen würde, bedeutet diese Tatsache ein unüberwindbares Hindernis. Ein Werkzeug ist in diesem Zusammenhang eine bedeutungslose Sache oder ein irreführendes Ding, weil es nur „Gegenstand als solcher" bleibt und in keinerlei Verhältnis der Dienstbarkeit gesehen wird. Es ist noch *keine* Amphibie und gehört noch ganz auf die Seite der Dinge und ist deshalb wertlos. Man sieht diese organische Bedingtheit der Handlungsstrukturen sehr gut in dem Versuch von Rey, den ich in diesem Buch S. 85ff. besprochen habe.

Wir sehen da deutlich, wie der Mensch als vier- bis fünfjähriges Kind und obwohl er schon sprechen kann, schon gewisse Werkzeuge kennen gelernt hat, gefangen bleibt in der Schematik seiner leiblichen Möglichkeiten: greifen, ziehen – oder ganz primitiv: einfach mehr Kraft ausüben und schließlich: wütend werden, wenn es nicht geht. Der nächste Schritt ist schon zu erraten: es muß die Grenze, die *Limite* des Organischen durchbrochen werden, um mit der Welt fertig werden zu können. So eigen kann dem Kinde sein Körper nicht sein, daß er in der Welt des Körpers verharren kann. In dem eben angedeuteten Versuch von Rey sehen wir, wie das Kind vor der Limite seiner organischen Möglichkeiten zu stehen kommt; und wie sehr ihn der Körper – z.B. aus Hunger – auch treiben möchte: innerhalb des Dialektes des Organischen läßt sich die Aufgabe nicht mehr lösen. Es werden andere Handlungsstrukturen *herausgefordert*. *Wenn* also das Menschenkind schließlich fertig wird mit Situationen, die *nicht* lösbar sind mit lauter organischen Mitteln, . . . dann muß dieses Kind irgendwie noch über eine andere *Quelle* der Handlungsbestimmung verfügen als bloß die organische.

Machen wir einen kühnen Sprung und sagen unvoreingenommen: das ist der Geist. Schön – es sei so, aber: dieser Geist hat den Leib zum Steigbügel.

Solange das Kind aber den Instrumentalwert noch wenig spezifisch herausgearbeitet hat, solange sein Verhältnis zu den Dingen noch organisch oder wenigstens weitgehend der organischen Axiomatik gemäß bestimmt ist, solange behält das Kind ein unbeeinträchtigtes, unmittelbares Identitätserlebnis mit Sich-selbst-im-Leibe. Und in diesem Erlebnis ist es ganz selbstverständlich, daß jede Distanz zum eigenen Leibe fehlt: daß nichts von dieser leiblichen Welt dem Kinde ekelt oder widerlich ist. Das Kind leckt wonnevoll seine Träne auf, spielt mit seinem Urin, schmiert mit Kot. Es bleibt dabei ganz in der Sphäre des Eigen-leiblichen: es spielt mit Ohren, Nase, Geschlechtsorganen, einfach weil die Hand Halt findet an diesen Akzidenzien. Die Hand ist vorläufig noch recht wenig aufgenommen in der sachgerechten *Aufgabe*bezogenheit. Die Hand ist frei. Sie wird von den Dingen angezogen, sie kann, weil sie frei vom Körper wegstreben kann und in liegender oder aufrechter Körperstellung zum Gehen nicht notwendig ist, den Augen gegenübertreten und betrachtet werden, sie muß aber zum Körper zurückkehren, weil sie an ihn gebunden ist. In dem organisch bestimmten Erlebniswerte des eigenen Körpers ist diese Beschäftigung der Hand mit dem eigenen Leibe also vollständig selbstverständlich. Erst wenn der Hand die Bedeutung nicht nur des leibhaften Werkzeuges – denn *das* ist sie von vornherein – sondern die des *ding*gerichteten, *sach*gemäßen, endlos anpassungsfähigen Instrumentes verlieren wird, hört die Hand auf, sich frei und selbstverständlich zurückziehen zu können in die Oase des reinen Selbsterlebnisses des Leibes. Wer dem Kinde, das seine Nägel kaut, helfen will, oder wer mit frühen Masturbanten oder verspäteten Daumenlutschern zu tun hat, der verstehe, daß hier das ganze Verhältnis zur objektiven Welt der gegenständlichen Dinge gestört und die Bedeutung des eigenen Körpers irgendwie unter zu ausschließlicher Dominanz des Erlebniswertes steht. Pädagogisch zeigt das einerseits in die Richtung einer Hinleitung des Kindes zur Welt der Dinge in ihrer schonungslosen Eigenheit, andererseits zeigt es nicht nur in die Richtung der Behebung der Ursachen dieses übermäßigen Erlebniswertes, sondern zugleich in die Richtung der Aufwertung der *anderen* Werte der eigenen Körperlichkeit: der Leib soll reicheren Begegnungswert eintragen, der Leib soll reicheren Bedeutungswert einbringen, der Leib soll höheren Instrumentalwert erfahren. Verstehen wir uns nicht falsch: das bedeutet keineswegs, es handle sich nun um rein körperliche Erziehungsfragen. Keineswegs! Von der Ganzperson aus können wir an den Leib herankommen. Mit rein körperlichem Drill entseelen wir den Leib immer mehr zum Sportfleisch. Es entsteht das Freizeittier, der Pianola-Virtuose, das marschierende Waffengerüst, die unheimlich gespenstigen Sklaven der Maschine und – wunderbarerweise: indem sie nur noch Körper sind, haben sie gar keinen Leib mehr: deshalb besitzen sie weder ein Inneres noch brauchen sie Intimität. Sie kauen ihre Nägel nicht mehr und bohren nicht in der Nase. Es ist leider keine Tugend und kein Verdienst: sie sind Gegenstände geworden, die schlafen gehen und kohabitieren können.

Das Eigentümliche mit dem Leibe ist, daß wir es *sind*, aber daß wir es nicht *nur* sind. Wir transzendieren den Leib; das zeigt sich schon beim jungen Kind im frühen Anlächeln der Mutter. Es zeigt sich etwas später – wie wir schon gesehen haben – im *Zeigen*. Es zeigt sich wieder in der Entdeckung und im Gebrauch der *Sprache* und es wird sich immer wieder zeigen.

Die Sprache ist in dieser Hinsicht ein Wunder. Wie das Werkzeug ist auch sie eine Amphibie: organisch wie Kehlkopf, Zunge und Lippen, aber geistig, indem sie *da*hin zeigt, wo sie nicht ist. Wer nur da bleibt, wo die Sprache *ist*, verliert sich im sinnlichen Laut und wird bald die Sinnlosigkeit desjenigen erfahren, was die Leute mit ihrem Munde an Lauten produzieren. Wir kennen solche Menschen: sie leiden an einer Agnosie für akustische Symbolverbindungen und wir nennen sie z.B. worttaub; seelentaub, hörstumm, und dergl.

Wer die Sprache verstehen will, muß sie hören, aber nicht sich bei ihr aufhalten. Um die Sprache zu verstehen, müssen wir von ihr „weghören". Solange das Kind sich amüsiert mit seinen Lall-Lauten, solange kann es zum Sprechen nicht kommen. Es bleibt ihm buchstäblich „die Sprache in der Kehle stecken". In dem Augenblick aber, wo das Kind den Erlebniswert der eigenen Stimme überschreitet und in der Begegnung nun, wie es scheint, zur abstrakteren und expliziteren Form greifen muß, steht ihm dieses leibliche Substrat zu Diensten. *Ohne seine* Stimme wird es nie sprechen: immer wird ihm *auch* persönlich begegnet, sogar wenn es sagen würde „Hören Sie *nicht* auf mich". Der Leib kann nur Bedeutung schaffen auf dem Substrat der Begegnung. Die höheren Stufen, die neuen Qualitäten des Leiblichen suchen ihren Nährboden tief in der vorhergehenden Genese. Von einer einfachen Aufschichtung – ein Bild das man in der Psychologie so gerne anwendet – kann m.E. deshalb nicht die Rede sein. Die Sprache *ändert* beim Kinde das Verhältnis zum eigenen Körper, indem der Leib nun im Sprechen nicht bei sich selbst bleiben *kann*. Schon im Sprechen wird der Leib zum Werkzeug und bekommt einen Instrumentalwert. Aber was für ein Werkzeug: kein der Dingwelt angehöriger

Fremdkörper, sondern ein der Person innewohnendes und angehöriges, der Welt zugewandtes Handlungssystem. Die Sprache steht insofern der menschlichen Hand am nächsten, die auch organisch ist, aber in die Welt hineinreicht. Zweimal sehen wir nun, wie das Sprechen und die Hand mit der Sprache und dem Werkzeug in die Welt hineinreichen, so wie der sich bewegende Mensch sich in die Welt hinein begibt und der Blick bei den Dingen in der Welt wohnt.

Und damit kommen wir nun zum letzten Aspekt des Leibes: sein Wert als Vermittler von Bedeutungen: die Hand zeigt, der Kopf nickt, der Mund spricht. Denn es ist unser Leib das „Semaphor" unserer Person. Was mein Leib dem Anderen in der Begegnung bedeutet, ist mehr und ist etwas anderes als bloß seine *affektive* Bedeutung. Dieser Leib ist nicht nur personal-expressiv, bedeutet nicht nur, was ich für einer bin, sondern auch darstellend, objektiv *deutet* er die Welt und macht er der Welt das verborgene Innere der Person „deut-lich". Der Leib – es klingt ganz kontradiktorisch – der Leib verbirgt nicht nur, was „drinnen" ist, er *offenbart* zu gleicher Zeit und macht also *explizit*. Durch den Leib springt der Geist in die Welt hinein. Oder: durch den Geist springt der Leib in die Welt hinein. Es ist je nachdem man seinen Standpunkt wählt.

Der Mensch ist wo sonst als in seiner Haut, . . . aber nichtsdestoweniger ist es die Stelle, wo wir ihn „anrufen" können. Er ist dort aber nur so zu Hause, wie weiland die Götter auf ihrem Olymp: wenn *die* etwas vorhatten, gingen sie hinunter zu den Menschen. Wir kennen die Menschengestalten mit ihren leeren Gesichtern: der Gott ist nicht zu Hause. Wir kennen die durchlebten, beseelten Gesichter: der Gott schaut uns an, aber – er ist merkwürdigerweise *auch* nicht da, er ist uns nämlich schon ins Herz gefahren und meldet uns die Würde des Anderen.

Wir kennen die widerstandlose Grazie des jungen, spielenden Körpers und der Leib bewegt sich wie die Pfeile von der Götter Bogen. Der Tänzer bewegt *sich* nicht mehr, er *ist* Bewegung und er *bedeutet* Bewegung. Es scheinen ihn die Götter zu bewegen, und er schwebt in den Äther hinein wie Töne ihrer göttlichen Lyra.

Es füllen und runden sich die Formen, es tritt männliche Würde, es tritt matronenhafte Stattlichkeit auf. Die Arbeit, der Kampf des Lebens, das Gebären, die Sorge für das Kind, für die Schwachen, für die hilflose Welt prägen sich der Gestalt des Menschen auf.

Es ist immer mehr der dienende Leib geworden; er ist immer anspruchsloser, immer demütiger zum Werkzeuge jener Götter geworden. Indem wir immer tüchtiger Meister unseres Leibes wurden, nahmen uns die Götter sicherer in die Hand. Unser Leib ward uns immer mehr zu eigen und zugleich ward er uns immer weniger ein Eigentum. Es kommt die Zeit, daß er völlig zurückgenommen wird: dann treten wir zurück und sterben. Wenn wir unser Leben geben für das Glück der Erdenkinder, sind dann die Götter wieder von ihrem Olymp heruntergekommen? Hören wir auf zu sagen: „Die Mörder sind unter uns“ denn: „Auch die Götter sind unter uns“. So wird der Erzieher unter die Menschen treten, seinen Kindern Begegnung zu sein, seinen Kindern Bedeutung zu zeigen, seinen Kindern das Werkzeug in die Hand zu legen, seinen Kindern dazu zu helfen, daß sie lernen, wie der Mensch das Glück erlebt.

Er *kann* das tun, *weil* er kein olympischer Gott ist, denn der Olymp ist leer. Es ist der Gott *in* uns, der den Körper zum Leibe machte.

VII

Das Ding in der Welt des Kindes

Nichts scheint so eindeutig gegeben zu sein wie die Dinge. Die Kinder haben offenbar nur zu „lernen", was die Dinge *sind*. Ein zuvor Fremdes wird ihnen dabei bekannt. Dieses „Fremde" bleibt aber immer es selbst. Ein Stuhl ist von vornherein ein Stuhl und tritt aus dem Entwicklungsgang des Kindes als erfahrener und bekannt gewordener Stuhl hervor. Die Frage nach dem Ding in der Welt des Kindes scheint also ein wenig versprechendes Thema zu sein. Hinzu kommt: jene Welt der Dinge ist doch eigentlich die alltägliche, die gewöhnliche, die normale Welt! Weshalb soll man Probleme suchen, wo die Welt nun ein einziges Mal keine aufzeigt. Laßt die Dinge in Ruhe, laßt sie in ihrer Welt und bleiben wir in der unsrigen!

Das Menschenkind aber lebt nicht versteckt in seinem Leibe wie ein Weichtier in seiner Muschel. Der Mensch ist der Externe κατ'ἐξοχήν, er wohnt *in* der Welt *mit* seinem Leibe. Und so lebt er dann auch bei den Dingen. Dieses In-der-Welt-sein ist keine rein *registrierende* Beschäftigung; „registrieren" würde bedeuten: „uninteressiert sein". Das sind wir nun aber nicht. Im Gegenteil. Auch das Kind ist kein Registrierapparat. Außerdem kennt das Kind die Dinge und die Welt nicht, was aber nicht besagt, daß es ihnen fremd gegenüber stände. Im Gegenteil: die Welt und die Dinge in der Welt fordern uns heraus. Ich hätte also keine Bedenken, den Titel dieses Aufsatzes „Das Ding in der Welt des Kindes" umzuändern in: „Das Kind in der Welt der Dinge". Niemand kann so ahnungslos in die Welt hinein-irren wie ein Kind. Wie in den Märchenwald, so geht das Kind in die Welt hinein, angelockt von allen Reizen des Neuen, Unbekannten und Wohlgesinnten. Denn wohlgesinnt und unerschöpflich scheint die Welt. Nicht sinnlos, aber auch nicht „bekannt": es ist noch *alles* möglich und deshalb gibt es noch keinen Un-sinn.

Die Voraussetzung des Kindes der Welt gegenüber, daß sie sinnvoll sei, geht zurück auf die Grundtatsache des Menschseins: daß der

Mensch der Welt einen Sinn zu geben hat. Das Weltbild der Tiere ist das Gegenstück zu ihren instinktiven Lebensschablonen: so *ist* die Welt deutlich, und *nur* so. Der Mensch aber und deshalb selbstverständlich auch das Menschenkind findet einen solchen Sinn nicht oder höchstens in vorläufiger Form vor. Vorläufig ist das Kind mit den Aufgaben des organischen Daseins beschäftigt, aber bald schon fängt es an, in die Welt einzugreifen und sie zu deuten.

Bei dieser Deutungsarbeit ist das Kind nicht vollständig frei. Ich will nur die sechs wichtigsten Beschränkungen nennen:

Erstens: Der Mensch hat einen Leib; dieser Leib ist Sprungbrett, aber auch Fußfessel; er wird müde, braucht Nahrung; er befindet sich an einem bestimmten Ort usw.

Zweitens: Das Kind ist abhängig, hilflos sogar und muß mit seinen beschränkten Kräften rechnen; es sind nämlich –

drittens – andere Menschen da, die uns zwar versorgen und erziehen, mit denen wir aber auch rechnen müssen.

Viertens leben wir in einer Welt, die uns in der Gestalt ihrer Eigenschaften dient oder ein Halt zuruft; und schließlich hat der Mensch – nun

fünftens – schon sehr bald eine Vergangenheit, die ihn trägt, die ihn aber auch in seinen Lebens- und Entwicklungsmöglichkeiten einschränkt.

Und sechstens gibt es dann auch den nächsten Tag, die Zukunft, womit der Mensch fertig werden muß.

Das Kind, dieses bestimmte Kind also, ist auf verschiedene Weise zwar nicht gebunden, aber doch beschränkt in seinen Möglichkeiten, sich und die Welt in einem doppelseitigen Prozeß der Gestaltung zu dem zu machen, was wir später diesen „Menschen mit seiner Welt“, d. h. diese Person nennen werden. Es vollzieht sich also ein Prozeß der Sinngebung. Ich gebe mir und der Welt den Sinn, der ich daseiend bin. Nun gibt es aber verschiedene Modi der Sinngebung, die in diesem Zusammenhang nur kurz angedeutet seien.

Ich nenne erstens, was ich als die „*offene Sinngebung*“ bezeichnen möchte. Es ist diejenige Deutung, die wir im offenen Zusammenleben, in offener gemeinschaftlicher Arbeit mit den Mitmenschen aufbauen. Es ist die Sinngebung, welche im *Ein*verständnis *ent*steht und *be*steht. Das ist die Welt, die wir im Wachen gemeinsam haben.

Es gibt sodann eine darüber hinaus zuerteilte „*unverbindliche Sinngebung*“. Sie ist nur der *Welt* gegenüber unverbindlich, sie ist aber keineswegs strukturlos. Ich meine hier das Weltbild des Spiels. Wir sehen, wie die Dinge dort keine feste Bedeutung haben. Was jetzt in offener Sinngebung ein Messer heißt, kann bald eine Brücke, eine

Schranke, ein Soldat, ein Haus sein. Man kann aber nichtsdestoweniger nur spielen, indem man auf die Sinngebungen des Spielgenossen *eingeht*. Unverbindlich ist diese Sinngebung also nur nach außen, d.h. nach der offenen Sinngebung hin. Verbindlich ist sie in bezug auf ihre eigene Axiomatik. Wenn ein Kind mit einem Bleistift „Brücke" spielt, kann nur derjenige mitspielen, der auf diese Sinngebung eingeht. Es bleibt aber nur so lange „Spiel", wie der Weg zur offenen Sinngebung offen bleibt. Wenn der Bleistift nicht mehr Bleistift werden kann, treten wir ein in den *Wahn* – auch eine Sinngebung, aber eine sehr eingeschränkte.

Es gibt – drittens – die „*kreative Sinngebung*" des Künstlers. Sie entwirft eine in sich kohärente eigene Welt. Ich darf sie in diesem Zusammenhang übergehen.

Aber es gibt nun auch – was ich nennen möchte: eine „*persönliche Sinngebung*": es ist die Art und Weise, wie ich mich als Person konstituiere. Denn ich gestalte in meiner Person die Welt nach dem Sinn, den Ich-und-Welt als duale Einheit für mich haben. Es ist klar, daß diese Sinngebung besondere Bedeutung gewinnt, wo die Problematik der Projektion erforscht wird.

Sobald wir nun die eigentümlichen Schranken der Freiheit des Kindes sehen – seinen Leib, seine Abhängigkeit, die Mitmenschen, die „objektive" Dingwelt, die Lebensgeschichte – und im Zusammenhang damit die Modi der Sinngebung nur flüchtig betrachten, leuchtet uns die ungeheure Kompliziertheit der menschlichen Deutungsarbeit ein. Der Unsinn der Menschen entmutigt uns dann kaum noch, und die Verwirrtheit der Lebensbilder wird so ziemlich das normale Schauspiel der Welt, normaler als die Uniformität diktierter Weltanschauungen. Und wir können m. E. wieder Geduld aufbringen für die vielen, die die Welt garnicht anzuschauen scheinen. – Nicht nur weil es innerhalb der verschiedenen Sinngebungsrichtungen noch wieder mehr als eine Möglichkeit der Beziehung des Ichs zum Gegenstande gibt und demzufolge dann wieder verschiedene intentionale Gegenstandsbereiche entstehen.

Wir wollen das einer vorläufigen phänomenologischen Untersuchung unterwerfen an Hand eines recht alltäglichen Beispiels. Wählen wir einen Pantoffel; was kann er alles sein: Er kann ein Pantoffel sein, er kann auch ein haariges Etwas sein, auf dem man sabbern kann. Im ersten Falle ist er ein einfacher *Gebrauchsgegenstand*, im zweiten ein *rein Sensuelles-für-mich*. Das Kind kann den Pantoffel auch dazu verwenden, einen Nagel einzuschlagen. Jetzt ist der Pantoffel nicht er selbst als Gebrauchsgegenstand, sondern er ist *gebrauchter* Gegenstand:

gewisse objektive Sacheigenschaften – hier der harte Absatz – sind ausgewählt und werden wieder sachgerichtet und sachgerecht angewandt. Er ist deshalb gebrauchter Gegenstand, aber kein Gebrauchsgegenstand, dessen *sämtliche* Eigenschaften auf einen bestimmten Gestimmten Gebrauch hin geordnet sind, den Gebrauch *als* Pantoffel in diesem Falle. Aber das Kind kann auch eine Sacheigenschaft des Pantoffels auswählen, die nun nicht *sach*gerichtet ihre Verwendung findet: der Pantoffel wird z.B. als kleine Puppenwiege benützt. In diesem Falle bleibt der zur Wiege umgedichtete Pantoffel in dem Weltentwurf des Spieles gedeutet und nicht – wie der als Hammer benützte Pantoffel – in den offenen Weltentwurf aufgenommen und als Werkzeug sachgerichtet gehandhabt.

Nun kann der Pantoffel sich aber auch verlieren in dem Hintergrunde, vor dem sich die Aktualität des Lebens abspielt. Wird er dort „verzeichnet", dann ist er „nur da" und ist fast ein außerweltliches Ding: er gehört keiner Aktualdeutung des Lebens dieses bestimmten Kindes an. Aus weiter Distanz auch kommt der Pantoffel heran, wenn er als malerisches Objekt hingestellt und betrachtet oder gezeichnet wird. Von weit her kommt dieser Pantoffel auch, wenn wir von ihm erfahren, daß er als solcher Gegenstand so-und-so hergestellt wird. Und dann gibt es den Pantoffel als Erinnerungszeichen des Geliebten, des kleinen Kindes, des verstorbenen Brüderleins. Oder – und wieder erscheint uns der Pantoffel in anderem Zusammenhang – es ist der Pantoffel des Vaters, und das Kind erkennt daran die Zusammengehörigkeit. Dieser Pantoffel ist ein „Vater-Anzeichen", und das Kind sagt bei seinem Anblick ganz entschieden *nicht* „Pantoffel", sondern „Vati, Vati", als wäre der Pantoffel ein *Pars pro toto*. Was ein Pantoffel nicht alles sein kann! Er kann sogar noch weit mehr bedeuten. –

Nur noch *einen* Modus des Ding-Seins eines Objektes möchte ich kurz erwähnen: das sogenannte „Geschenk". Wenn wir bei einer Hochzeit die übliche Vase mit oder ohne Blumen schenken und das junge Ehepaar sich schon freut auf den Augenblick, wo ihr zukünftiger Erstgeborener dieses Greuelstück vom Tisch herunterziehen wird, kann man kaum sagen, daß wir ein *Geschenk* gegeben haben. Ich nenne so etwas ein „Cadeau", weil – wie das französische Sprichwort sagt – „les petits cadeaux soutiennent l'amitié". Und wie wir sehen werden, ist es gerade umgekehrt mit den Geschenken: die Cadeau's erhalten die Freundschaft; Liebe und Freundschaft dagegen machen *Geschenke*, auch die kleinsten, möglich[1].

---

[1] Das französ. Wort dient hier nur der terminol. Unterscheidung.

Das vierjährige Kind kommt zur Mutter, welche das Neugeborene versorgt, und hat einen Schatz in der Hand. Es ist ein winziges Federchen eines Spatzes. „Das ist für das neue Brüderchen, weil es noch so ganz klein ist".

Das ist nun ein wirkliches Geschenk: das ist nicht „le petit cadeau qui soutient l'amitié", sondern hier sehen wir „l'amour qui soutient les petits cadeaux". Dieses Federchen ist Zeichen der liebevollen Verbundenheit: das Federchen ist *klein* – soll es auch sein: das Brüderchen ist ja *auch* klein. Aber wie zart und weich ist das Federchen – dabei wird man selber ganz zart und weich. Wer etwas *schenkt* – und nicht nur ein „Cadeau" gibt – schenkt sich selbst; er *ist* das Ding. Und wenn einer der Geliebten Silber schenkt, also wirklich: *schenkt*, dann ist er selber ganz blank und spiegelrein und ist die Geliebte ihm ganz hell und klar und wie ein Spiegel. Und wenn er ihr einen Bergkristall schenkt, so schenkt er ihr die Klarheit ihrer Augen und die Reinheit seiner und ihrer Liebe. Im Geschenk schenkt sich der Schenker; er schenkt jedenfalls etwas von sich. Im Cadeau schenkt man etwas aus dem Laden, manchmal gar auf Empfehlung vom Ladenfräulein.

Das kleine Kind mit seinem Federchen wäre ein kleiner Knauser, wenn es nur einen so wertlosen Gegenstand als „Cadeau" anzubieten hätte. Es schenkt aber ein Geschenk aus ganzem Herzen und ist dabei ein *reiches*, freigebiges Menschenkind, und das Federchen *ist* gar keine unansehnliche, bedeutungs- und wertlose Sache; das Geschenk ist ganz tief in die Herzenswirklichkeit des schenkenden Kindes hineingenommen, und es ist vollkommen getränkt von seiner subjektiven Intentionalität – „dieses kleine Federchen werde ich dem federkleinen Brüderlein schenken". Es tritt das Ding ganz in den Hintergrund: dieses hornartige, haarige, nutzlose Ding. Eigentlich ist der Gegenstand als solcher nur da in der Umdeutung der Liebe des Schenkenden. Es ist kaum noch eine Feder, es ist nur noch der Nagel, an dem wir „die Gefühle" aufhängen. – Und nur noch *einen* Schritt und die Psychologen werden sagen, daß es sich hier um Projektion handle! Nicht wahr: „der Gegenstand wird bloß zum Träger der subjektiven Gefühle". Ob Projektion oder nicht, phänomenologisch ist es deutlich: das Federchen fiel auf den bestellten Boden der zarten Verbundenheit und bedeutete da nun auf einmal: Ausdruck dieser Liebe und nicht mehr nur sein dummes Selbst.

Wir kennen alle den eigentümlichen Appell der Dinge, der auch für Kinder so besonders wichtig ist. Irgendeine Dingeigenschaft appelliert an uns, und der Gegenstand spricht uns sozusagen *im Gerundivum* an: der Gegenstand verlangt von uns, daß wir etwas mit ihm tun. So war es schon mit dem Federchen, und wir kennen diesen Appell auch aus Straus' Begriff des *pathischen* Verhältnisses zur Welt: das Runde fordert auf zum Rollen, das Dünne zum Recken, Biegen und Peitschen usw. – Ich will jetzt aber einen anderen Aspekt des Aufforderungscharakters der Dinge in die Aufmerksamkeit rücken und wähle als Beispiel eine Schachtel.

Schenken wir in Gedanken nun mal bitte einem Kinde eine Schachtel. Wir schenken ihm da kein klug zusammengefaltetes Stück Pappe. Wir schenken ihm tatsächlich eine Anforderung, denn: was gehört nun da hinein? Die Leere starrt einen schweigend an. So kann es nicht bleiben. Das Kind vernimmt diese „Schweigestimme" sehr wohl, es schaut sich bald um, und nach einigen Minuten hat sich etwas da hineingefunden, oder es steht ein kleiner Bettler neben uns: „Aber ... was soll ich nun da hineintun?" Wie wunderbar, wenn wir dem Kinde nun gerade einen Bonbon geben. Wunderschön verflüchtigt sich die Leere der Schachtel, wenn dieser *eine* Bonbon der Schachtel ihre Leere nimmt. Den Anforderungen des Gerundivums genügt dieser Verzicht: einen Bonbon der Leere abzutreten ... solange es geht. Denn der Bonbon schweigt uns schon wieder verheißungsvoll an. Welcher Anruf wird gewinnen? Wahrscheinlich ist die Schachtel bald vergessen. Manchmal ist sie leer, manchmal aber auch zeigt ein klebriger Klumpen, daß das Kind tatsächlich die Schachtel *als solche* gedeutet und benützt hat. Es ist dem Appell der Sache erlegen.

Ich fasse kurz zusammen. Der Mensch hat eine Welt und ist mitsamt dieser Welt seine eigene Aufgabe;
seine Aufgabe ist eine Deutungs-, eine Sinngebungsarbeit;
dabei ist er keineswegs frei, und ich nannte fünf Freiheitseinschränkungen.

Unter diesen Freiheitseinschränkungen, diesen unbestechlichen Gegebenheiten finden wir den Leib – der *kein* Ding ist – und die sogenannten Dinge. Es mag dann sein, daß die Dinge, die Gegenstände unbestechlich sind in ihren gegenständlichen Eigenschaften und Merkmalen; die Sinngebungsarbeit aber kann aus derselben Sache noch außerordentlich verschiedene Sinnbezüge aktualisieren, wie uns der Pantoffel und die Schachtel gezeigt haben. An der Schachtel trat nun eine eigentümliche Seinsmöglichkeit der Dinge hervor: es war etwas da, das gar nicht da ist, die *Leere* nämlich. Und die Leere einer ganz großen Schachtel entsteht, wenn nur ein kleiner Bonbon, wenn er der letzte ist, weggenommen wird – und die Leere verschwindet, wenn dieser eine Bonbon wieder zurückgelegt wird. Es handelt sich hier um eine Möglichkeit der Dingwelt überhaupt – die der Leere – welche uns *an* diesem Dinge aufgeht, ohne eine *Eigenschaft* dieses Dinges zu sein. Am *Geschenk* haben wir gesehen, wie sehr die Dinge in die Ichwelt des Menschen hereingenommen werden können. Von der Schachtel konnten wir lernen, wie das Ding auch in die Welt selbst hineinreicht außerhalb seiner eigenen Eigenschaften.

Nun aber ist, soviel wir wissen, das Kind zum ersten Male auf der Welt: es kennt die Dinge nicht. Die Dinge sind, wie schon gesagt, vertraut-unbekannt. Wie lernt das Kind die Dinge kennen?

Unzweifelhaft hat die Kinderpsychologie uns schon vielerlei auf diesem Gebiete gelehrt und es erübrigt sich, eine Zusammenfassung dessen zu geben. Ich will jedoch versuchen, von einer ganz anderen Seite her auf die Begegnung von Kind und Dingwelt ein Licht zu werfen. Wie das Ding in das Ich und in die Welt hineinreicht, haben wir gesehen. Wir wählen nun noch eine bisher nicht analysierte Beziehung zum Mitmenschen. Man erinnere sich: Die zweite Freiheitseinschränkung der Gestaltungsarbeit des Kindes war die Abhängigkeit von den Erwachsenen, und die damit eng verbundene dritte Einschränkung: daß *andere* Menschen da sind. Nun ist das Kind für einen wichtigen Teil seiner Rekognoszierung der Welt und seiner Welterkenntnis von *Anderen* abhängig. Es lernt unendlich viele Dinge nur in einer Situation mit den Mitmenschen kennen. Es gibt sogar Dinge, die darauf angelegt sind, daß man ihnen gemeinsam begegnet: z.B. die Wippe. Nur in übertragenem Sinne kann man *allein* auf der Wippe sitzen, sonst muß man dazu immer zu zweit sein. Der Gegenstand zeigt das sogar recht deutlich in seiner Gestalt: zwei Plätze sind angebracht, einer links, einer rechts vom Unterstützungspunkt. Die Wippe schaukelt nur, wenn zwei Spieler da sind, die gemeinsam ihr Wippenspiel betreiben. Die menschliche Gemeinschaft ist hier ganz offenkundig vom Gegenstande her bestimmt als Gemeinsamkeit zweier Spieler. Die Spieler sind *vom* Gegenstande einander zugeordnet. Ich nenne diese Form der Gemeinschaft: „Gemeinsamkeit". Demgegenüber gibt es eine nicht be-*ding*-te Gemeinschaft, die wir schlechthin „Gemeinschaft" nennen wollen. Wir denken an die Begrüßung, an den Blick zweier Leute, die sich ansehen, an jede Form menschlichen Zusammenseins, wo das Ding auch sehr wohl vorkommen kann, jedoch ohne dieses Zusammensein zu *konstituieren*. Die Wippe *schafft* das ganze Zusammensein, und wenn kein Partner da ist, ist die Wippe eine verlorene Chance, eine demonstrative *Un*möglichkeit. Man achte darauf: der Gegenstand erfordert den zweiten Mann. Er tut das ganz konkret. Nun gibt es auch viele Dinge, die zwar auf den Anderen verweisen, deren Verweisungscharakter aber nicht konkret ablesbar und erfahrbar ist.

Das zeigt uns der Ball sehr deutlich. Als rollende Kugel spricht er die unmittelbare Sprache der pathischen Herausforderung zum Handeln: das Rollende fordert das Stoßen heraus. Aber nun stoßen wir den Ball weit weg – und was geschieht: es kommt ein *anderer* Mensch, der ihn zu uns zurückrollt. *Das* ist die Entdeckung einer möglichen Reziprozität, einer möglichen menschlichen Gegenseitigkeit, die im Ball gar nicht ablesbar vorhanden ist wie in der Wippe. Der Ball spielt mit mir, indem er zurückprallt, aufspringt, rollt – aber wenn er weit von uns entfernt ist, führt er manchmal den Mitmenschen zu uns in unsere Welt herein.

Doch manchmal tritt dieser Mitmensch gar nicht von sich aus in unserer Welt auf. Wir brauchen dann andere Mitmenschen, unsere Erzieher, um *an* dem Gegenstande den entfernteren Mitmenschen mit in unsere Welt einzubeziehen. Wenn das Kind z.B. mit dem Straßenschmutz noch an den Schuhen auf einen Stuhl klettert oder im Wagenabteil auf den Sitz steigt, rufen wir ihm zu: „Paß doch auf, du machst den Sitz schmutzig. Bald kommt ein Herr, und der möchte sich da hinsetzen". Lebt das Ding sonst auf einer unbewohnten Insel in der Zeit, so wird es jetzt von dort herübergeholt und in unsere Zeitplanung eingestellt: es kommen sofort oder nach einer gewissen Zeit *andere* Leute.

Aber wir rufen dem Kinde auch tausendfach zu: „Paß auf, du sollst das nicht kaputt machen!" Zunächst: was ist denn „kaputt"? Wenn der liebe Gott die gestorbene Großmutter im Himmel wieder jung und munter leben läßt, so braucht man doch nicht soviel Umstände zu machen, wenn einer Vatis Füllfederhalter als Hammer benützt hat. Aber das Ding da soll so bleiben wie es ist. Darum handelt es sich: es soll *ganz* bleiben, wie es früher bei uns war und *zu* uns gehört; weil es ein bekannter Teil unserer nächsten Welt ist. Es soll ganz bleiben als Konstituens unserer vertrauten Welt. So sollen Mutters Teller und Tassen ganz bleiben. Aber siehe da – eine List der Kultur. Indem die Tassen und Teller ganz bleiben, behalten sie ihre eigentümliche Gegenstandsewigkeit, und so kann dann im nächsten Jahre noch der neue Onkel, der eben aus Indien zum ersten Male auftauchte, aus der Tasse trinken, die dem legendären Urgroßvater der Mutter angehört hat.

Und so bedeutet die Begegnung mit den Dingen den Eintritt in die Welt der Geschichte und der Zukunft. Es zeigen die Dinge in der Welt des Kindes nicht ihr eigenes Alter, sondern von sich aus verweisen sie auf das Leben und die Welt des Menschen, die nicht mehr und die noch nicht da sind. Es gibt natürlich die spießbürgerliche Angst für den Hausrat. Es gibt aber auch eine Aufforderung, die Dinge in ihrer passenden Sprache anzureden, die einen guten Beitrag zur sozialen Erziehung bedeutet.

Die *Anderen* sind aber sehr wichtig für das Kennenlernen der Dinge, und zwar nicht nur, wenn die Gegenstände uns zum Partner hindrängen, sondern auch, weil sie manchmal so von Erwachsenen überwacht und interpretiert werden, daß das Kind nicht umhin kann, *doch* durch die Dinge hindurch wieder neue Sinndimensionen des menschlichen Lebens kennenzulernen (z.B. Mitgebraucher, die frühere Zeit, das von altersher zu uns Gehörende, die Kontinuität von Damaligem und Heutigem). Hinter den Dingen steht wieder der Mensch, und er schaut durch sie hindurch. Das zeigt sich besonders deutlich in den Werkzeugen. Sie sind die Amphibien, die Diener *zweier* Herren: der Sachwelt *und* dem menschlichen Leibe angepaßt. Man kann sich jener Amphibien nur bedienen, wenn man aus den rein *organischen* Umgangs- und Lösungsformen herausgetreten ist und schon etwas Wesentliches von den *mechanischen* Umgangs- und Lösungsformen verstanden hat; d.h. wenn man schon die Steine belauscht hat, um zu wissen, wie sie sich behauen lassen.

Wie ist es nun aber mit den Naturdingen? Wir redeten eben von den Steinen. Die Naturdinge werden in einer Welt angetroffen, wo es eine andere Art der Freiheit gibt als „bei uns zu Hause". Ich spreche nun nicht von den Tieren, die ganz besonders interessant sind, weil sie etwas „tun": sie fliegen oder laufen in meiner Welt ein und aus; sie geben irgendeinen seltsamen Laut von sich oder sie lecken mir gar das Gesicht. Die Pflanzen nehmen schon bald eine eigentümliche Stellung ein. Sie sind besonders durch die Blumen ausgezeichnet. Aber sehr leicht noch spaziert man über Gras und Blumen hinweg, wie wenn es Kies auf dem Gartenpfade wäre. „Blumen pflücken" – wobei man den Garten rupft wie ein Huhn – macht Spaß, weil man immer etwas „hat", das man selber „nimmt" und das schöne Farben zeigt. Aber wie leicht vergißt man den Strauß, wie leicht liegen die Blumen dann vergessen auf der Straße!

Und doch: die Welt der Natur ist ein Reich der Freiheit; nicht weniger für das Kind, das gelernt hat die Natur zu schonen, als für den Großstädter, der die Natur als Austobeplatz nebst Abfallhaufen betrachtet. Sie ist nämlich ein aufgabefreier Ort. Der Appell der Dinge ist ein Anruf an unsere Freiheit zum freien Einsatz. Die Schönheit der Natur ist eine späte Entdeckung, Gefahr und Lieblichkeit dagegen sind alte. Das Kind aber kennt an erster Stelle die Natur als das Gebiet der Freiheit: man klettert auf die Bäume, weil sie dazu einladen, auf Steine und Felsen, weil sie dasselbe tun, man spielt im Sand, Wasser und Schnee und baut mit Steinen – immer weil sie uns dazu einladen: das fließende Wasser, der wirbelnde Sand oder der Schnee, der schön zusammenhält – sie reden einen völlig pathischen Dialekt und locken zum Spiele heraus. Nun hört aber schon bald ein unspezifisches Manipulieren mit gestaltlosen Materialien auf und fängt die Gestaltung an. Wer aus Sand oder Schnee etwas bauen will oder eine Brücke im Bach errichten möchte, hat mit den gegenständlichen Eigenschaften von Sand, Schnee und Wasser zu rechnen. Wieder lockt die Dingwelt den gestaltenden, d.h. sinngebenden Menschen in sich hinein, wie man in einen Zauberwald hineingelockt wird. In seine tiefmenschliche Arbeit der Gestaltung und Sinngebung versunken, gerät der Mensch also nicht immer tiefer in seine „Egoizität" hinein, sondern er dringt immer weiter in die *Sachwelt* vor. Dort ruft nur die Stimme der Sache selbst ihm ein Halt zu. Um mit Bacon zu sprechen: „hier kann man nur herrschen, insofern man sich der *Sache* genau unterwirft".

Aber was heißt „sich der Sache unterwerfen"? Bedeutet es einen Freiheitsverlust, eine Sklaverei? Weit gefehlt! Es bedeutet einen Sieg. Denn wer es verstanden hat, auch nur drei Steine im strudelnden Bach so zusammenzubauen, daß sie halten, hat die *Welt* geändert. Wie irrt sich der Erwachsene, der aus der Höhe seiner Würde das Sandschloß, den Schneemann, die Brücke als „Kleinigkeit" lächelnd abtut! Sie sind wirkliche und wesentliche Leistungen des Menschen, weil sie Form- und Sinnlosem Gestalt und Sinn gegeben haben. Sie bedeuten einen Schritt ins Reich der objektiven Gegenstandseigenschaften hinein. Sie bedeuten einen Verzicht auf die primitivere Freiheit, die Sachen so zu lassen, wie sie waren: die Hand im Wasser zu halten, den Sand durch die Hand laufen zu lassen. Sie bedeuten also Wachstum. Denn geistiges Wachstum bedeutet immer Verzicht auf primitivere Freiheit und Sicherheit. Auch Verzicht auf Sicherheit! Denn wer die *bekannte* Welt verläßt, der *riskiert* etwas. Er riskiert, daß seine Versuche scheitern. Er riskiert das Mißlingen. Geistiges Wachstum setzt also Verzicht auf Sicherheit voraus. Das wiederum setzt eine anfängliche, grundlegende Sicherheit voraus und eine auch weiterhin begleitende. Diese letzte, die Sicherheit, die uns immer begleiten muß, wenn die erste – die Sorge der Eltern und Erzieher – zurücktritt, ist eine Sicherheit, für die wir selbst die Verantwortung zu tragen haben.

In der Erziehungswissenschaft kennen wir die alte Kontroverse zwischen Führen und frühzeitig-eigene-Verantwortung-Geben. Ich möchte auf diese allbekannte Frage jetzt nicht eingehen; eine Seite davon dürfen wir jedoch vielleicht behandeln am Beispiel des sogenannten „didaktischen Materials“. Besonders in der Diskussion um das Montessori-System ist vielfach die Frage erörtert worden, ob Maria Montessoris didaktisches Material nicht oft Anlaß gibt, das Kind da zu zwingen, wo Lenkung genügen würde. Es sei nur an das schöne Buch von Hilde Hecker und Martha Muchow erinnert, wo die praktisch-pädagogischen Auffassungen und Methoden von Friedrich Fröbel und Maria Montessori nebeneinander gestellt werden[1]. Hilde Hecker beschreibt in diesem Buche (S. 33ff.), wie sie einen kleinen Jungen sieht, der die Blöcke mit den Einsatzzylindern ausgeleert hatte, alle Zylinder beiseite nahm und die beiden dicksten als Räder unter den Block legte und diesen strahlend als Wagen auf dem Tisch hin und her rollte. Das wurde ihm aber von der Leiterin verboten. Ein anderer Junge baute mit den Klötzen, womit *nur* eine Treppe gebaut werden durfte, ein kubistisches Pferd. Die Leiterin forderte ihn aber auf, die „Treppe“ zu bauen. Er tat das, aber bald baute er wieder sein Pferd. So ging es dreimal, und jetzt befahl man ihm, die Klötze in den Schrank zu bringen. Martha Muchow erzählt eine ähnliche Geschichte von einem Jungen, der schon mehrere Male die Einsatzzylinder herausgenommen, durcheinander auf den Tisch gestellt und wieder in die Löcher zurückgesetzt hatte. Er entdeckte auf einmal, daß er sich viel Arbeit ersparen könne, wenn er die Zylinder gleich beim Herausnehmen neben die zugehörigen Löcher des Blocks auf den Tisch stelle. Tatsächlich eine wertvolle Entdeckung. Die vorübergehende Lehrerin aber hält es für ihre Pflicht – so schreibt Martha Muchow – „ihm stillschweigend das vergessene Mischen der Zylinder mit einem schnellen Handgriff zu machen, damit er die vorgeschriebene Sinnesübung vollziehe und an die eigentliche Aufgabe erinnert werde“[2].

Martha Muchow spricht hier von einer „*Unterdrückung* der Leistungen“. Es tobt bekanntermaßen ein Streit um die Übersystematisierung, um den Didaktizismus, um die allzu unnatürliche Bestimmung eines angeblich natürlichen Entwicklungs- und Erziehungsprozesses. Wir wollen uns nicht in diesen Streit als solchen hineinbegeben. Es lohnt sich aber zu sehen, daß einer der wichtigsten Meinungsunterschiede eng mit der Theorie von dem zusammenhängt, was die Dingwelt des Kindes bedeutet bzw. nach gewissen Fort-

[1] H. Hecker u. M. Muchow: Fr. Fröbel und M. Montessori, Leipzig 1931.
[2] L. c. S. 123.

schritten in der Entwicklung des Kindes bedeuten kann. In der orthodoxen Montessori-Auffassung tritt an erster Stelle der Gegenstandsbereich zurück, der auf der Gemeinsamkeit gebaut ist – Typus der Wippe. Dann aber wird der Umgang monologisch aufgefaßt und die Gegenstände sind von einer angeblichen Eindeutigkeit, dergegenüber es einfach einen Fehlgriff bedeutet, um die Ecke in den Garten der freien Möglichkeiten zu schauen. Es steht im Hintergrunde dieser Gegenstandsauffassung die naturwissenschaftliche Kontinuitätslehre, so wie sie klassisch von Leibniz formuliert worden ist[1]. Es herrscht *eine* uniforme Gesetzmäßigkeit in allen Erscheinungen der Welt und auch die Entwicklung des Geistes, sie werde phylogenetisch oder ontogenetisch betrachtet, verläuft gemäß diesen zugrundeliegenden Determinanten. Der sich entwickelnde Geist des Kindes *soll* gar nichts anderes an den Lehrgegenständen der Didaktik entdecken *können* als *die* Eigenschaften, welche unter derselben Gesetzmäßigkeit wie jene Entwicklung stehen. Und der Geist des Kindes selbst ist nur als vorläufig zu bewerten, als Durchgangsstadium, durch das hindurch sich der Geist entwickeln muß zur alleinigen Wahrheit der Natur der Naturwissenschaftler. In einem solchen Weltbilde bringt tatsächlich die Freiheit der Entdeckung nur die Gefahr eines Zeitverlustes, und so kommen wir dann mit Montessori in *dieser* Hinsicht ziemlich nah an die rein autoritäre Erziehung heran. Die Freiheit, die hier herrscht, ist die Freiheit, eine sorgfältig kontrollierte, aber nichtsdestoweniger als „natürlich" gekennzeichnete Entwicklung zu vollbringen. Dabei wird in einer naturalistischen Auffassung der Welt die ganze Entwicklung als *eindeutig* vorgestellt. Außerhalb dieser eindeutigen Entwicklung herrscht bloß noch das Sinnlose.

Es werden dabei jedoch vier verschiedene Entwicklungsbegriffe durcheinandergemischt; aus einer solchen Mischung läßt sich allerhand Merkwürdiges erschließen.

An erster Stelle gibt es den biologischen Entwicklungsbegriff, der ausgeht von einer sich mit biomechanischer Gewalt und Notwendigkeit durchsetzenden Kraft. Der Entwicklungsverlauf mit seinen notwendigen Perioden mitsamt dem Entwicklungsziel sind genau bekannt. Das Subjekt ist wesentlich passiv. Man denke dabei an die Entwicklung von Raupe und Falter.

---

[1] „Der Mensch hängt also mit den Tieren zusammen, diese mit den Pflanzen und diese wieder mit den Fossilien. Diese nun verbinden sich weiter mit jenen Körpern, welche die Sinne und die Einbildungskraft uns als vollkommen tot und gestaltlos vorstellen." (An Varignon; Phil. Werke ed. Buchenau/Cassirer Bd. 2, Leipzig[2] 1924, S. 75f.).

Zweitens gibt es die Aktualgenese, d.h. die Entwicklung, welche von einem Lebewesen durchgemacht wird, indem es eine bestimmte neue Leistungsform erwirbt. So z.B. lernt das Kind Gehen oder Schwimmen oder Kneten. Das Subjekt ist aktiv gänzlich bestimmt von der zu erlernenden Leistungsform.

Drittens gibt es die Entwicklung, die sich auf grund des Substrates einer gegebenen geistigen Form vollzieht. Hier würde Ernst Cassirer von den „symbolischen Formen" sprechen. So lernt das Kind sprechen aufgrund des Substrates einer bestimmten Sprache, und es kann nur Variationen produzieren innerhalb dieses bestimmten Sprachsystems, sonst würde es nicht verstanden werden. Das Subjekt realisiert seine Freiheit innerhalb der Grenzen der vorgegebenen Form (z.B. einer bestimmten Sprache).

Viertens gibt es die Entwicklung, welche *ohne* das Substrat einer vorgegebenen System-Form sich vollzieht. So entwickelt sich in wichtigen Aspekten und Teilstrecken die volitional-affektive Grundlage der Persönlichkeit in einer nicht vollständig rationalisierten oder traditionalisierten Gesellschaft. Es ist gerade diese vierte Form, die den Umweltreizen stark *selektiv* entgegentritt und die Möglichkeiten der Welt individualisiert und zu „*meinem*" Ausschnitt verarbeitet. Das Subjekt ist in seiner Freiheit hier sogar frei zur gefährlichsten Willkür.

Es ist klar, daß mit diesen vier Entwicklungsbegriffen eine vierfache Verschiedenheit der Freiheit einhergeht. Schon deshalb ist es unerlaubt, aus dem einen Entwicklungsbegriff Folgerungen für damit keineswegs verträgliche Freiheitsbegriffe zu ziehen.

In der Montessori-Lehre wurde mannigfach und ausführlich im Zusammenhang mit der entwicklungsgemäßen Erziehung der biologische Entwicklungsbegriff als der tragende Grundbegriff dieser Auffassung angeführt. Es sei so! Man bedenke dann aber, daß das zu einem solchen Entwicklungsbegriff passende Subjekt völlig passiv ist. Es *passiert* einem eine solche Entwicklung. Und wer sich dabei des Wortes „Freiheit" bedient, spricht in glücklicher Inkonsequenz von seinen glücklichen Inkonsequenzen.

Die Dinge in einer solchen Welt sind feste Bedeutungsträger, wie man sie in der zu seinen Instinkten gehörigen Umwelt des Tieres antrifft. Die Dinge sind hier entweder der Hintergrund und gleichgültig – weil sie keinerlei Bedeutung haben für die Instinkt-Ausrüstung des Tieres – oder sie haben *eine bestimmte* Instinkt-Bedeutung.

Die seelische Entwicklung des Menschen weist aber alle diese vier Entwicklungsniveaus auf und zeigt alle vier damit einhergehenden Freiheitsgrade. Auf jeder Sufe könnte man dann wieder eine dazugehörige Phänomenologie des Gegenstandes entwickeln. Wir können auch hier nur einige Andeutungen geben.

1. Auf der Stufe des biologischen Entwicklungsbegriffes sind – wie wir schon sahen – die Dinge nur da in bezug auf den Instinkt. Als Objekte gibt es sie dann überhaupt nicht. Sie bilden die Szene der irrelevanten Landschaft des Lebens, in der die instinkt-immanenten Dinge als Handlungsmomente erscheinen, oder als Nahrung, Schattenspender, Höhle usw.

2. In der aktualgenetischen Entwicklung ist der Gegenstand nur da als „Einbahnstraße". Er hat nur die *eine* Funktion, daß man sich seiner bedienen lernt. So lernt ein Kind mit einer Schere hantieren. Der Gegenstand als Werkzeug zeigt noch deutlich die sehr beschränkte Freiheit desjenigen, der es benützt. Man muß die Schere durch die Oesen anfassen; man *muß* die Schere so-und-so bewegen usw. Man kann von der Schere auch nur *eine* Sache lernen, nämlich: wie sie schneidet. Montessoris Gegenstandsbegriff ist hauptsächlich von dieser Stufe aus zu verstehen. Ihre Gegenstände sind *Lehr*mittel, sie sind „zum Lernen" da. Sie haben nur diese eine Funktion. Sie werden darauf absichtlich eingeschränkt. Sie sollen der Betonnung des Entwicklungsweges dienen. Demgemäß ist die „Freiheit" der Erziehungsauffassung eine rein didaktizistische: das Kind ist frei zur Exploration – einer genau von der Umgebung festgelegten Welt.

Es ist überdies ihr – intuitiver – Gegenstandsbegriff auch noch bestimmt von der Voraussetzung, daß der ganzen Welt, einschließlich der Entwicklung des Kindes, *ein* bestimmtes und genau festgelegtes Substrat unterliegt, das Substrat nämlich einer rein physikalischen Weltordnung. Auf diese Weise mengen sich in ihr didaktisch-utilitarisches System auch noch Momente einer ganz anderen Gegenstandsauffassung ein, die wir jetzt im Zusammenhang mit dem dritten Entwicklungsbegriff erst kennenlernen:

3. In der Entwicklung, die sich auf dem Substrat eines symbolischen Formsystems vollzieht, muß die symbolische Funktion – auch jene des Gegenstandes – als Möglichkeit entdeckt sein. Je nach dem zugrundeliegenden System sind die Bedeutungen der Gegenstände mehr oder weniger eindeutig bzw. vieldeutig. Ist das zugrundliegende System ein Ordnungssystem vom Typus der Zahlenreihe oder des Systems der chemischen Elemente, dann liegt die Sache völlig anders, als wenn dieses System eine moderne Sprache oder ein mythisches Weltbild ist. Die Objekte werden hier abstrakt-kategorial geordnet, und es gibt Systeme von einer ungeheuren immanenten Produktivität, so wie z.B. das System der Sprache, das erlaubt, immer wieder

Neues und bisher Ungesagtes in schon bestehende Worte zu fassen, das aber auch erlaubt, neue Sprachmittel zu schaffen. Die Dinge werden auf dieser Stufe losgelöst aus der organischen Verbindung mit dem menschlichen Leibe, losgelöst aus der instinktiven Bestimmung, freigestellt im Raume der Betrachtung und willkürlich aus dem Hintergrunde auf die Beobachtungsszene herausgestellt oder wieder zurückgeschoben in den Hintergrund.

4. Wo selbst ein solches systematisches Substrat fehlt, schafft sich der Mensch ein affektiv-dynamisches Beziehungsnetz zur Welt. Er nimmt die biologischen, organisch-gebundenen, aktualgenetisch und systematisch mitbestimmten Entwicklungsformen des Gegenstandes in sich auf, deutet sie um und wird von den System-Objekten zugleich selber umgedeutet, geordnet und asketisiert. Er wählt sich unfreiwillig, aber nichtsdestoweniger in eigenwilliger, begeisterter und selbstverlorener Kreativität ein Weltbild, das heißt eine *persönliche* Gestalt.

Die Dinge zeigen sich hier in ihrem vollen Bedeutungsreichtum, und die Aufgabe des Deutens, der Sinngebung zeigt sich nirgends so schön wie gerade hier. Da wird das Federchen ein großes Geschenk und die teuerste Vase eine monströse Maske der Lieblosigkeit. Hier bedeutet die in der Nacht sich langsam öffnende Tür eine drohende Gefahr oder das bevorstehende Eintreten der liebevoll sorgenden Mutter, oder sie bedeutet als offene Tür die Verlockung fortzugehen oder die Machtlosigkeit des unbefriedigten Verlangens.

Alle diese Stufen der Gegenständlichkeit kennt das Kind recht bald, aber immer neue Horizonte eröffnen sich, je nachdem sich die Perspektiven der Sehnsucht und des Denkens, die Abgründe des Guten und des Bösen geöffnet haben. Es zeigt sich, daß sich die Dinge unserer Welt nicht nur nicht zurückziehen in eine Welt-an-sich, sondern daß sie im Gegenteil ganz unserer Seele angehören. Ja daß sie – wenn ich diese etwas krasse Metapher wählen darf – unsere Seele tatsächlich bewohnen und bevölkern. Daß sie zugleich Produkt unserer Sinngebungsarbeit *und* autonome Bürger einer Welt der offenen Sinn*losigkeit* bleiben. Einer Sinnlosigkeit, der sie verfallen, sobald unsere sinngebende Produktivität aufhört und wir irr-sinnig geworden sind. Die Dinge leiten uns auch zu den fernen Menschen hin, und so sind die Dinge uns und unseren Kindern ganz notwendig und nah, ganz Erfüllung und ganz Aufgabe[1].

---

[1] Dieses Kapitel ist mit leichten stilistischen Abweichungen in der „Zeitschrift für Pädagogik" (Beltz) 1955/2 vorabgedruckt worden. Weiter in diesem Buch seit der 2. Auflage in „Vertraute Welt", S. 173.

VIII

Die „Projektion" im kindlichen Seelenleben[1]

Die Wörter „Projektion“, „sich projizieren“ und „projektiv“ sind uns so geläufig geworden, daß wir fast nicht mehr wissen, was sie bedeuten. Meistens bedeuten sie nicht viel mehr als: „Äußerung bis jetzt verborgener Gefühle, Wertungen und Regungen.“

Das Wort tauchte, soviel ich weiß, kurz nach 1890 in der Psychologie auf, und zwar an zwei Stellen ungefähr gleichzeitig: bei dem Amerikaner James Mark Baldwin und bei Freud. Ich habe vorläufig nur Grund anzunehmen, daß beide den Terminus unabhängig von einander bestimmt haben. Auch in der Philosophie jener Zeit finden wir den Begriff an manchen Stellen.

Die Frage, was nun eigentlich diese Projektion sei, hat die Psychologen auch in dem Sinne gefesselt, daß man nur recht wenig von der Stelle kam; wenn auch gewisse Unterschiede im Gebrauch des Ausdrucks die Auffassung zu begründen scheinen, daß der Inhalt des Begriffes doch etwas in Bewegung gekommen ist.

Bei Freud entwickelte sich der Begriff im Klima seiner Hysterie- und Paranoia-Forschung. Jedenfalls dienten seine Erfahrungen mit derartigen Patienten ihm zur Verdeutlichung des Begriffes der Projektion. „Angst“ oder „Furcht“ wird ihm eine „nach außen projizierte Erregung“. Die innere Erregung ist primär, sie ist sexueller Herkunft. Damit, daß eigene Gefühle und Affekte anderen zugeschrieben werden, ist der Begriff der Projektion noch nicht erschöpft. Es soll hinzugefügt werden, daß dies geschieht als Entlastungsmechanismus des Subjektes, und obendrein wird dabei durch „Affektverwandlung“ die unzulässige eigene Erregung umgesetzt in gegen das Subjekt gerichtete Affekte der Außenwelt. Im Verfolgungswahn z.B. wird das,

---

[1] Zum ersten Male erschienen in „Psychologische Rundschau“ Band VIII, 4, 1957. Verlag f. Psychologie Dr. C. J. Hogrefe, Göttingen.

was „als Liebe innen hätte verspürt werden sollen", umgewandelt in „Haß von außen", wie Freud[1] sagt.

Es treten also vorläufig drei Merkmale hervor:

1. das „Eigene" wird zum transsubjektiv Fremden „gemacht",
2. es soll Affektentlastung mit dieser Umsetzung einhergehen, und
3. es soll Affektverwandlung auftreten.

Freud setzt hier ein eingekerkertes Subjekt und eine in seiner eigenen Gesetzlichkeit ruhende Welt voraus. Wir haben es hier also mit dem üblichen Subjekt-Objekt-Gegensatz zu tun, der das Verhältnis von Mensch und Welt darstellt als nachherige Verbindung zweier einander autonom gegenüber stehenden Prinzipien. Das tritt besonders deutlich hervor, wenn Freud 1911 davon spricht, daß „wir die Ursachen gewisser Sinnesempfindungen nicht wie die anderer in uns selbst suchen, sondern sie nach außen verlegen..." Es gibt also Sinnesempfindungen, die vom Subjekt intrasubjektiv gedeutet werden, und es gibt solche, deren Ursache das Subjekt in die Außenwelt verlegt, demzufolge das Subjekt in dieser Außenwelt etwas wahrnimmt. Freud nennt diesen Vorgang „normal" und er verdient – so fügt er hinzu – „den Namen einer Projektion". Es ist ein Vorgang, von dem wir auch manches Widersprechende hören, aber es bleibt dabei, daß das Ich „unter der Herrschaft des Lustprinzips" die Lustquellen introjiziert, in sich aufnimmt, und dasjenige ausstößt, was „im eigenen Inneren Unlustanlaß wird". „Aus dem eigenen Ich hat es (d.h. das Ich) einen Bestandteil ausgesondert, den es in die Außenwelt wirft und als feindlich empfindet."

Auf verschiedenen Wegen versucht Freud also die Tatsache zu erklären, daß Innerliches dem Ich aus der Außenwelt entgegentritt, daß Eigenes dem Ich als Fremdes begegnet. Freud ist sich darüber völlig im klaren, daß er diesen Mechanismus nicht tatsächlich verstanden hat, und nachdem viele nachher den Begriff der Projektion ziemlich problemlos verwendet haben, kommt die Frage, was denn diese Projektion nun eigentlich ist, nicht mehr zur Ruhe. Ich will mich nicht mit der ganzen Problematik beschäftigen, sondern mich auf Kinder als Versuchspersonen beschränken. Es handelt sich bei mir nicht um eine Kritik an Freud. Er hat intuitiv etwas entdeckt, das er für einen Prozeß hält, den er vielleicht nicht richtig gedeutet hat, aber jedenfalls hat

---

[1] Man sehe zum Beispiel folgende Stellen in Freuds Ges. Werken I 338, III 302, X 226ff., IX 113, XIII 28ff., XIV 170, 520. Ich zitiere die Londoner Ausgabe.

er hier etwas Wichtiges und bestimmt Kompliziertes und Uneinheitliches auf die Tagesordnung gebracht.

Nun erschöpft sich, wie wir sagten, die Vorgeschichte der „Projektion" nicht mit dem, was wir bei Freud und seinen Nachfolgern finden, obschon es sehr wohl verständlich ist, daß man meistens nur den einen, psychoanalytischen Weg der Entwicklung berücksichtigt. Doch dürfen wir nicht an der Tatsache vorübergehen, daß wir das Wort „Projekt", „projizieren" in demselben Jahre 1895, in dem wir es zuerst bei Freud antreffen, auch bei James Mark Baldwin finden in seinem Buche „Mental development in the child and the race". Das Buch fand damals großen Widerhall, und schon nach drei Jahren, 1898, wurde es von Ortmann ins Deutsche übersetzt, und zwar nach der dritten Auflage[1]. Vergessen wir nicht, daß Jean Piaget weitgehend von Baldwin beeinflußt ist und daß nun später die eine Entwicklungslinie von Freud aus und die andere von Baldwin über Piaget zusammentreffen in Charles Odier's L'angoisse et la pensée magique (Essai d'analyse psychogénétique appliquée à la phobie et la névrose d'abandon)[2].

Baldwin wird seinem Leser nicht recht deutlich mit seinem Worte „projizieren". Das Kind sucht – so scheint er sagen zu wollen – die Ursachen gewisser seelischer Erfahrungen von vornherein nicht in sich selbst, sondern in der Außenwelt. Die Erfahrung des Wohlbehagens führt dann z.B. zur Entdeckung der Mutter. Besonders Personen werden bei Baldwin „Projekte" genannt. Diese Projekte entstehen, indem das Kind, das angeblich von sich noch nichts weiß, d.h. in der Sprache Baldwin's: noch kein Subjekt ist, seine inneren Erfahrungen „nach außen projiziert". Wenn wir Baldwin für ihn selbst am vorteilhaftesten auslegen, glaube ich sagen zu dürfen, daß er hier eine Vor-Gegebenheit des Anderen vor dem Ich und zugleich eine ursprüngliche Ungeschiedenheit von Du und Ich anzudeuten versucht[3], ganz allgemein: eine Ungeschiedenheit von Ich und Welt.

Nach diesen wenigen Bemerkungen müssen wir jetzt die weiter zurückliegende historische Entwicklung des Projektionsbegriffes außer Betracht lassen. Die uns näherstehende, rezente Geschichte

---

[1] Die Entwicklung des Geistes beim Kinde und bei der Rasse. – Berlin 1898, Verlag Reuther & Reichard.

[2] Delachaux et Niestlé, Neuchâtel et Paris 1947.

[3] Die von Piaget: La représentation du monde chez l'enfant (Alcan, Paris 1926) Seite 5ff. gegebene Analyse des Begriffes der Projektion bei Baldwin ist gänzlich auf Piagets eigene Rechnung zu schreiben. Quellenmäßig läßt sie sich m.E. nicht auf Baldwin selbst gründen.

müssen wir noch einen Augenblick aufmerksam betrachten. Was nämlich ist in der Kinderpsychologie vorgegangen?

Kinderpsychologisch drängt sich schon gleich die Frage auf, ob das In-der-Welt-Sein des Kindes nicht ein derart selbstverständliches Mit-der-Welt-Sein ist, daß die Welt nicht ein Mir-Gegenüber ist sondern ganz primär mein affektiv-dynamisches Sein selbst bedeutet. Schon als Erwin Straus den Begriff des Pathischen prägte, schwebte ihm derartiges vor. Man kann sogar bei denen, die von der primitiven Einheit des Sensumotorischen, der Einheit also vom wirkenden Reiz mit der motorischen Entladung (Stern), oder bei denen, die vom emotional, volitionalen kindlichen Weltbilde sprachen, eine Auffassung vermuten, die zu einem affektiven Dualismus von Ich und Welt kaum Grund ließ. Später wird von Piaget besonders mit dem Begriff der „Egozentrizität" als Kennzeichnung der kindlichen Lebenshaltung gearbeitet.

Insofern dieser Begriff überhaupt haltbar ist, bedeutet er wenig anderes, als daß das Kind die Welt von sich aus bestimmt. Die „Welt" wäre dann nur insofern „das Andere", als sie das Unbekannte enthält, das mir aber immer irgendwie zugeordnet ist, weil es immer ein „Fürmich" ist oder – man könnte sogar sagen – es ist immer irgendwie ichselbst. Die Welt ist also nicht nur für das Kind die Domäne der Seele, sie wird auch von dieser Seele bestimmt, als wäre sie ein Aspekt dieser Seele selbst. Den ersten Teil dieser Behauptung – daß die Welt die natürliche Domäne der Seele für das Kind ist – will ich gerne annehmen, den letzten Teil – daß die Welt vom Kinde bestimmt wird, als ob sie ein Aspekt dieser Seele selbst wäre – muß ich als einen Irrtum bezeichnen. Er würde nämlich bedeuten, daß wir uns das ganze Ich-Welt-Verhältnis des Kindes als rein interne Angelegenheit der Seele vorzustellen hätten, denn das ist eben Projektion, wenn die Welt als Aspekt meiner Seele von mir aufgefaßt wird.

Ich habe an anderer Stelle[1] anzudeuten versucht, als ich vom „Ding" in der Welt des Kindes sprach, daß dieses Ding das Kind in vieler Hinsicht zwingt, aus seiner Ichbezogenheit herauszutreten. In meinem Aufsatz über die Bedeutung des Körpers für das Selbsterlebnis des Kindes[2] versuchte ich zu zeigen, wie sehr auch der Körper transzendiert wird und wie sehr er auch als Körper, als „mein Leib" objektive Anerkennung verlangt. An derselben Stelle, wo ich vom Ding in der Welt des Kindes spreche, habe ich auch bereits darauf hin-

[1] In meinem Aufsatz über Das Ding in der Welt des Kindes. In diesem Buche auf S. 142 abgedruckt.

[2] Hier abgedruckt auf S. 125.

gewiesen, daß sich in der kindlichen Seele spezifische Entwicklungen vollziehen, im Medium vorgegebener Geistesformen, die in der Kultur angetroffen werden, wie z.B. die der Sprache. Auch in dieser Systemgebundenheit der Entwicklung liegt alles andere als eine rein subjektbestimmte Weltbedeutung. Hier müssen wir nun einen Augenblick wieder anknüpfen; denn gerade in diesen symbolischen Formensystemen der Welt werden dem sich entwickelnden Kinde nicht nur die fertigen Systeme als Inhalte – z.B. diese bestimmte Sprache – angeboten, sondern damit wird zugleich und implizite bestimmt, wie in der Sprache, und zwar: in dieser Sprache, Geist und Welt miteinander fertiggeworden sind. In jeder Sprache ist die Lösung dieses Verhältnisses verschieden, aber sie ist auch verschieden, wenn wir die Sprache überhaupt vergleichen mit dem Mythos oder mit der Wissenschaft der Natur, wo jeweils Ich und Welt in ganz verschiedenem Verhältnis gegenseitig bestimmt sind.

Der unvergeßliche Philosoph Ernst Cassirer hat schon 1925 im 2. Band seiner Philosophie der symbolischen Formen, der vom mythischen Denken handelt, darauf hingewiesen[1], daß die wesentliche Leistung der einzelnen symbolischen Formen – wie: Sprache, Mythos, Naturwissenschaft usw. – nicht darin besteht, „die Welt des Äußeren in der des Inneren abzubilden oder eine fertige innere Welt einfach nach außen zu projizieren, sondern daß in ihnen und durch ihre Vermittlung die beiden Momente des „Innen" und „Außen", des „Ich" und der „Wirklichkeit" erst ihre Bestimmung und ihre gegenseitige Abgrenzung erhalten. Wenn jede dieser Formen eine geistige „Auseinandersetzung" des Ich mit der Wirklichkeit in sich schließt, so ist dies doch keineswegs in dem Sinne zu verstehen, daß beide, Ich und Wirklichkeit, hierbei schon als gegebene Größen anzusehen sind – als fertige, für sich bestehende „Hälften" des Seins, die nur nachträglich zu einem Ganzen zusammengenommen würden. Vielmehr liegt die entscheidende Leistung jeder symbolischen Form eben darin, daß sie die Grenze zwischen Ich und Wirklichkeit nicht als ein für allemal feststehende im voraus *hat*, sondern daß sie diese Grenze selbst erst *setzt* – und daß jede Grundform sie verschieden setzt." Das Kind also, das in einer Gemeinschaft von Menschen aufwächst, entdeckt dort die Sprache, erwirbt sich ein mythisches, ein religiöses, ein rational-erklärendes System und fängt damit an, sobald die Erziehung anfängt. Denn das Kind entdeckt hier das Bekannte und ist das Genie des Alltäglichen, aber es entdeckt nichtsdestoweniger. Es entdeckt

[1] S. 192 a.a.O.

tatsächlich nur unter der Bedingung, daß es Gemeinschaft und Erziehung angeboten bekommt. Das heißt nun aber noch einmal, daß gerade in diesen Tatsachen selbst die Grundvoraussetzungen gegeben sind jeder kindlichen und jeder menschlichen Existenz, daß das Kind vom ersten Augenblick, wo es von Menschen in ihr Leben hineingenommen wird, gezwungen ist, nicht nur den Leib und nicht nur die Dingwelt und nicht nur die Formensysteme, sondern auch die Gemeinschaft mit den Mitmenschen und die Erziehung anzuerkennen als nicht von ihm selbst herrührende Urgegebenheiten.

Damit ist die Grenze, sind die Schranken der Freiheit der menschlichen Lebens- und Deutungsarbeit angegeben. Wir müssen uns nun die Frage vorlegen, welche Formen der Sinngebung es gibt, und wie wir die projektive Deutung einer Situation als Form einer solchen Sinngebung verstehen können[1]. Meine Auffassung darüber kann ich hier nur in kurzer Zusammenfassung vortragen. Daß es verschiedene Formen der menschlichen Sinngebung gibt, geht schon aus der Tatsache hervor, daß der Mensch körperlich und geistig mit verschiedenen „Werkzeugen" ausgestattet ist und daß er in verschiedenen Beziehungen in der Welt steht.

Ich gehe an dieser Stelle aus von dem Grundgegensatz zwischen offenen Sinngebungen und personalen Sinngebungen.

Die offenen Sinngebungen sind „offen" in dem Sinne, daß sie dem Mitmenschen zugewandt sind, ihn als Mitwisser, als Teilnehmer, als Mitschuldigen, als Mitarbeiter, als Spielkameraden voraussetzen. Es ist die Sinngebung des alltäglichen Umganges, worin wir uns begegnen und gegenseitig steuern. In systematisierter Form treffen wir diese Sinngebung in Bräuchen und Traditionen, aber auch im Arbeitsleben, in der Arbeit und in der Wissenschaft. Auch die Welt des Spieles ist wesentlich nicht-exklusiv: sie setzt den Mitspieler als Möglichkeit voraus. Weiter gibt es dann die religiösen und die künstlerisch-kreativen Sinngebungen. Auch die Religion richtet sich durch das Erlebnis des reichen Besitzes einer Heilswahrheit an die Welt, so wie der Künstler – solange er wenigstens Künstler ist – nicht für sich selbst etwas schafft. Auch sein Besitz mehrt sich nur, indem er ihn teilt.

Von diesen Sinngebungsformen unterscheide ich nun die personalen Sinngebungen. Ich will von vornherein sagen, daß gewisse personale Sinngebungen mitbestimmend auftreten innerhalb der Sphäre der offenen Sinngebungen. Denn in meiner Person gestalte ich die Welt nach dem Sinn, den Ich-und-Welt als duale Einheit für

[1] Siehe des weiteren auch *Das Ding in der Welt des Kindes*, hier S. 142ff.

mich haben. Selbstverständlich offenbart sich auch in den offenen Sinngebungsformen, d. h. in dem Umgang, in meiner Arbeit, im Spiel, in meiner Religion immer auch meine personale Sinngebung, aber es läßt sich sehr wohl meine Arbeit als sachliches Verfahren, als Leistung und als erreichter Erfolg unterscheiden von der Art und Weise, wie ich einwohne in diesen Sachen. Und das ist es gerade, was ich die personale Sinngebung nennen möchte. Eine eigene Verbindlichkeit hat diese personale Sinngebung in der Selbsterkenntnis des Menschen, der sagt „so bin ich – so bin ich nicht“, „das gehört zu mir – das ist mir fremd“ und andererseits im Gewissen, das sagt, „so will, so möchte ich sein“ und „das will ich nicht als zu mir gehörig annehmen, also: das bedaure ich und erkenne ich an als meine Schuld“ oder: „dessen will ich mich nicht schuldig machen“.

In diesen Hinsichten hat sich die personale Sinngebung mit den Sachwerten der offenen Sinngebung verbunden. Aber sonst ist die personale Sinngebung nur zu verstehen als ein Prozeß, als etwas, das sich fortwährend vollzieht, als der ewige Grundstoffwechsel der menschlichen Person. Sie ist meine fortwährend notwendige, aktive Stellungnahme zur Welt, mein wie Ebbe und Flut immer fortwogendes Ja und Nein und Vielleicht. Es ist m. E. nicht möglich, die sogenannte Projektion zu verstehen, es sei denn als Aspekt dieses Grundstoffwechsels, der sich ständig gestaltenden, im Stand erhaltenden, ab- und wieder aufbauenden Person.

Die sogenannte Projektion ist nun m. E. eine Form der personalen Sinngebung. Wie beim Erwachsenen ist auch das In-der-Welt-Sein des Kindes eine stetige Aufgabe der Weltdeutung. Eine Aufgabe, die ihre Entspannung darin findet, daß der Erzieher dem Kinde hilft, das Unbekannte zu deuten, und daß der Erzieher das Kind gegen die Gefahren des Unbekannten schützt. Aber: Sinngebungsaufgabe bleibt das Leben. Die Projektion als spontane Äußerung ist eine manchmal gefährliche Deutung einer gegebenen Lebenssituation. Sie tritt in verbindlichen Lebenssituationen auf, wird als offene Sinnbedeutung von der Gemeinschaft verarbeitet und beansprucht meistens, einen verbindlichen Wert zu haben. Das Kind oder der Erwachsene, der sich nie genügend geliebt fühlte, sieht die Welt an mit einer nicht zu sättigenden Frage nach Liebe: er lebt in einer Welt, die ihm nur immer keine Liebe schenkt, die Welt ist eine lieblose Welt, und die Mitmenschen lassen es immer an Liebe fehlen – auch wenn sie ihm noch so ergeben sind. Seine Projektion wird zum eventuell schweigenden Vorwurf, und zum Vorwurf selbst nimmt nun in der offenen Sinngebung der Mitmensch Stellung. Er ist enttäuscht, empört, betrübt. Damit aber bestätigt er die in der personalen Sinngebung gegebene Deutung der Welt als lieblos: „Da sieht man, die Leute sind lieblos. Schau doch mal, wie empört sie sind!"

Die provozierte Projektion im Versuch oder in der Untersuchung beansprucht meistens auch, eine verbindliche Deutung zu sein. Nicht selten aber hat die Versuchsperson eine Art Neben-Wissen, ein Neben-Bewußtsein, daß ihre Äußerungen – wie sie es oft nennt – „subjektiv" sind. Das ist besonders der Fall, wenn recht Aktuelles projiziert wird, oder wenn die Versuchsperson ihre Lebenshaltung, ihren „alten Adam" einigermaßen kennt. Sie hat dann, wie wir beim Rorschach sagen würden: Deutungsbewußtsein. Besonders deutlich tritt dann der unverbindliche Charakter der Projektion hervor. Die Versuchsperson kann sich nämlich vollkommen im klaren sein über die Tatsache, daß ihre Interpretationen nur für sie gelten. Für den anderen betrachtet sie sie als akzidentell: er kann die Welt so verstehen, wenn er will, es steht ihm aber frei, selbst ganz anders zu urteilen und die projektiven Erklärungen nur als persönlich aufzufassen. Die Projektion ist dann eine Kommunikationsform, die unverbindlich ist für den Mitmenschen. Sie ist eine Möglichkeit, dem Anderen einen Weltentwurf zu zeigen ohne Bindung an die Anforderungen des menschlichen Umganges und der Reflexion. Die Projektion ist auch in dem Sinne unverbindlich.

Das Kind, das in der Projektion einen Löwen interpretiert als seinen traurigen und einsamen Vater, ist vollkommen bereit, in der nächsten Minute anhand desselben Bildes eine Geschichte erzählt zu bekommen, worin derselbe Löwe ein gefährlicher, blutdurstiger Tyrann ist. Die Geschichte des Kindes braucht sich – wie ich eben bemerkte – nicht der Logik zu fügen und kann sich den üblichen menschlichen Verhältnissen gegenüber äußerst freigeistig benehmen.

Von diesem Gesichtspunkt aus ist es sehr die Frage, ob man das Rorschach-Diagnostikum zu den projektiven Untersuchungsmethoden rechnen darf.

Die menschliche Kommunikation verliert da ihre Gestalt fast völlig, und das ganz besonders, wenn die Versuchsperson ihre Aufgabe bei starkem Deutungsbewußtsein leistet. Sie gibt ihre Deutungen, „aber eigentlich" ist es nach ihrer Auffassung doch nur eine ziemlich willkürliche Spielerei. Das In-der-Welt-Sein wird fast aufgehoben, weil im Rorschach nur inzidentelle, nicht zusammenhängende Antworten gegeben werden. Man stelle dem den Four-Picture-Test van Lennep's gegenüber. Hier sollen gerade zusammenhängende Geschichten von den vier Bildern zusammen gegeben werden. Hier wird die Versuchsperson völlig in die Welt gestellt, und sie wendet sich an den Gesprächspartner. Aber sie kann ihre Weltinterpretation jedesmal in einer anderen Geschichte mitteilen, sie ist in der Hinsicht „frei". Hier handelt es sich also um echte Projektion.

Der Rorschach ist auch fast inhaltlos, so wie Sand oder Wasser. Die Deutungsaufgabe geht sehr weit: sie ist Gestaltungsaufgabe aus dem „Fast-Nichts". Der Blick wandert von einem Detail, Teil, Total zum anderen, und die Kontinuität ist keine Aufgabe, der Zusammenhang wird niemandem nahegelegt als beabsichtigt oder auch nur möglich. Es ist tatsächlich eine Aufgabe, die man verstehen und in die man sich hineinfinden muß. Diagnostisch äußerst wichtig und wertvoll; aber nur in ganz liberalem Sinne kann man hier von Projektion sprechen. Horizonte, Tiefe, Richtung, Qualität, Form der Persönlichkeit offenbaren sich in mancherlei Anzeichen. Der Rorschach gibt ein Weltbild, aber überwiegend im formellen Sinne. Wo eine solche Welt möglich ist, da gibt es einen Rorschach-Erfolg. Der konkret-individuelle, der inhaltlich bestimmte Lebensentwurf, die Historizität der Existenz, die „Bevölkerung" einer Welt werden uns aber weniger unmittelbar deutlich, dazu brauchen wir die Geschichte, die Anekdote, die einer uns erzählt. Dazu braucht er das Vis-à-Vis mit der Situation auf dem Bilde, dazu muß der Anruf an ihn erklingen und muß er in seinen Weltentwurf hineingehen und uns führen durch seine Welt.

Die Versuchsperson, die mit dem Rorschach konfrontiert wird, muß imstande sein, zu einer ganz bestimmten Doppelhaltung: sie muß zugleich aktiv und passiv sein. Sie muß formgebend und stellungnehmend den Ereignissen des Lebens entgegentreten – und sie muß sich für die unvorhergesehenen Umstände offenhalten und sich daran wagen. Ist die Vp. in diesem Gleichgewicht irgendwie krampfhaft festgelegt, dann sehen wir, daß kein Rorschacherfolg herauskommt. Entweder die Versuchsperson „sieht" nichts, oder sie geht hinunter auf das primitive Niveau der quasi-rationalen Erklärung, oder sogar noch etwas tiefer: auf das Niveau der reinen Beschreibung. Ist die Versuchsperson nur aktiv, von sich aus deutend, sozusagen: über den Kopf der Tatsachen hinweg, dann konfabuliert sie manisch. Man kann es deshalb verstehen, wenn Kijm[1] behauptet, das ideale Verhalten der Versuchsperson bei der Rorschach-Untersuchung wäre das spielerische. Dabei wären Versuchsperson und Versuchsleiter als Gleichberechtigte zusammen, und dabei fasse die Versuchsperson die

[1] In seinem wertvollen Buche über die Formen der Intentionalität im Rorschach-Test (De Varianten der intentionaliteit bij de Rorschach-test. Dekker & Van de Vegt, Nijm.-Utr. 1951).

Bilder als reine Zufallsformen auf. Die Versuchsperson ist dann nicht nur zu diesem unverbindlichen Verhältnis imstande, sondern sie ist nichtsdestoweniger gleichzeitig vollkommen bereit, das Verhältnis als verbindlich aufzufassen und die Aufgabe auf sich zu nehmen, d.h.: zu deuten. Die Versuchsperson begibt sich nun ins Fast-Nichts hinein, bereit auf die Suche zu gehen, ohne zu wissen, was sie sucht und was sie finden wird. Sobald sie etwas „sieht", setzt sie eine Seinsmöglichkeit, und deshalb gerät sie sehr leicht aus der spielerischen Haltung in die ernsthafte Arbeitseinstellung. Kijm zieht es vor, in diesem Falle von „Interpretation" zu sprechen. Aber der wirkliche Deuter verharrt in der Einstellung des Unverbindlichen seiner Deutungen, und er geht vorausschauend gerichtet in diese offene Situation des Unbestimmten. Er akzeptiert die fortwährende Erwartung: er ist ein freudiger Abenteurer.

Es nimmt nicht wunder, daß die Rorschach-Deutungsarbeit des Kindes eine ganz eigene Axiomatik voraussetzt, so wie wir sie bei Zulliger, Behn-Eschenburg, Loepfe, Mary Ford, Van Krevelen, Eriksson und anderen in Vorbereitung finden[1]. Diese Axiomatik ist nun aber nicht von der Untersuchungsmethode apriorisch bestimmt, sondern von der kindlichen Seinsweise, die der Methode gewisse Anpassungen abfordert, gewisse Änderungen und Einschränkungen auferlegt. Wie ich schon sagte: die Projektion als Form der personalen Sinngebung ist ein Prozeß, und zwar ein Teilprozeß des ganzen „Stoffwechselprozesses" der sich entwickelnden, sich instand haltenden und sich behauptenden Person. Deshalb eben nannte ich die Deutungsarbeit beim Rorschach-Diagnostikum keine Projektion, wenn auch manchmal in den Deutungen sich die Weltperspektive der Versuchsperson inhaltlich zeigt. Wohl ist die Rorschachdeutung ein Aspekt der personalen Sinngebung. Zum größten Teil aber zeigt uns der Rorschach die strukturelle Seite dieses der Welt Sinn gebenden und sie bearbeitenden Menschen. Deshalb erkennt die Versuchsperson sich in ihrer Rorschach-Deutung nicht, auch wenn sie ein wunderschönes Bild schildert. Eine therapeutische Wirkung des Rorschach habe ich bei Kindern wie bei Erwachsenen nie feststellen können. Bedeutend weniger trägt der Rorschach auch den dynamischen Prozeßcharakter, der die Projektion m.E. in wichtigen Hinsichten bestimmt.

Im wesentlichen nimmt schon im Jahre 1938 Theodor Litt in

---

[1] Eine gute Zusammenfassung gibt Albert Eriksson: Rorschachs formtydningsförsök. En översikt och ett bidrag till rorschachtesting av barn. – Tidskrift för Psykologi och Pedagogik I (1943; Göteborg).

seinem Buche über die Selbsterkenntnis des Menschen[1] diesen Gedanken des Prozeßcharakters auch der Projektion voraus, indem er schreibt: „Wenn der Mensch nun einmal nicht davon ablassen kann, sich von sich selbst ‚ein Bild zu machen', so ist dies Bild niemals ein mehr oder minder treffendes Abbild dessen, was er ohnehin schon ist, sondern forttreibendes Moment des bewegten Seins, das in ihm sich selbst stillzustellen versucht." – Das sich projizierende Kind entwickelt sich also noch weiter, indem es sich projiziert. Es nimmt deshalb nicht wunder, wenn schon eine gute psychologische Untersuchung durch ihren projektiven Teil pädagogisch ordnend und deshalb befreiend und entlastend zu wirken pflegt. Damit ist selbstverständlich die psychologische Untersuchung der pädagogischen Zielsetzung und Normbestimmung unterstellt.

Also das sich projizierende Kind gestaltet sich in die Welt hinein, weil es sich in der Welt ausdrückt. Gerade in dieser Form einer impliziten Selbstbesinnung erwirbt die Seele eine zuvor nicht gegebene Gliederungsklarheit, und es entwickeln sich in der richtig geführten Projektion erstens „Einfühlungen" – denn Einsichten darf man sie manchmal noch nicht nennen – in das eigene Lebens-„Pattern", in das Muster des bisher gewebten Lebensgewandes; aber zweitens findet das Kind neue Äußerungsmöglichkeiten, die es nicht nur möglich machen, daß vorhandene Ladungen abfließen, sondern die zugleich auch neue Gestaltungen ermöglichen. „Sich projizieren" ist also nicht einfach eine unverbindliche Eigenschaftsverleihung an die begegnende Welt, deren unverbindlicher und „verleihender" Charakter dem Individuum öfters unbewußt ist. Die Projektion leistet vielmehr sehr oft eine tatsächliche, neue Weltgestaltung. Eine Fühlungnahme, ein Versuch, ein im Ernst-Spiel gewagter Entwurf menschlicher Beziehungen, die das Kind heiß ersehnt oder scharf abwehrt, ein Entwurf neuer Aktivitäten, Aufgaben, Ziele. In der Projektion spielt sich das Kind eine Welt. Aber es ist doch nicht ein Spiel im landläufigen Sinne des Wortes. Dazu ist es zu sehr „meine Seele selbst".

Deshalb ist es wichtig, daß die Projektion sich sozusagen sichtbar entwickeln kann. Im Puppenspiel von Madeleine Rambert, im Welttest von Margarethe von Wylick, im Szenotest von Gertrud von Staabs, in der Spielanalyse der Freudianer, der Schule von Chicago oder meiner Mitarbeiterin Frau Vermeer, in den Kinderzeichnungen und Kleksfiguren, im Wartegg und in vielen anderen Untersuchungs-

[1] Meiner, Lpz. 1938, S. 30. – Siehe auch S. 61 a.a.O. – Ähnliche Auffassungen bei E. Straus und R. Hönigswald s.: Arch. f. Psychiatr. u. Nervenkrankheit, Bd. 87).

methoden, wo sich das Kind eine Welt oder eine Teilgestalt daraus anschaulich deutet und herstellt, bleibt immer ein Resultat in sichtbarer Form zurück[1]. Es steht etwas da, das man gemacht hat und woraus nun zu unserem Wohlbehagen oder Ärger unser eigenes Angesicht uns ansieht. Man möchte es ändern, man möchte es vernichten, man möchte es vervollständigen und verschönern, man möchte noch einmal etwas Derartiges machen . . . nur dann wieder ganz anders. Gerade weil man hier die Spuren früherer Arbeit sehen oder wiederfinden kann, hat man etwas, wozu man zurückkehren kann. Das ermöglicht nun eine Kontinuität der selbsttätigen, projektiven Gestaltungsarbeit. Im Rorschach läßt sich nichts irgendwie definitiv Geformtes als meine Arbeit wiederfinden. Es hat auch keinen Sinn, eine frühere Deutung wieder in Erinnerung zu bringen und das Kind dazu aufzufordern, darauf nun mal weiter zu arbeiten. Der Rorschach tritt deshalb nie aktuell in die eigene Lebensgeschichte mitgestaltend hinein.

Ich brauche nun kaum zu sagen, daß die Freudsche Auffassung der Projektion für mich nur sehr beschränkte Bedeutung haben kann. In den personalen Sinngebungsprozessen, in denen sich die Ich-und-Welt-Gestaltung abspielt, sind die Affektentlastung und die Affektverwandlung nur zwei Möglichkeiten. Und ich halte es für sehr richtig, wenn z.B. ein ausgezeichneter Rorschachkenner wie der Däne Bohm, wenn er von „Projektion" spricht, immer hinzufügt „die Projektion als paranoider Mechanismus"; denn nur von der normalen Sinngebung will er dann reden, und von den paranoiden Erscheinungen ging auch Freud aus, wie wir gesehen haben, als er am Anfang einer langen Lebensarbeit den ihm nie ganz klar gewordenen Begriff der „Projektion" schuf. Daß das Kind wie der Erwachsene auch Ereignisse und Dinge der äußeren Welt projektiv deutet, wundert nur den, der entweder mit der Erkenntnistheorie und Psychologie voriger Jahrhunderte ein in sich eingekerkertes Ich gegenüber einer an-sich-seienden Welt der Fremddinge und Fremdpersonen annimmt, oder der die Projektion mit Freud und vielen seiner Anhänger betrachtet als einen ganz spezifischen Mechanismus. „Ganz spezifisch" kann man sie nur nennen, wenn sie als Mechanismus der paranoiden Wahnbildung oder nach Analogie dieser Wahnbildung auffaßt.

---

[1] Das trifft auch zu von der von Herrn R. Lubbers und mir entwickelten Bildkommunikation als Therapie. Vgl. M. J. Langeveld: Bevrijding door Beeld-Communicatie. – in: Nederl. Tijdschr. v. d. Psych. X, 2 (1955), und R. Lubbers: Voortgang en Nieuw Begin in de Opvoeding. Beeldend verhalen als Hulpmiddel by de Opvoeding. Van Gorcum, Assen 1966.

In der Welt des Kindes tritt aber nicht der Wahn auf und schon aus diesem Grunde empfiehlt es sich, auf keinen Fall die projektiven Sinngebungsprozesse als eine Art unschuldiger Wahnbildungen aufzufassen. Wahnbildungen im Kindesalter gehören in die reine Schizophrenie, wie schon Homburger (1926) im Anschluß an Weichbrodt (1918) festgestellt hat[1]. Wollen wir also die Projektion im Seelenleben des Kindes verstehen, so müssen wir uns vollständig befreien von einer Auffassung der Projektion, bei der im Hintergrunde etwas mitspielt von der paranoiden Herkunft dieses Begriffes. In der Projektion handelt es sich nicht um „ein wenig Wahn" oder „noch ein bißchen weniger Wahn", sondern um Sinn und noch ein bißchen mehr Sinn. „Sobald", sagt der Psychiater und Psychopathologe Rümke, „sobald die Rede ist von wirklichem Wahn und nicht von einer überwertigen Idee, gibt es praktisch nie – wenn man genau zusieht – Verständlichkeit"[2]. Die Verständlichkeit ist aber eben das erste Erfordernis der Projektion als solcher und der projektiven Methode als Untersuchungsmethode, die nun mal unser Verständnis des bisher Unverstandenen erweitern will und nicht steckenbleiben möchte in der Feststellung eines unverständlichen Sachverhaltes.

Also die „verdünnte Wahn"-Theorie der Projektion hat kinderpsychologisch keinen Wert. Dagegen ist die Projektion eine Weise, in der uns das Kind ungewollt Einsicht gibt in seine eigene Welt und damit in den Prozeß seiner Selbsterhaltung und Selbstgestaltung.

In der projektiven Methode bieten wir dem Kinde z.B. in Bildern Anhaltspunkte für eine mikrokosmische Darstellung seiner – makrokosmischen – Welt. Es ist also die Frage, wie man diese Anhaltspunkte auswählen soll und wie man sie im Bilde darstellen und anbieten will. Es ist deutlich, daß man mit der Wahl die Weltgestaltung des Kindes – erstens – vorwegnehmen kann und – zweitens – sie schon sehr leicht beeinflußt in der Richtung der gewählten Bilder. In dieser Hinsicht ist der Children's Apperception Test von Leopold und Sonya Bellak ein instruktives Beispiel. Ich will gleich von vornherein sagen, daß man selbstverständlich auch mit dieser Bilderserie projektives Material zusammenbringt. Als Bildträger der Projektion wählen die Bellaks Tiere, und zwar Hühner, Kaninchen, Hunde, ferner Affen, Bären, Löwen, Tiger und Kängeruhs. Die Situationen auf den Bildern sollen

[1] Psychopathologie des Kindesalters. Springer, Bln. 1926, S. 791ff.

[2] H. C. Rümke: Studies en Voordrachten over psychiatrie. Scheltema & Holkema, Amsterdam 1943, S. 112. – Ähnliche Auffassung vertritt zum Beispiel Karl Jaspers: Allgemeine Psychopathologie. Springer 1948, S. 165.

angeblich die Determinanten der kindlichen Welt enthalten. Die Situationen beruhen aber auf der psychoanalytischen Interpretation der kindlichen Seele, und es nimmt deshalb keineswegs wunder, daß man auf diese Weise die dazugehörigen Antworten erhält. Im ersten Bild ist die Oralerotik vorgesehen, im zweiten die Kastrationsangst, im Kängeruhbild können Kinder, die Kängeruhs kennen, z.B. zurückkehren in den Mutterschoß, im nächsten Bilde wo zwei junge Bären zusammen im Bett sind, können die Kinder zeigen, wie sehr sie beschäftigt sind miteinander und mit den sexuellen Beziehungen ihrer Eltern; Masturbation kann das Kind fast bei allen Bildern projektieren, usw. usw. Es wird hier reichlich eindeutig dem Kinde der Freudsche Katechismus abgefragt. Aber unverkennbar läßt sich mit verschiedenen von den zehn Bildern schon etwas ausrichten. Die Bilder sind aber manchmal derart offensichtlich provozierend, daß das Kind kaum Interpretationsfreiheit hat und entweder deskriptiv bleibt oder die Antwort gibt, die man so ungefähr erwartet hat[1].

Das ruft die Frage auf, ob es methodisch wohl richtig sei, dem Kinde so deutlich bestimmte Situationsbilder vorzulegen, und ob es nicht besser sei, Bilder zu wählen, die ziemlich vieldeutig oder jedenfalls nicht zu absichtlich und nachdrücklich sind. Man darf wirklich sagen, daß man auf jedes Bild, das man nur irgendwie ausdenken kann, schon immer irgendeine Antwort bekommt. Wenn aber die Projektion im kindlichen Seelenleben im wesentlichen nicht gesehen werden darf als Affektentlastungs- und -Verwandlungsmechanismus, dagegen aber als Form der Welt- und Selbst-Gestaltung, dann ist es deutlich, daß die tendenziöse Wahl von zu wenig vieldeutigen Bildern selbstverständlich ein tendenziöses aber zu den vorgefaßten Meinungen sehr wohl passendes Resultat ergibt. Denn auch diese Bilder sind „Welt" und sind deshalb Aufgaben für das Ich, um welche herum sich Sinngebungen kristallisieren. Auch diese Kristallisierungen sind keineswegs frei. Die Bilder sind Anhaltspunkte, und die Bellak-Bilder lassen der eigenen Weltgestaltung manchmal recht wenig Raum.

Es ist auch möglich, die Produktivität des Kindes auf andere Weise einzuschränken. Das zeigt Bild Nummer 7 besonders deutlich in der C.A.T.-Serie: die grausame Aggression eines übermächtigen Tigers gegen einen Affen ist derart offensichtlich, daß das Kind sich manchmal geängstigt fühlt und entweder nur deskriptiv bleibt

[1] Vgl. mein: A short preliminary note on some presuppositions of the Columbus-Test for Children. in: Folia Psychiatrica, Neurologica et Neurochirurgica Neerlandica. Vol. 61, 2 (1958), Rümke Volume. –

(„Dieses große Tier will den armen, kleinen Affen beißen") oder gar nichts sagt.

Nun ist die Beschreibung eines Bildes schon das Anzeichen dafür, daß das Kind der Situation in der offenen Sinngebung geordnet entgegentritt. Das Kind hält in solchem Falle sogar die offene Form fest, weil es damit die sichere Sphäre des Zusammenseins nicht zu verlassen braucht. Nach meiner Ansicht sind solche Untersuchungsmethoden pädagogisch zweifelhaft und psychologisch primitiv zu nennen.

Will man das Kind in der personalen Sinngebung an eine beschränkte Aufgabe binden, dann wird aber jedenfalls der Kontakt schon recht intim, der Umgangston recht unnachdrücklich und anekdotisch sein müssen. Nach meiner Erfahrung empfiehlt sich da besonders die von uns ausgearbeitete Transformations-Projektion. Wir nehmen die Projektion dann auf in der anekdotischen Sphäre und spielen mit dem Kinde „zaubern". „Was würdest du tun, wenn du nun einmal eine Uhr wärest?" Da entwickelt sich ein freudiges Gespräch, wobei der Versuchsleiter als Sicherheitsgarant, das Objekt aber in seiner Bedeutung für das Kind da ist. Die Uhr steht so ruhig da auf dem Kamin und sagt „tick-tack". Oder sie unterbricht die Ruhe und mahnt an die Aufgabe. Sie kann freundlich, sachlich, boshaft eingreifen. Sie kann necken oder quälen. Sie kann im Hintergrund bleiben oder obsedieren. Sie kann – im Wernerschen Sinne – physiognomisch wirken und mich schweigend anschauen, geheimnisvoll oder tadelnd oder gleichgültig. So treten die Dinge aus der Welt heraus und zeigen uns die Konstellation aus der sie hervorgetreten sind: das Kind nimmt uns während der Produktion seiner Welt in seine Welt als Produkt mit hinein. Wir treten in die reinste produktive Projektion hinein und wandern tatsächlich, d.h. in der Tat und in den Sachen, in der Welt des Kindes. Wir an der Hand des Kindes und das Kind an der unsrigen. In fortwährender Produktion gibt das Kind auf dieser Wanderung seiner Welt und sich selbst Gestalt. Aber gerade weil es sich hier um eine personale Sinngebung handelt, und gerade weil diese Sinngebung sich abspielt auf dem Hintergrunde einer mitbestimmenden Welt von Leib, Ding und Gemeinschaft, läßt sich die personale Sinngebung konfrontieren mit der mahnenden Bedeutung jener Schranken der Freiheit, ohne damit die Personalität umzusetzen in die unpersönliche Alltäglichkeit des Masse-Menschen. Im Leben des Kindes also ist die Projektion nicht nur ein Entlastungsmechanismus. Sie ist das nur unter ganz bestimmten Umständen. Sie ist dagegen im täglichen Leben des Kindes eine fortwährende Welterwerbung, die sich fortwährend vollzieht, nur andeutungsweise gebunden an die konventionellen Grenzen der Wirklichkeit, aber nichtsdestoweniger: schon vorläufig erinnert an seine Grenzen. Schon in seinem Leibe erfährt das Kind Möglichkeit und Grenze. Die Dinge verweisen es auf ihre sachliche Bestimmtheit als Grenze – aber in der Welt des Kindes sind sie reich durchlebt, und die Dinge verweisen das Kind sogar auch auf die Menschen: sie waren früher und haben die Dinge vor uns besessen – oder, besser gesagt: inne-gehabt –, die Menschen besitzen die Dinge mit uns und werden auch wiederkommen, um ihren Teil daran zu fordern. Auch die Welt redet ihre eigene Sprache: sie ist groß, es gibt Schwerkraft und Ferne, es sind die Menschen von sich aus da, und auch sie bedeuten Möglichkeit und Grenze. Es sind diese Schranken, die es möglich machen, einen persönlichen Sinn zu geben, eine personale Deutung zu wagen, ohne daß wir uns verlieren in der Einsamkeit des Wahnes und ohne daß wir die offene Sicherheit aufzusuchen brauchen, die in der allgemein tolerierten Phantasie des Spieles oder der Kunst liegt. Denn: Projektion ist die innere Sprache der persönlichen Weltgestaltung eines sich gestaltenden Menschenkindes.

[1] Im Jahre 1968 erscheint im Verlag S. Karger, Basel–New York mein „Columbus". Bilddeutung als Analyse der Entwicklung zur Erwachsenheit. Eine Bilderreihe von 24 Bildern nebst ausführlicher Anleitung.

IX

„Vertraute Welt"

Einige Aspekte vom Kind-Sein im menschlichen Mit-einander

I.

Wenn wir hier als Terminus „Mit-einander" oder „Mit-einander-Sein" einführen, so geschieht das nicht etwa, weil wir diese Kennzeichnung von Ludwig Binswanger übernehmen. Das Wort „Gemeinschaft" konnte nicht verwendet werden. Diese Bezeichnung ist leider abgegriffen. Soziologie und Politik haben sie reichlich abgeschliffen. Wir wollen im ganzen deutlich herausstellen, daß das Kind in der Welt, in der es zusammen mit uns lebt – leben kann, bestimmt ist von diesem Mit-einander.

Wer „Ja" sagt, gleichermaßen derjenige, der „Nein" sagt, lebt in dieser Welt des Mit-einander. Wer aber „Ja" sagt und „Nein" tut, ist auf der Grenze oder schon darüber hinweggegangen. Er ist dann, wie man das tadelnd nennt: „eigen-sinnig", oder wie man sagt: „Er folgt seinem *eigenen* Sinn. Er muß es *selbst* nur wissen." Verhält er sich dem Sinn des Mit-einander-Seins entsprechend, wird er lediglich als „regelhaft", „normal" oder „brav" angesehen. Das Wort „Sinn" verwenden wir hier nicht im metaphysischen Sinne. (Übrigens, das wäre an sich sehr wohl angebracht.) Wir wollen hier vorläufig damit nur sagen, daß das Mit-einander-Sein dem Verhalten Richtung und Beschränkung auferlegt. Mit-einander-Sein ist nur insofern und nur solange ein Zusammensein, als das Verhalten derjenigen, die mit-einander sind, sich im gegebenen Zusammenhang steuert, und man dabei mit-einander rechnet. Darin liegen Richtung und Beschränkung.

Das Kind, das den Brei ißt mit seinem Löffelchen – und das nicht mit seinem Löffel wie ein Schifflein über den Tisch fährt – hat dieses

Mit-einander anerkannt, insofern es seinen Löffel gebraucht nach seiner Bedeutung, welche der Löffel für ihn *und* uns zusammen hat. Solange es noch mit dem Löffel Schiff spielt, kann es unmittelbar am Rand unserer gemeinsamen Welt sein. Sobald es aber abschweift in eine Welt, wo der Löffel ungestört das sein kann, was das Kind aus ihm macht, entsteht schon die Gefahr, daß das Mit-einander verlassen wird. Bald gilt die gemeinsame Welt nur noch *bedingt* und schließlich gilt sie gar nicht mehr. Das Kind trödelt, die anderen müssen warten. So kommt man damit immer überall „zu spät", man kann nicht sich einfügen und sich einer gemeinsamen Sache unterordnen, man macht, was man „will", man denkt sich bei allem seine Privat-Bedeutungen u.a.m.

Das Mit-einander-Sein als solches wird durch das Fehlen der anderen nicht aufgehoben. Auch wenn jemand gestorben ist, richten wir unser Verhalten oft noch nach ihm, er bestimmt unser Benehmen. Auch auf einer unbewohnten Insel kann man sich noch getragen wissen von einem Mit-einander-Sein, das man gekannt hat, und man rechnet mit dem, was es verlangen würde. Gebot und Verbot gelten auch, wenn der Erzieher nicht mehr da ist. Wie Vater oder Mutter es so liebten, so wird es später noch getan. Für sein Weiterbestehen kann das Mit-einander-Sein auch ohne die aktuelle Anwesenheit der anderen wirksam werden, obschon die Grunderfahrung selbstverständlich an tatsächliches Zusammensein gebunden ist.

II.

Es ist nicht schwer, in zahllosen Situationen der mütterlichen Versorgung deren Sinn zu verstehen: die Mutter gibt die Brust, das Kind saugt, in Richtung auf „Nahrung geben, Nahrung empfangen", (in Beschränkung, die dazu führt, das zu ermöglichen: die Ruhe, die richtige Haltung der Mutter, die Lage des Kindes, das Achten darauf, daß die Brust richtig leer getrunken wird, daß das Kind richtig einschläft, usw.). Die Situation wird konstituiert von dem so bestimmten Zusammensein von Mutter und Kind. Anderen Konstituenten gemäß ist die mütterliche Versorgung in der Bade-Situation bestimmt, wiederum nach anderen Bestimmungen richten sich die Situationen der Reinlichkeitsübung (und beim Klavierspielen richtet man sich *jener* Angelegenheit gemäß ein).

Die Welt dieses Mit-einander-Seins ist eine Welt der Gemeinschaft, die „Tatsachen"-gemäß bestimmt ist. „Tatsache" ist hier, was weder nur den einen noch den anderen Partner betrifft, sondern was für alle Partner – als „Teil"-Nehmer – Wert hat, oder was zumindestens *ein* Partner als wertbestimmend für den anderen ansieht. Es ist wertvoll für das Kind, daß es lernt, sich rein zu halten, auch wenn es selber darum noch nicht weiß. Auf diese Werte bezieht sich das gesamte Benehmen von Erzieher und Kind in dieser Situation, und es soll dem Zwecke angemessen sein. Es braucht nicht tadellos und fehllos zu sein: es soll nur nach seinem Sinn in der Situation verständlich werden können.

Es gibt auch eine unmittelbare Gemeinschaft, in der kaum etwas zu spüren ist von der Vermittlung integrierender Werte: es gibt das selbstlose Zusammensein der Liebenden. Darüber hinaus gibt es auch ein Sich-Hinwerfen in die Verlängerungslinie der eigenen Lüste, beziehungsweise man benimmt sich mechanisch-konventionell.

Die Welt des Mit-einander integriert sich auch an einem gemeinsamen Vorhaben: man will zusammen einen Spaziergang machen, ein Rennen rudern, eine Mahlzeit zusammen genießen, Lehren und Lernen, z.B. das Schreiben u.a.m. Die Gemeinschaft ermöglicht solche Situationen des Mit-einander-Seins oder erfordert sie. Sie ist dazu Bedingung und Gelegenheit. Bedingung, weil die Angelegenheit, die dieses Mit-einander-Sein bestimmt, Bedeutung hat für die Gemeinschaft. Andererseits aber ist die Gemeinschaft nur bedingt in diesem Mit-einander-Sein anwesend: sie ist begrenzt auf das Ziel der Situation hin.

In die „Schreibstunde" gehört vieles, was Gemeinschaft ausmacht, nicht mit hinein. Die Gemeinschaft bleibt bedingend und bedingt im Hintergrunde, sie ist aktuell nur in der Gestalt *dieses* Zusammenseins. Aus diesem Hintergrund treten z.B. handelnde Personen: die Krankenschwester gibt dem Kinde die Flasche, der Vater lehrt den Buben die nicht verstandene Geographie usw.

Gemeinschaft umfaßt und durchdringt das Mit-einander-Sein durch die bestimmenden Werte, die integrierende Sache, das Sein in der „eigenen Welt"[1]. Das Verhältnis zur Gemeinschaft kompliziert sich außerordentlich, wenn diese „eigene Welt" sich nicht mehr zur Welt offen hält, wie in der Lüge oder in der Neurose. Sie kann sich dagegen höchst produktiv entwickeln z.B. in der kreativen Phantasie.

---

[1] Ausführlich habe ich über diese „eigene Welt" geschrieben in: Die Schule als Weg des Kindes (Westermann, Braunschweig, 1968, 4. Aufl.), Kap. IV, 2.

III.

Obschon nun das Mit-einander-Sein einen ekstatisch selbstlosen Charakter tragen kann oder in anderen Formen nicht an eine wertbezogene Tat-Sache gebunden zu sein braucht, wollen wir hier an einigen Beispielen die sachbestimmten Situationen des Mit-einander-Seins betrachten.

Wie in der gesamten phänomenologisch analysierenden Anthropologie des Kindes ist damit nicht das Ganze systematisch überschaubar zu machen. Es ist nur thematisch angesprochen. Solche Versuche mögen für den Philosophen den Schein des „phänomenologischen Expressionismus" tragen, für den Empiriker genügen sie vorläufig; einerseits, um daraus mit den ihm zur Verfügung stehenden Methoden (der „klinischen", der experimentellen, der ausfragenden usw.) weitere Forschungsantritte zu entwickeln, andererseits dienen sie ihm, um in seiner Auffassungsweise die Problematik freizuhalten von oberflächlichen Generalisierungen. Es wäre begrüßenswert, wenn viele helfen würden, solche Situationen und die Beziehungsformen menschlichen Zusammenseins phänomenologisch zu durchleuchten.

Zurück zur Sache: obschon das Mit-einander-Sein sachbestimmt sein kann, ist es nicht immer von der Gegebenheit her zu vermuten, geschweige denn zu verstehen. Die Tatsachen-Momente sind gar nicht immer so indikativ. Oft verweisen sie allerdings auf die Hand, die hantiert, die Schere oder das Material, das bearbeitet werden kann mit scharfen Schneiden.

Recht oft muß man die Funktion des Sachlich-Gegebenen in dem Mit-einander-Sein „schätzen", indem man den möglichen anderen miteinbezieht, damit man – z. B. – gemeinsam etwas herstellt, das auch ohne Mitarbeiter schon möglich wäre. Oder: man sieht den anderen in der historischen Perspektive („Sei vorsichtig mit Großvaters Tasche!"), bzw. in der Perspektive der Zukunft („Geh' mit den Füßen herunter, es kommt vielleicht jemand, der da sitzen will!" – „Lege den Hausschlüssel an die *verabredete* Stelle!" – „Schlage nicht so mit der Tür, sonst weckst du die Hausgenossen auf!"). Der nichterzogene Mensch zeigt bisweilen diesen Mangel: er bezieht die sachlichen Gegebenheiten nicht auf das Mit-einander-Sein.

Es gibt auch Sachverhalte, die, geradezu den anderen rufen: z. B. die Wippe. Allein kann man mit ihr nichts anfangen.

Durch die sachlich bestimmten Gegebenheiten können wir also das Kind erziehen, ihm Verantwortungsgefühl beibringen, es lehren, „sorgfältig" zu sein, Zerbrechlichkeit von Gegenständen zu beachten, die Bedeutung eines Gegenstandes für andere zu respektieren usw. Es braucht sich bei alledem am Gegenstande selbst nichts von dem unmittelbaren Mit-einander-Sein zu zeigen wie das bei solchen Gegenständen wie der Wippe der Fall ist. Es lassen sich aber auch wo das nicht der Fall ist noch zu bestimmende Angelegenheiten entdecken. Der Ball braucht zunächst nicht den Spielgenossen anzusprechen. Er spielt mit uns, indem er rollen und zurückspringen kann. Aber wenn er sehr weit wegrollt, dann wäre es angenehm, wenn aus dem Nichts sich ein Fuß materialisierte, der den Ball zurücktreten würde.

Lehrt uns der eine Gegenstand: Sorgsamkeit, der andere: Rücksichtnahme auf andere, ruft der dritte direkt den Partner an. Das Miteinander-Sein kann deutlich werden aus den Sachmomenten (Wippe), es kann erkennbar sein aus den Sachmomenten, die aber erst bei gewissen Umständen aktuell werden (der weitgerollte Ball), es kann auch sein, daß das Mit-einander abhängig ist von völlig außerhalb der Sachverhalte stehenden Intentionen wie Verabredung, Auftrag, Verbot usw. Es ist klar, daß das Kind für den ersten Modus ganz abhängig, für den zweiten in hohem Grade abhängig ist von Erziehung und Erfahrung.

Für den ersten Modus aber bedarf es der selbstständigen Entdeckung, wenn die Gegenstände da sind. Es ist in gleichem Maße deutlich, daß das Kind bei dem Versuch zu wippen höchstens entdecken kann, daß der Gegenstand so nur wenig ergiebig ist. In den beiden anderen Fällen aber kann das Kind Fehler machen oder den Gegenspieler heranlocken. Es zeigt diese Welt „offene Stellen“ und sie verweisen auf Erziehung und Mit-einander-Sein.

Erziehung zum richtigen Verständnis des tatsächlich Gegebenen ist demnach zugleich eine Einführung in ein Verhältnis zu den Menschen, zu denen, die früher lebten oder später noch kommen werden oder die fern sind, zu denen, die Besitz oder Gebrauch oder Genuß mit mir teilen. Von den Sachverhalten haben wir nicht nur ihre unbestechliche Objektivität zu lernen, wir begegnen in ihnen auch manchmal den Mitmenschen.

Wenn wir bemerken, daß ein Kind erst auf den Schoß genommen wird, dann aber auf seinem Stuhl zu sitzen hat, entdecken wir zugleich, wie die Beziehung zu den Sachverhalten auch mit der Reifung des Kindes zusammenhängt, d.h. in fortlaufend zunehmender Distanz zu dem Menschen, der für das Kind in dessen Hilflosigkeit zunächst da sein mußte im Sinne eines „organischen Stellvertreters“. Daß hier vom tatsächlich Gegebenen zur Reifung des Kindes eine Beziehung besteht, sehen wir auch daran, daß man erst Gegenstände vom Kinde entfernt, um den Gegenstand vor dem Kind bzw. das Kind vor dem Gegenstand zu beschützen. Dieser Tatbestand spricht auch zu uns aus den zahllosen Gegenständen, die extra für das Kind hergestellt sind und abgestuft sein können in ihrer „Schwierigkeit" oder dem jeweiligen Alter des Kindes zugeordnet sind. Der Mitmensch kann dabei bisweilen völlig entschwunden sein, jedoch ist Spielzeug meist auf das Mit-einander-Sein eingestellt. Daß im Geschenk der Schenker und der Empfänger mit eingeschlossen sind, habe ich an anderer Stelle ausgeführt[1]. Der Schenker sucht das Richtige, indem der Empfänger ihm vor Augen steht. Wer ein Geschenk annimmt, nimmt den Schenker an.

IV.

Wie gesagt: es gibt ein Mit-einander, wo das „sachliche" Moment völlig fehlt oder ganz am äußersten Rande steht. Es gibt eine „Nutzlosigkeit" in der unmittelbaren, unbedingten Gemeinschaft, und dieses Nutzlose gibt gerade das große Gefühl der Freiheit und der Verbundenheit. Das nutzlose Geschenk der letzten Rose im Herbstgarten ist köstlicher als die silberne Orchidee aus dem teuersten Juweliergeschäft. Verträumt sitzt das Kind auf Mutters Schoß, liegen die Liebenden einer in des andern Armen. In dieser unmittelbaren Gemeinschaft von Kuß und Handdruck, von Fluch und Schimpfwort, von Schlag und Stich herrscht erst das Schweigen oder maßloses, formloses Brüllen, dann – vielleicht – ein Wort oder ein stilles Singen, oder: ein Ausbruch von Schimpfen – die Erklärung. Die „Nutzlosigkeit" ist in beiden Fällen: erst Tat und dann – vielleicht – Erklärung. Von außen gesehen kann sie „dumm" sein oder „weise", vernichtend oder schöpfend, voll von Sanftmut oder unwiderstehlich. Auch im Haß ist sie die Welt der Unmittelbarkeit.

Natürlich kennt auch das Kind vom ersten Lebensmoment an die unmittelbare Gemeinschaft, z. B. wenn es bei der Mutter trinkt. Es ist eine Gemeinschaft, die noch keinerlei nähere Unterscheidungsmerkmale enthält. Sie ist noch unmittelbar inkarniert. Es ist deshalb verständlich, daß man diese Situation sexualistisch deutete – irregeführt von den ähnlich gerichteten Tatbeständen (Unmittelbarkeit, Inkarniertheit), mit einer Interpretation, die den Sexualitätsbegriff als bekannt voraussetzte, diesen aber zugleich aus der zu interpretierenden

---

[1] Das Ding in der Welt des Kindes. S. 142 in diesem Buche.

Situation herleitete. In der Logik nennt man solche Fehlschlüsse eine „petitio principii". Darauf wollen wir hier aber nicht eingehen.

Im echten – nicht reflexmäßigen – Lächeln erlebt das Kind für ein zweites Mal eine unmittelbare Gemeinschaft. Diese ist frei von jeder leiblichen Verbundenheit. Das Lächeln ist schon durch den anderen hervorgerufen, aber nicht körperlich. Der Körper muß sogar recht friedlich zur Ruhe gekommen sein. Das Lächeln entschwebt dem Wohlbehagen der Begegnung und trifft den anderen wie eine Zuwendung des Wohlgesinnten. Das Saugen ist körperlich immanent, das Lächeln überschreitet den Körper. Das Kind ruht in den Armen, es wird aufgehoben, sitzt auf dem Schoß, betastet den Körper – z. B. die Zähne, die Augen, – des anderen. Darin liegt keine Gemeinschaft. Die Körperlichkeit des andern hat hier nur einen instrumentalen und einen Ding-Charakter, ist aber nicht kommunikativ wie ein Lächeln.

In der Liebkosung richtet man sich auf das Kind, es ist zumindest intentional eine Gemeinschaft da. Sie fängt aber an in einem Tun mit dem Kind, einem „dem Kinde tun". Das Kind kann gelegentlich nichts davon spüren. Es kann auch aufgenommen werden in ein sensuelles *und* kommunikatives Berührt-Sein. Die Kommunikation kann auch fehlen. Von Gemeinschaft kann dann nicht gesprochen werden. –

Wo das hilflose Kind der Sorge der Erzieher anheimgestellt ist, entsteht in konkreter Situation die Gemeinschaft in konkretem und intim-persönlichem Sinne. Art und Weise dieser Sorge bestimmt die Tonalität der Begegnung (beide Metaphern sind hier belehrend, man spricht von: „couleur locale" oder: „c'est le ton qui fait la musique"). Es wird damit die affektiv-dynamische Prägung der Ich-Welt-Beziehung weitgehend bestimmt. In dieser sorgenden Begegnung, die die ersten Mängel in der Körperlichkeit selber mit körperlicher Erlebbarkeit beantwortet, wird die menschliche Gemeinschaft verankert. Der Körper bestimmt die Situation, die Liebe das Klima und – zum Teile wenigstens – das Kind, das daraus wachsen wird. Wie das Kind seinen eigenen Körper erlebt, habe ich an anderer Stelle ausgeführt[1].

Nicht immer bedeutet die Versorgung des Kindes auch für das Kind eine ich-bezogene Sorge und erst recht nicht: Gemeinschaft. Es *wird* gewaschen u. a. m., es gibt einfach Routine in solchen Fällen. Das ist richtig: es kann nicht immer ein Fest sein. Nehmen wir einmal das

[1] L'expérience du corps propre chez l'enfant. Liège 1954. Neu bearbeitet: Psychol. Rundschau V (1954) und wiederum neu bearbeitet in diesem Buch S. 125. – Darüber wäre allerdings noch vieles zu sagen.

Laufen Lernen als Beispiel einer Gemeinschafts-Beziehung. Ein zappelndes Sich-Bewegen des Kindes ist anfänglich da, dann kommt eine Unterstützung hinzu, die das Laufen möglich macht. Das Kind ist aber auf das Gehen selbst gerichtet, nicht auf die Unterstützung. So lernt es später radfahren, schwimmen, Schlittschuh laufen u.a.m. Immer ist das Kind dabei von der Hilfe, von der körperlich erfahrenen Unterstützung weggerichtet. „Selber können" bedeutet *auch:* körperlich unabhängig sein. Das beginnt schon bei der Geburt, und in dieser ersten körperlichen Trennung ergibt sich die primäre Bedingung für die Individuation des Menschen. Der Mensch ist weder Parasit noch Polyp.

In dieser Geburt wie bei dieser Hilfe in der Sphäre der Körperlichkeit ist Gemeinschaft völlig dienend, sie bleibt – wenn es richtig ist – für das Kind implizit. Sie wird nicht sensuell erlebt, weder vom Erwachsenen noch vom Kinde.

Es eröffnet sich nun eine Perspektive auf Gemeinschaftsformen, die wir hier nur flüchtig andeuten können:

1. Es gibt also eine körperliche Gemeinschaft, die *im* Körper durch den andern sich vollzieht: die inkarnierte, unmittelbare – nicht auf personaler Begegnung beruhende – Gemeinschaft, z.B. der Ernährung. Hierin zeigt die Geschlechtsgemeinschaft Übereinstimmung[1].
2. Es gibt ein Beim-andern-Sein *durch* den Körper:
   a) nicht-kommunikativ: z.B. in der Berührung, z.B. wenn das Kind „abgeknutscht" wird,
   b) kommunikativ: z.B. in dem Blick, dem Lächeln, indem man sich ansieht, im Gesichts- und Körperausdruck.
3. Es gibt ein Bei-dem-anderen-Sein in seiner Körperlichkeit, das aber völlig überschritten wird in der Intention: das Kind soll lernen zu gehen, zu schwimmen u.a.m. Es liegen hier Möglichkeiten zum Kommunikativen.
4. Ganz wesentlich mit dem Kommunikativen des unter 2. Gemeinten hängt die Sprache zusammen. Körperlich ist sie in der Artikulation da wie im Hören. Aber in der bloßen Körperlichkeit kann sie nicht entstehen. Sie entsteht, wo kommunikatives Zusammensein stattfindet. Aber auch das genügt noch nicht: Erwachsene und Kind sind in einer Situation aufeinander gerichtet. Es werden sowohl die sachlich-bezogenen Momente wie das Zusammensein

[1] Vgl. z.B. J. Linschoten: Aspecten van de sexuele incarnatie. In: Persoon en Wereld. Utrecht. 1952.

von der Sprache artikuliert (und selbstverständlich das geistige Leben des Kindes selbst).

5. Das Erlebnis der Gemeinschaft im Zusammen-Sein: im Wohnzimmer der Familie, im Fest, auf dem Spaziergang, in der Bekundung der Reue usw.
6. In der schon angegebenen Form des Mit-einander-Seins in oder durch sachlich-gerichtete Beziehungen.
7. Bei der Kommunikationsform der Sprache hören die Gemeinschaftsformen nicht auf; es kommen neue hinzu z.B.: das Schweigen, Andeutung der eigenen Innerlichkeit, Besprechen von Unbekanntem u.a.m.

Wir wollen nun noch an zwei Beispielen den unter 5 angedeuteten Tatbestand verdeutlichen im Bereich des „Wohnzimmers" und im Bereich der „Straße".

V. Das Wohnzimmer und das Draußen

Im Wohnzimmer erlebt das Kind unmittelbare Gemeinschaft. Es lebt dort im Mit-einander-Sein mit Sachen. Die Dinge, die „uns" gehören, begegnen ihm: die Möbel, die Uhr, der Ofen, Vaters Stuhl, Mutters Nähmaschine. Das alles gehört zu *uns*. Im Mit-einander sind sie da, aber mit diesem vertrauten Vorzeichen. Sie sind auch da als Objekte: man stößt sich an ihnen; zieht man Spielzeug hinter sich her, dann bleibt es am Tischbein hängen u.a.m. Aber man darf auch nicht mit den Schuhen auf dem Tisch stehen, denn dafür ist der Tisch nicht bestimmt. Hier gilt der Code des Mit-einander-Seins[1]. Im Wohnzimmer lernt man in der Geborgenheit der Familie und mit den vertrauten Dingen nichtsdestoweniger das Mit-einander und die Sachen, die uns mitbestimmen, kennen. Selbstverständlich: Das Kind baut seine eigene Welt auch hier ein, es spielt oder träumt unter dem Tisch, hinter dem großen Stuhl in der Ecke, hinter den Gardinen. Daß es damit anfängt, den Code des Mit-einander-Seins nicht zu kennen, zu vergessen, zeigt sich im Umgang mit den gemeinsamen Dingen oder auch darin, daß es seine Sachen einfach liegen läßt. Hier zeigt sich uns, wie sehr die eigene Welt in die Welt des Mit-einander sich einwebt. Die eigene Welt ist aber keineswegs „egozentrisch" – wie Jean Piaget gesagt hat –, sondern eine Welt, die dem Kinde selbstverständlich offen

[1] In der „geheimen Stelle" ist das anders. Vgl. meine Ausführungen: Die Schule als Weg des Kindes. Kap. IV, 2. Braunschweig. 1963.

steht in ihrer Verfügbarkeit. Denn: dort geht man in jede Tür hinein, man steigt aus dem Fenster, läßt Gegenstände da, wo man sie zufälligerweise liegen ließ, man stellt die Schuhe auf den Tisch, legt einen Heringskopf, gefunden im Garten, auf eine Grammophonplatte u. a. m. Man muß dort noch „lernen", daß man Vaters Füllfederhalter nicht als Hammer verwenden soll, daß man mit der Schere nicht in dem Steckkontakt herumstochern soll usw., man läßt die Tür hinter sich offen stehen, auch die von der Toilette. – Nicht nur diese Welt steht offen und ist verfügbar, man ist es selbst ebenfalls: ungekleidet, so wie man gerade ist, geht man auf die Straße hinaus, wo eine Drehorgel so wunderschön und laut lockt. Was man da findet, nimmt man mit. Freundlich spricht man jeden Vorbeigehenden an, und gern wird den Vorbeigehenden eine Antwort gegeben. Eigentlich: verirren tut man sich nicht, denn: weshalb sollte die Welt auf einmal aufhören, die vertraute zu sein? Man entdeckt sich an fremder Stelle; es ist etwas mit der Stelle los, jedoch nicht mit dem kleinen Spazierer. Plötzlich steht man wieder vor dem eigenen Haus. Stimmt – es war ja doch immer da, nur . . . wo? Man geht schlecht und recht vom Fußweg weg auf den Fahrweg. Weshalb machen die Autos auf einmal so'n Lärm? . . . Man sitzt unvermittelt auf jemandes Schoß, läßt sich freundlich zureden, sogar küssen. So etwas soll man später nicht wieder tun!

„Egozentrisch"? Ein Ego ist noch nicht recht da. Ich und Welt sind noch wie kommunizierende Gefäße. Ich und Welt bilden sich in einem Dialog, wo die Erziehung das Gespräch leitet.

In der „eigenen Welt", an der „verborgenen Stelle" findet das Gespräch ohne Partner statt, gewissermaßen in einer „Leere", wo kaum die Bedeutungen gelten, die in der Welt des Mit-einander vorgeformt sind. Sie verlieren dort ihre Vorbestimmungen, beziehungsweise funktionieren nur hintergründig. Im Mit-einander ist die ganze Situation klar vorgeformt. Dort begegnet man Personen und Sachen, die einem von sich aus zusprechen. Man hat auf sie zu hören, ja zu lernen, mit ihnen auszukommen. Immer ist diese Welt schon da, auch wenn *deine* eigene Welt erst mit dir anfängt. Im Mit-einander wird diese Welt-von-mir nicht völlig aufgehoben. Einerseits bildet sie sich erst recht in der Vorstufe menschlichen sozialen Seins durch unmittelbare Gemeinschaft, durch den Ruf des Menschen durch die Dinge hindurch, durch die menschlichen Konventionen hindurch: – wer mir die Hand reicht, dem soll ich auch die meine reichen. – Andererseits kann ich noch weitgehend „Kind" sein, d.h. versuchen, entdecken, eigenes zufälligerweise stattfindendes Tun verfolgen usw.

Die Welt ist noch verfügbar und noch recht wenig Bedingungen stehen Wache an ihrem Eingang.

So wie im Stadtviertel die eigene Straße, in der Straße das eigene Haus, so ist im Haus das „Wohnzimmer“, die Herzkammer. Dort leben *wir* im Mit-einander-Sein. Von dort aus lebt man, dahin trägt man seine Erlebnisse. Wer im Wohnzimmer schläft, mischt Lebenssphären, die besser getrennt werden sollten; es sei denn, daß der ermüdete Vater dort in seinem Stuhl ein Nickerchen macht. Das geht an, aber der Vater soll dadurch die Gemeinschaft um ihn nicht aufheben, indem er die Ruhe des Schlafzimmers für sich beansprucht.

Im Wohnzimmer ist man zusammen, zusammen geborgen. Dort feiert man, dort trauert man. Dort plant man. Es ist die Zufluchtstelle, das Hauptquartier, die Operationsbasis. Wenn man von „Eigener Herd ist Goldes wert“ spricht, so ist dort der Herd: „le foyer familial“.

VI. Die Straße

„Auf die Straße hinausgegangen“ ... das kann bedeuten: davongegangen, meistens nur für kurze Zeit – er kommt bald wieder. Andernfalls fügt man hinzu: „er ist auf die Straße hinausgelaufen, seitdem hören und sehen wir nichts mehr von ihm“. Wer bloß „durch die Straße kommt“, wohnt hier nicht. Straße bezieht sich auf „unser“ Wohnen. Sogar in der modernen Wohnmaschine, in diesem Edelgefängnis der jungen Mutter und ihrer kleinen Kinder, ist die Straße ein Zeitliches; das Haus aber bleibt. Für die meisten Stadtkinder bedeutet die Straße alles vom „Draußen“, was sie haben. Draußen sein ist: auf der Straße sein. Man wird von dort zurückerwartet. „Er darf nicht mehr (draußen sein)“ muß verstanden werden mit der impliziten Bedeutung von „er darf nicht mehr auf der Straße spielen“. Im Hinblick auf das Zu-Hause-Sein ist die Straße rationiert. Straße ist Spielraum in größeren Maßstäben, mit Ecken, Hauseingängen, einem Laden mit Süßigkeiten, einer Bude, einem Markt, einer Anlage. – Heutzutage bedeutet Straße zuallererst: Verkehr, Gefahr für das Leben. Raum zu schaffen, wo Jugend sich entwickeln und auch sich austoben kann, gehört darum zu den ersten Aufgaben der Städteplanung.

Wo die Straße ihre entscheidende Sinn-Beziehung zum Haus verloren hat, lebt ein anderer Menschentypus: der Straßenmensch. Bei primitiven Völkern lebt er als Naturmensch. In der westlichen Welt schwebt er zwischen einer verantwortlich bindenden Welt der Gemeinschaft und deren Aufgaben – und einer Welt ohne Verantwortung, die vom Stamm oder von Tradition her noch zusammengehalten werden kann. Das Kind gleitet leicht in die Beziehungslosigkeit ab, so entsteht die Bande und damit die Unverbindlichkeit, schließlich das Verbrechertum. Für den „Clochard“ wie für manchen südeuropäischen Proletarier (es gibt solche dort noch) ist die Straße *seine* Lebenswelt, nicht das Haus. Ihm wurde die Straße das Schauspiel der Welt. Für die Wilden der Gesellschaft ist sie es gleichermaßen, aber zugleich: unbeschränkte Welt. Man tut, was man will, solange einem niemand entgegentritt. Erlaubt ist, was möglich ist. Wenn das Haus die Straße nicht oder nicht mehr integriert, ist sie einer Wildnis ähnlich.

An dieser Stelle soll nur vom Kinde gesprochen werden, das noch ein Haus hat und in dessen Straße noch in Beziehung zu einem Hause gelebt wird. Wer in seine Straße hineinkommt, ist schon „fast zu Hause“, und wer auf die Reise geht, ist noch nicht wirklich fort, wenn er nur die Tür hinter sich geschlossen hat. – Der Garten gehört zum Haus, *ist* schon Haus. Das Kind, das, von anderen verfolgt, seinen Garten erreicht hat, ist gerettet. Die Sphäre der Erwachsenen bedeutet Sicherheit, gibt Schutz schon im Garten. Der Garten ist der Spielplatz der kleineren Kinder, nicht nur, weil man dort gegen Verkehrsgefahren gesichert ist, sondern auch, weil der Garten zum Häuslichkeitsbereich gehört. Dort läßt sich in voller Sicherheit spielen, weil man sich nicht in Gefahr befindet.

Die Straße in der modernen Stadt hat viel von diesen Eigenschaften verloren, seit Verkehr und Utilitätsbau das Stadtbild verändert haben zur Maskierung hart-mechanischen Betriebes. Der Laternenanzünder, der mit seiner geheimnisvollen Fackel von Laterne zu Laterne weiterging, leise eine Reihe von vertrauten Gebieten aus der Finsternis hervorrufend, Gebiete wie Gemächer voneinander geschieden durch unbestimmte, durchsichtige Finsternis. Wer hier sich fortbewegte, ging jedesmal von sicherem in gewagtes und wieder in sicheres Gebiet. Die Straße konnte die Festlichkeit haben von einem Festsaal. In den Festen einer ganzen Nachbarschaft, die in Kleinstädten und in Arbeitervierteln fortbestehen, lebt noch etwas von dieser offenen Häuslichkeit fort.

In der Zeit der großen Feste – Ostern, Sankt Nikolaus, Weihnachten – entwickeln die Geschäfte eine patriarchale Häuslichkeit. Die Maler am Ende des späten 19. Jahrhunderts kennen dieses Straßenbild und Städtebild noch. Es gab Jahrmärkte! Ein großes Ereignis, wo es kolossale Maschinen gab wie das Dampfkarussell. Das war noch ein Spiel, wenn die Sirenen brüllten, die Glocken läuteten, wo es knallte in den Schießbuden, wo derbe Farben in die Augen sprangen. Ein Fest, das eine ganze Familie, ein ganzes Dorf, eine Kleinstadt feiern konnte. Aber: man konnte dort auch auf dem örtlichen Marktplatz die ordentliche Welt verlassen.

Die Epigraphik der Straßenhändler stirbt aus. Wie im Wohnzimmer die Uhr tickte, der Kanarienvogel sang oder der Kessel auf dem Ofen summte – Laute, die die Sprache der Intimität bildeten –, so hatte die Straße die mächtige Intimität der Ausrufe von Straßenhändlern, im Singen oder im Spielen der Straßenmusikanten. Das alles – und noch viel mehr – bildete das Heimgefühl unseres Hauses, unserer Straße, unserer Eigenwelt. Dabei dürfen wir nicht vergessen, daß das Gewebe einer dichtgewobenen Gemeinschaft – erwünscht oder unerwünscht – sich schon früh bildete. Die alten Leute, die komischen Männer, die eigentümlichen, verrückten, fröhlichen Bewohner gehörten zu einem Total-Erlebnis eines jeden. Auch die Spielgruppen der Kinder trafen sich auf der Straße. Schon das späte 19. Jahrhundert fing an, Spielplätze anzulegen und zu organisieren. Manchmal entarteten sie zu Spielsalons, manchmal entwickelten sie sich zu noch richtig abenteuerlichen Gefilden. Wenn der Jugend keine Gelegenheit zu Gestaltung geboten wird, weil alles bereits fertig da steht (als „Spiel-Geräte"), wird sie die menschliche Gestaltlosigkeit in der Vermassung heute aus sich heraus nicht überwinden in sich selbst.

Es wäre äußerst wertvoll, von einer solchen hier vorliegenden ersten allgemeinen Analyse aus, weiter verschiedene empirische Untersuchungen zu unternehmen (soweit sie nicht schon bestehen) und die Ergebnisse zu verarbeiten: z.B. über das Straßenspiel und über das sich ändernde Spielleben des Kindes, über das Gruppenleben der Kinder heute, über die häuslichen Feste und über die Feste von Stadt und Land, über die Sedimentbildung im kindlichen Gefühlsleben der ersten Lebensjahre, über die Heim-losigkeit, den Verlust an häuslicher Intimität, über die moderne Wohnmaschine und ihre Bedeutung für das Kind u.a.m.

Es melden sich so zahlreiche Themen an, die wir jetzt im pädagogisch relevanten Zusammenhang durchaus entwerfen und verstehen können.

X

Leichtsinnige Betrachtungen über das Wesen der Intelligenz[1]

„... nicht nur befindet sich der Mensch im Besitze des Vermögens, den Bann seiner spezifischen Umwelt zu durchbrechen und sich in die Weiten der Welt zu erheben –, er bringt auch in der Betätigung dieses Vermögens Schöpfungen hervor, die sich in keiner Form auf umweltbedingte Bedürfnisse und Antriebe zurückführen lassen."

Th. Litt, Die Sonderstellung des Menschen im Reich des Lebendigen

1.

Intelligentia ist ein vielumworbenes Fräulein. Jeder hat, oder jedenfalls: jeder hätte sie gern. Nur mit größter Scheu enthüllt sie ihre Geheimnisse. Manchmal fällt sie am meisten auf durch ihre Abwesenheit. So ungreifbar wurde sie manchem Anbeter, daß er sie nicht mehr zu nennen wagte. Denn falsche Namen rufen ihre falschen Geister auf. So sagte man geheimnisvoll: „Sie ist, wer sie ist." In der Sprache der Freier dieser Penelope hieß es: „L'intelligence c'est que mesurent les tests" (Binet), oder: „Intelligence is a measurement construct". Vor den Tests gab es also noch keine Intelligenz ..., woran man aber die Intelligenz der Tests nicht messen soll.

Die Intelligenz „versteht", meinte Binet (1907); sie ist ein „Maßkonstruktum, das das Niveau des kognitiven Funktionierens andeutet", sagt Ausubel (1958). Aber „Verstehen", „Kennen", „Kennfunktionen" usw. setzen ja gerade die Intelligenz voraus, die sie definieren helfen sollen.

---

[1] Zuerst erschienen in „Erkenntnis und Verantwortung", Festschrift für Theodor Litt. Pädagogischer Verlag Schwann, Düsseldorf 1960.

Wenn sie ein Konstruiertes ist, abgeleitet aus einer Reihe von Messungen, setzt sie „zu Messendes" und „Maß" und „Meßbarkeit in diesem Maß" voraus. Diese Voraussetzungen lassen sich alle so definieren, daß, was man „Intelligenz" nennt, nur rein operationell hantiert wird, ohne Existenz zu besitzen. Das Fräulein haben wir dann also definitorisch eliminiert . . ., wenn sie auch, hoffentlich, in diesen Definitionen irgendwie anwesend sein möge. Das läßt sich, angeblich, nur im Gebrauch – d. h. rein pragmatisch – erfahren. Unterdessen reden wir vielleicht Unsinn *in* oder *wegen* der Abwesenheit des Fräuleins. Denn entweder gibt es so etwas nicht, oder wir haben nur keine Vorstellung von dem, was sie ist, oder wir haben sie schon recht erfolgreich verbannt.

2.

Es hat schon längst die Freier enttäuscht, daß sich Intelligentia unter so verschiedenen Namen bei so verschiedenen Leuten antreffen ließ. Wie eben erwähnt, hat man es aufgegeben, sich weiter um ihre wahre Natur zu kümmern[1]. Man hatte ja schon eine Antwort, wozu nur noch die richtige Frage fehlte: man wußte ja, auf welchem Gebiete man Leistungen „messen" wollte. Daß es Leistungen waren, wußte man, weil man auch da schon eine Antwort hatte, die am Ende meistens „Schule" hieß. Damit wurde Intelligenz fast gleichbedeutend mit (gutem) Schulerfolg. Und damit wurde die Schule zur Ureinsetzung der Natur, die Intelligenz kam an zweiter Stelle. Oder die Intelligenz wurde, in etwas breiterem Sinne, identisch mit gutem Lernerfolg. Daß man gut lernen konnte, rührte dann aber daher, daß man eben gut lernen konnte, und so untersuchte man doch eigentlich nur die *Veranlagung* zum guten Erfolg. Schon Dearborn (1921) sagte es uns ehrlich: Intelligenz ist „capacity to learn". Etwas vorsichtiger drückt man sich aus, wenn man hinzufügt, es handle sich um gute Lernerfolge mit neuem Material. Man überläßt es gern den Metaphysikern – so benennt man seine Nebenbuhler –, sich darum zu kümmern, „whether it also depends on some power in the mind" (Vernon, 1950). Sie darf ja ruhig auf gar nichts beruhen. Wir nennen sie dann z.B. „an ability", „eine Fähigkeit". Man findet sie durch Korrelationsrechnung zwischen Leistungen („the scores of a group of people on two or more tasks"). Ob diese Leistungen gut, weniger gut oder schlecht sind, läßt sich ohne Verwendung des Wortes „Intelligenz" sagen. Ob die eine Leistung „besser" ist als die andere, soll

[1] Vgl. z.B. Bobertag, Année Psychologique, XVIII, 1912, S. 274.

sich dann aber auch ohne Intelligenz *denken* lassen. Das hat freilich so seine Schwierigkeiten, denn: ohne *wessen* Intelligenz ist hier gemeint? Ohne die des Psychologen? Nein, das kann man wohl nicht meinen... Dann ohne die der Versuchsperson. Ihr ist es einerlei, solange man nur anerkennt, daß sie sich durch ihre Leistung das Recht erworben hat, zur nächsten Klasse befördert zu werden. Ob man das nun „intelligent“ nennt oder „schulisch leistungsfähig auf Unterprimanerniveau“: ihr ist es einerlei. Uns aber nicht. – Übrigens wird auch dem davon Betroffenen dieses Gerede von seiner „ability“ nicht so recht klar. Dazu fehlt ihm eben die ... „ability“. Denn was liest er? Wir zitieren:

„Analyse offenbart uns nicht einmal immer, welche Faktoren ein Individuum in einer bestimmten Leistung (performance) verwendet, obschon sie (d.h.: die Analyse) dazu vielleicht im Stande wäre“ (Zitat I). Dann heißt es weiter[1]: „So kann bei einem Test ein Individuum gute Erfolge haben durch hohe Allgemeinintelligenz *g*, ein anderes kann genau so gute Erfolge erzielen durch einen Gruppenfaktor, und wieder ein anderes durch spezifische Ability bei diesem bestimmten Test“ (Zitat II).

Was aber ist eine „Ability“? Zitat III: „... die Definition der Ability ... setzt voraus, daß es eine Gruppe oder eine Kategorie von Leistungen gibt, welche hoch miteinander korrelieren, und daß sie verhältnismäßig verschieden sind von anderen Leistungen (d.h. niedrige Korrelationen mit ihnen zeigen)“.

Setzen wir diese Definition (III) nun ein in Zitat II, wo das Wort „ability“ Verwendung findet, dann entsteht etwa folgendes:

„Ein Individuum kann gute Erfolge haben bei einem Test durch die Existenz einer Gruppe von Leistungen (performances), welche untereinander hoch korrelieren und welche verhältnismäßig verschieden sind von anderen Leistungen.“

Gehen wir zu weit, wenn wir den Satz „ein Individuum kann gute Erfolge haben“ dem Ausdruck „die Leistung eines Individuums“ gleichsetzen? Wenn nicht, dann dürfen wir jetzt also zusammenfassen: „Die Leistung eines Individuums ist, was sie ist, durch die Existenz (einer Gruppe) von Leistungen, welche hoch korrelieren mit anderen Leistungen und welche niedrig korrelieren mit wiederum anderen Leistungen.“ Ein solcher Satz bedeutet kaum mehr als: „a ist a, weil a a nahesteht und nicht b“.

---

[1] Vgl. Ph. Vernon, The Structure of Human Abilities London, 1950, S. 9 und S. 5.

Nun aber lesen wir auch im zitierten Text die Worte: „welche Faktoren ein Individuum verwendet" (Zitat I). Man darf darauf hinweisen, daß damit der operationelle Rahmen durchbrochen wird. Es handelt sich ja nun um etwas, was der Mensch in oder bei sich vorfindet und verwendet. Damit werden die Faktoren aber von mathematischen Größen zu seelischen Instanzen, d.h., sie werden hypostasiert. Hatte man das Fräulein also erst zum Verschwinden gebracht – auf einmal ist es doch wieder da, gemäß dem Satze: „Chassez le naturel, il revient au galop"!

3.

Ganz offen spricht es Thurstone aus: „Faktorenanalyse – so sagt er[1] – erinnert an die Vermögenspsychologie. Es ist wahr, daß es die Aufgabe der Faktorenanalyse ist, die geistigen Vermögen *(sic!)* zu entdecken *(die sind also da)*. Die strengen Bedingungen aber, die der Logik der Faktorenanalyse auferlegt sind, machen es zu einer sehr schwierigen Aufgabe, jedes neue Vermögen *(sic!)* zu isolieren ...". Schon 1939 hatte Godfrey H. Thomson „die Gefahr der Verdinglichung der Faktoren" signalisiert[2]. Was aber wäre das Leben, wenn nicht ein jeder die Freiheit hätte, gegen alle Warnung seine eigenen Fehler zu begehen?

Demgegenüber überzeugt es nicht mehr ganz, wenn behauptet wird, es bestehe ja nur eine oberflächliche Gleichheit zwischen der Faktorenanalyse und der Vermögenspsychologie (Cronbach, 1949), oder man sei in der Faktorenanalyse nicht der Meinung, daß jeder Faktor notwendigerweise ein letztes und einheitliches geistiges Vermögen vertrete (Wolfe, 1940). Dies überzeugt nicht mehr völlig. Denn Cronbachs Satz läßt sich im Lichte der Äußerung Thurstones kaum verteidigen, während Wolfe den Schluß herausfordert, daß zwar nicht jeder Faktor notwendigerweise ein solches Vermögen vertrete, „ab und zu" das Fräulein aber doch leiblich anwesend sei.

Was aber soll man von Thomson sagen, der sich ja – wie wir vorhin feststellten – so nachdrücklich gegen die Verdinglichung, gegen die Hypostasierung der Faktoren als Vermögen oder gegen die Umwandlung der guten Psychoarithmetik in falsche Psychologie, gewandt hat? Er selbst spricht – und das paßt zu seiner *Sampling theory* –

[1] Multiple-factor Analysis, Chicago 1947, S. 70.

[2] In seinem Buche: The Factorial Analysis of Human Ability, London 1939, S. 240f.

von „bonds of the mind“, „geistigen Verbindungen“. Was wir darunter zu verstehen haben, vernehmen wir bald: „... sie sind ziemlich sicher verbunden mit den Neuronen oder Nervenzellen unseres Gehirns ... Mit dem Denken geht die Reizung dieser Neuronen in Mustern einher ... Intelligenz ist möglicherweise gebunden an die Zahl und Kompliziertheit der Muster, welche das Gehirn hervorbringen kann (oder konnte)[1].“ Man darf sich unter diesen „bonds“ – wie Thomson später in demselben Buch behauptet (S. 307) – verschiedenes vorstellen. Das Wort bezeichnet „irgendeinen sehr einfachen Aspekt des kausalen Hintergrundes. Gewisse davon kann man ererbt haben, andere mögen der Erziehung zuzuschreiben sein“. Er konstruiert dann Geister mit sechs oder zwölf „bonds“, je nach Belieben. Bei Thomson kehrt also die Gehirnmythologie zurück, die psychologisch leer, anthropologisch aber schwer vorbelastet und deshalt – wie man zu sagen pflegt – „nur praktisch“ brauchbar ist ..., wenn man sie vergißt und sich nur an die Tests hält. – Wenn man die Physiologie nicht mit der Psychologie verwechselt, kann man übrigens schon in Wundts Büchern solche Theorien finden. So lesen wir bei ihm, „daß nicht zusammengesetzte Fähigkeiten ... als solche lokalisiert sind, sondern daß derartige Tätigkeiten immer aus einem verwickelten Zusammenwirken einfacher Vorgänge entspringen, die nun erst an bestimmte zentrale Elemente gebunden werden[2]“. Hier aber sprechen wir schon von der Physiologie des Fräuleins, nicht mehr von ihrer faktischen Erscheinung in unserer Welt. Hier werden wir nicht genötigt, ihre Muskeln, Gebeine und Verdauung „eigentlich für sie selbst“ zu nehmen.

Die Erklärung der Intelligenz aus ihrem „kausalen Hintergrund“ führt genausowenig zum besseren Verständnis ihrer selbst als der schon von Kant in seiner *Kritik der reinen Vernunft* gerügte Versuch, „die Seele als einfache Substanz anzunehmen“. „Das“, so meint er, „wäre ein Satz, der nicht allein unerweislich ..., sondern auch ganz willkürlich und blindlings gewagt sein würde ...“

4.

Wir haben es in den Wissenschaften vom Menschen weder mit dieser Transzendenz noch mit jener primitiv-naturalisierenden Reduktion noch auch mit einer Hypostasierung eines Maß-konstruktums

[1] A.a.O., S. 51.

[2] Vgl. Phil. Stud. VI, Grundzüge der physiologischen Psychologie, 5. Aufl., I, 341 f.; Grundriß der Psychologie, 5. Aufl., S. 244 f.

oder mit vornehmen Tautologismen zu tun. Haben wir es in diesen Wissenschaften aber mit einem „Vermögen“, mit einer „Disposition“, mit „une aptitude“ oder „a faculty“ etc. zu tun?

In ihnen beschäftigt sich der Geist mit dem Menschen im spezifischen Sinn. Also nicht mit dem Menschen als „eigentlich etwas anderem“. Wie alle Wissenschaften gehen auch sie zunächst von der naiven Erfahrung aus und wissen schon, was Sprechen, was Sprache, was ein literarisches Kunstwerk ist, bevor die systematische Deutung dieser Akte, Werke und Produkte auf ihren Gegenstand und auf den Menschen als solchen hin einerseits die Sprachwissenschaft (usw.) und andererseits die philosophische Anthropologie hervorbringt. In diesen Wissenschaften wird notwendigerweise, wenn auch nach Jahrhunderten wissenschaftlichen Betriebes, der klassische wissenschaftstheoretische Rahmen gesprengt: Gegenstand kann hier auch eine Situation sein und nicht nur „die Sprache“, „die Geschichte“, „das Recht“ usw.[1] Deshalb gibt es auch mit dem Menschen befaßte Wissenschaften, die ihren Ursprung finden in den Situationen des menschlichen Seins als solchen, und wenn es sich nicht um rein inzidentelle Situationen handelt, sondern um solche, die sich in einem Werk und einem Werkstück („Pro-duct“) Dauer geben. Es gibt keine Wissenschaft des Sterbens, des Krank-seins, der Verliebtheit usw., wie sehr diese Situationen auch kategoriale Grundbedingungen des menschlichen Seins verkörpern. Von diesem Gesichtspunkt aus kann man Ernst Cassirers Bemerkung – wenn man sie auch für zu einseitig beschränkt halten muß – doch verstehen, daß das Merkmal, welches den Menschen auszeichnet, nicht seine metaphysische oder physische Natur ist, sondern sein Werk[2]. So ein Werk ist die Sprache, der Mythos, die Kunst, das naturwissenschaftliche Weltbild usw. Wir müssen aber darauf hinweisen, daß auch die Erziehung ein solches „Werk“ ist und daß sie eine spezifisch menschliche Situation voraussetzt, worin das Erziehen sich vollzieht. Doch sind die Gebilde, in denen sich die Erziehung vollzieht, unendlich ungreifbarer als die Sprache oder die Kunst usw. Um so größer sind die Gefahren, daß man sich im reinen Empirismus oder in einem aus irgendwelchen obersten Sätzen deduzierten Dogmatismus verliert. Um so notwendiger ist es, daß auch die Arbeit hier mit einer phänomenologischen Analyse der Situation als solcher anfängt, um so die Grundlage empirischer Forschung zu entwerfen. Davon wollen wir nun aber weiter

[1] Vgl. den 1. Anh. zu meinem Aufsatz: Über das Verhältnis von Psychologie und Pädagogik, in: Psychologie und Pädagogik, Heidelberg 1959.

[2] An essay on man, New Haven 1944, S. 68.

nicht sprechen. Nur eins: Das Erziehen und das Erzogen-werden durchbrechen die Situation, die sie zusammen bilden, auf Bildung und Erwachsenheit hin. In dieser Durchbrechung offenbart sich das wesentlich Menschliche *nicht* in einem biomechanischen Wachstum, in einer Umweltsanpassung, sondern gerade im Gegenteil in der ständigen Durchbrechung der Umwelt. Der Mensch ist ja eben *kein* Umweltwesen, sondern ein Wesen, dem es aufgetragen bleibt, immer den Horizont des Unmittelbaren zu durchbrechen, eine Welt zu entwerfen, sie zu bewohnen, sie immer neu zu gestalten, oder an ihr zugrunde zu gehen[1]. Auf die Tatsache, daß der Mensch diese Gestaltung nicht aus dem Nichts anfängt, kann hier nur hingewiesen werden; ich muß es mir versagen, sie weiter zu erörtern.

Es wird offensichtlich in der Erziehung – und demzufolge in der Wissenschaft, die sich nach ihr nennt – das Äußerste vom Menschen verlangt. Denn mehr als in der freien, künstlichen Gestaltung leblosen Materials muß hier der Mensch, immerfort handelnd, den Horizont des Gegenwärtigen in konkreten, augenblicklichen Situationen durchbrechen, manchmal ohne jede Unterstützung von in der Kultur festgewordenen Formen und Gehalten, fast immer ohne wesentlich fachmännische Vorbereitung. Und diese Durchbrechung findet im strikten Sinne sehr oft nicht nur von der Seite des Erziehers statt, sondern ebenfalls von der des Zöglings. Wo aber der „Geist" in der Erziehung fehlgeht oder an seine Grenzen kommt, ist es nicht nur der Zögling selbst, der die Initiative übernehmen könnte. Es verfügt der Mensch auch über verschiedene, in der *ganzen* Erziehung wichtige, besonders aber in der Grenzsituation wertvolle Nothilfen: die Gefühlsverbundenheit instinktiver oder höher entwickelter Art, Traditionen, Gewohnheiten, Treue, Geduld usw. Es gibt in der Erziehung nicht nur Durchbrechung, sondern auch das Verweilen im Zustand des Anfangs-, Durchgangs- und Endpunktes, in der Lage der Vorbereitung, der im stillen sich vollziehenden Entwicklung, der Ruhe.

Gestaltung und Gestalt gehören hier wesentlich zusammen.

Gerade in der Erziehung aber ist es schwer, und sogar manchmal falsch, die Erziehungsmaßnahmen aus einer gefühlsmäßig erlebten Einheit der Verbundenheit von Erzieher, Kind, Ziel und Mittel loszulösen. Gerade aber in der Erziehung müssen wir voraussehen und uns fragen, was „daraus" in der späteren Zukunft werden könnte. Gerade in der Arbeit von Erziehung und Selbstanteilnahme des Zöglings an seiner Erziehung treffen wir den Geist in größter Ambivalenz

[1] Ich kann hier auf den von Grassi und Thure v. Uexküll geprägten Begriff der Weltlosigkeit nicht eingehen.

von Ablösung aus dem Gegenwärtigen und tiefstem Eindringen in das Gegenwärtige. Hier ist der Mensch an zwei Stellen zu gleicher Zeit: hier *und* später, hier *und* irgendwo sonst.

Bekanntlich – das Fräulein erinnert uns daran – hatte schon im Paradies Eva und nach ihr auch Adam es nicht sehr weitgebracht im Voraussehen der Folgen des Gegenwärtigen. Das war freilich noch, *bevor* sie die Frucht vom Baum der Erkenntnis gekostet hatten. Nachher wurde dann alles viel schlimmer, da sie sich auf einmal der Zukunft zu stellen hatten. Damit aber wurde die Erziehung möglich, und nun kamen auch bald die Kinder. Seitdem ist die Ordnung meistens umgekehrt. Also wurde dann aus der Unvernunft die Vernunft geboren.

5.

Solange man versucht hat, eine „Funktion", eine „capacity" oder ein „Vermögen" usw. an sich, d.h. menschlos und situationslos zu verstehen, hatte man den Vorteil, den Menschen mit dem Affen oder mit der Spinne vergleichen zu können, insofern man „Funktionen" untereinander verglich. Sprach man von der tierischen Intelligenz, so übertrug man – weil ja die ganze Tierpsychologie eine Psychologia per analogiam ist, sofern sie eben Psychologie ist – einen ungesicherten Begriff der (menschlichen) Intelligenz auf ein Wesen, dessen Verhalten etwas zeigte, das den Namen dieser unbekannten Sache zu verdienen schien. Später erschien dann die menschliche Intelligenz wieder auf dem Hintergrund jener tierischen Intelligenz; versuchte man doch, den Menschen aus dem Tier zu verstehen, und so machte die Wissenschaft ihre unvorstellbarsten Fortschritte. Was aber die Intelligenz war und ob sie etwas war, wurde bei alledem nicht deutlicher. Schon oft genug hatte man vornehm das schwer erkennbare Fräulein zu ignorieren versucht. Spearman hatte sich in seinen beiden Büchern[1] deutlich genug widersprochen, um die Unklarheit der Sache klarzumachen. Das eine mal fragte er sich, ob noch ein Vorteil damit verbunden wäre, seinem *g*-Faktor den alten, viel mißbrauchten Namen „Intelligenz" anzuhängen; das andere mal beantwortete er diese Frage, indem er schrieb: „Besteht eines Menschen *g* (oder Intelligenz) . . . , usw." Im letzten Fall vollzog er, indem er die Worte in Klammern hinzufügte, gerade die Identifizierung, welche er im ersten für zweifelhaft gehalten hatte.

[1] Vgl. The Abilities of Man S. 272 mit S. 412 und The Nature of Intelligence. S. 350.

Das Verdienst der Tierpsychologie lag aber, soviel ich sehe, an einer anderen Stelle: sie veranlaßte Experimente einfacher Art in einer lebenswirklichen Situation. Die Instinktnähe des tierischen Lebens ermöglichte solche Versuche. Nehmen wir als weltbekanntes Beispiel die Experimente Wolfgang Köhlers. Hier handelt es sich nicht um die Lösung lebensunwichtiger Fragen an einer Stelle, wo der Instinkt sowieso schon längst wirkungslos war, sondern um richtige Grenzsituationen echten tierischen Lebens. Die Tests des Menschen hatten ebenfalls einfache Experimente herzustellen versucht[1], nur daß die Versuchsperson in höchst „sublimierter" Situation sich sehr leicht erleben konnte als außerhalb jedweder Situation. Der Test wurde also eine gratuite Situation, d.h. eine Situation, in der die Handlung auch unterbleiben, spielerisch gewählt oder unverbindlich versucht werden könnte. Eine Situation also, die keine ist. Der Test wurde damit eine „Situation an sich", und von nun an konnte die Versuchsperson spezifisch versagen in dieser spezifischen „Situation". Unintelligent war die Versuchsperson dann aber meistens nicht, nur - z.B. - für solche Spielereien nicht zu haben. Die Voraussetzung, man könne die Intelligenz auch in *nicht-verbindlichen* Situationen erkennen, setzte ein hochkompliziertes Geistesleben voraus und war deshalb anthropologisch schwer vorbelastet. Vorbelastet aber in einem Sinne, der der anthropologischen Vorbelastung der *vereinfachten* Tests gerade entgegengesetzt war. Denn diese Vereinfachung der Tests-„Items" setzte voraus, daß dieses hochkomplizierte Wesen auch in der einfachsten Einzelleistung voll und wesentlich gegenwärtig war (wie die Tiere Köhlers), d.h. daß auch hier vollgültige Situationen vorhanden waren. Aber: Offenbart sich die Höchstleistung der menschlichen „Intelligenz" nicht gerade an situations*freien*, lebens*un*wichtigen Aufgaben? Also z.B. nicht nur in der Erziehung, sondern auch in der theoretischen Physik? Sobald man aus dem Auge verliert, daß es sich in beiden Fällen um die Durchbrechung des unmittelbar Gegebenen auf einen Entwurf hin handelt, daß aber im ersten Fall die ganze Person zugleich eingesetzt und überwunden werden muß, wogegen im zweiten Fall die Ganzheit der Person von vornherein zurückgedrängt wird zu Gunsten einer spezifisch einseitig „intellektuellen" – d.h. verstandesmäßig-denktechnischen – Geistesarbeit, so-

[1] Man übernahm sogar Versuche aus der Tierpsychologie in die Psychologie des Menschen und in die Tests. So findet man einen Versuch Köhlers bei Rey in seinem L'intelligence pratique chez l'enfant, Paris 1934, und von dort aus in der von Hildegard Hetzer so verdienstvoll hergestellten Fortsetzung der Bühler-Hetzer-Entwicklungstests.

bald man diese Tatsachen aus dem Auge verliert, kann man das eine für „leicht", das andere für „schwer", und deshalb erst recht für „intelligent" ansehen.

Damit wird es uns auch klar, daß wir die gesondert verstandesmäßig funktionierende Person nicht für spezifisch „intelligent" ansehen sollten, obschon ihre spezifischen Leistungen die des integriert funktionierenden Menschen eventuell übertreffen mögen. Ein Mensch kann sehr wohl ein technisch hochentwickelter Mittelmäßiger sein: er zeigt womöglich seine „Dummheit", sobald er außerhalb des gewohnten Arbeitsgebietes und besonders, wenn er als ganzer Mensch ganzheitlich in einer wirklichen Situation nicht nur zu funktionieren, sondern zu leben hat. Die Schlußfolgerung, daß der intelligente „*Mensch*" auch der *weise* Mensch sei, enthält nur dann etwas Richtiges, wenn man hinzufügt, daß es sich in der Intelligenz oft nur darum handelt, sich einer Situation zu entziehen oder den Rückzug schon zuvor gesichert zu haben – wie Theseus im Labyrinth –, daß es sich dagegen in der Weisheit um wesentlich mehr und anderes handelt, nämlich um die Qualität der Durchbrechung und der Lösung woraufhin und vor allem um das menschliche Niveau des Ganzen. In der Physik kann man nicht weise sein. Und schließlich: Das Leben macht es dem Menschen nicht leicht, intelligent, d.h. weise zu bleiben, weil es von ihm im Laufe der zivilisatorischen Komplizierung immer mehr „intellektuelle Fähigkeit" verlangt. In den Intelligenztests wird die Intelligenz also nach meiner Auffassung nur bedingt und indirekt, oft zufällig und manchmal gar nicht untersucht. In einem „Diagnosticum", wie dem nach Rorschach genannten, haben wir dagegen bessere Gelegenheit zu sehen, wie ein Mensch dem Sinnlosen Sinn verleiht, dem offensichtlich Flachen Relief und Perspektive verschafft usw. In den thematischen, projektiven Untersuchungsmethoden – wie z.B. Murrays T.A.T. – und ganz besonders, wenn sie komplizierte Weltentwürfe herausfordern, wie van Lenneps F.P.T. usw., zeigt sich erst recht, wie der konkrete Mensch tatsächlich Unmittelbares, anschaulich Fesselndes durchbricht auf einen eigenen Entwurf hin. In diesem Lichte kann man Fletchers Auffassung sehr wohl verstehen, die darauf hinausläuft, daß Intelligenz „den Grad von Ordnung, Integration und Disziplin der ganzen Persönlichkeit" andeutet[1]. Es handelt sich wahrscheinlich, so meint er, um „den Grad, in dem das Ich die sich widersprechenden Forderungen vom Ich, vom Über-Ich und von der Wirklichkeit, auf befriedigende Weise gelöst hat".

---

[1] Fletcher, *Instinct in Man*. London 1957, S. 321.

Nur, daß Fletcher den Erfolg für den Kampf, das Werk für den Akt nimmt, denn bei gelungener Selbstordnung läßt sich auf die schöpferische Aktivität der Person zurücklesen; um diese Aktivität aber handelt es sich an erster Stelle, wenn wir die Intelligenz nicht mit dem Person-Sein selbst verwechseln wollen[1].

6.

Wenn ein Tier „klug" war, durchbrach es seine gewöhnte Instinktbeziehung zu seiner Umwelt: es ging z. B. einen Umweg und entzog sich dem Fleisch in der Falle. Oder es machte schon ein Werkzeug – wie Köhlers Mitarbeiter Sultan –, um sein Futter herbeizuholen. Es spielte schon mit imaginärem Spielzeug, wie es Kathy Hayes' Vicky[2] einmal tat, oder es übernahm drei wortartige Signale, die ihm vom Menschen beigebracht wurden – eine Tiergenialität, welche wir ebenfalls bei der kleinen Schimpansin Vicky antreffen.

Der Mensch durchbricht die Gefangenschaft der *Unmittelbarkeit des Sinnlichen*, des Anschaulichen, und *des Affektiven*, Gefühlsmäßigen, des Drohenden, der Hindernisse und Beschränkungen. Davon gibt uns auch die alte Literatur schon zahlreiche Beispiele: Theseus auf Naxos, die Geschichten der Sirenen und der Circe, die Ereignisse in der Grotte Polyphems usw. Der Mensch durchbricht und schafft auch *Situationen:* er pflügt den Strand und täuscht Wahnsinn vor, er wandelt die peinliche Begegnung der Nausikaa mit dem nackten Odysseus durch höflichste Rede in eine salonfähige Situation um; man verstellt sich, versteckt sich, suggeriert, lebt etwas vor, führt etwas auf, benimmt sich beispielhaft, erweckt Sympathie, phantasiert, lügt, findet das richtige Wort, versteht und mißversteht, wagt sich hervor und zieht sich zurück usw. Über die instinktive Gruppenbildung schafft der Mensch auf verschiedenen Niveaus Organisationen. Er durchbricht die Grenzen seiner Kräfte und der natürlichen Widerstände, indem er *Werkzeuge* herstellt. Sie sind Amphibien, denn teilweise sind sie noch zuhause in der Körperlichkeit des Menschen (z. B. die Augen der Schere), teilweise leben sie schon in den Bedingungen der Dingwelt (die Klingen der Schere). Er macht aber auch Dinge, die in

[1] Daß Fletchers Auffassung der Wahrheit nahekommt, geht aus der Erfahrung hervor, daß man in der sogenannten „klinischen Kinderpsychologie" wiederholt feststellen kann, wie ein Kind einen „Teil" – manchmal sogar einen wichtigen „Teil" – seiner Intelligenz braucht, um innere seelische Ordnung zu bewahren. „Auf intelligente Weise" überwindet so ein Kind traumatische Erfahrungen oder Veranlagungsschwächen.

[2] Hayes, The Ape in our House. N. Y. 1951.

seiner Körperlichkeit nicht mehr zuhause sind. Man nennt sie manchmal nutzlos, weil sie ihm nicht nützen, sondern ihm nur Freude machen und frommen, wie die *Kunstwerke* verschiedenster Art. Aber noch der Ring ist für den Finger, die Krone für das Haupt geschmiedet. Und so ganz ohne das Auge oder das Ohr können auch die entferntesten Produkte, die sich noch zur Kunst rechnen, nicht auskommen. Mit dem Werkzeug zeugt der Mensch also ein Werk, auch das nutzlose.

Aber er macht auch ein Werk *nur* mit seinem „Geist", d.h. mit dem, worin er nicht Welt ist, sondern Welt hat. Mit dem, worin er Bedeutung erfährt und verleiht, demzufolge: ist. Aber „nur" ist *für* den Geist. Auch *die Werke der Sinngestaltung*, der Sinnverleihung und des Sinnverstehens! Sobald man vom „Sinn" redet, redet man nicht nur von dem Durchbrechen der Umwelt und von dem Schaffen kognitiver Symbolsysteme usw., sondern auch von Wert und von nicht mehr umweltbedingten Werten. Deshalb ist Geist nicht gleichbedeutend mit Intelligenz. Wie aber wird der Geist dem Geist zum Werkzeug, wenn es nicht das Vermögen gibt, sich von seiner Welt abzutrennen, ja, sich sogar selbst zu vergegenständlichen? Doch genügt auch das noch nicht, wenn es nicht im buchstäblichen Sinne ein „Mittel" gibt, in dem die Intelligenz sich mit sich selbst in quasi-konstanter, wenn auch reichlich getrübter Gestalt beschäftigen kann. Dieses Mittel, worin die Intelligenz sich selbst trifft, ist *die Sprache*[1]. Sie ist Werk *und* sie wirkt, sie ist Gebrauchsgedanke und Gebrauchsdenken. Sie kennt Ich und Es, aber auch Ich und Sich. Sie ist nicht das einzige Werk des Menschen als geistigen – d.h. also jetzt auch „intelligenten" – Wesens; er ist als Kulturmensch und als Mitglied einer historischen Kulturgemeinschaft auch weitgehend sein eigenes Werk; er hat dann die großen „symbolischen Formen" hervorgebracht, die Cassirer – wenn auch nicht im gleichen Sinne – so sehr beschäftigt haben. Der Mensch also hat eine geistige Welt geschaffen.

7.

Nun können wir endlich verstehen, wie die Intelligenz des Menschen sich verhält zur Intelligenz der Menschen. Das Hirngespinst findet ein Gehirn, das Gespenst findet eine Seele, wo es zuhause sein

[1] Wenn wir in den letzten Sätzen „Intelligenz" gesagt haben an Stelle von „Geist", geschah das nur, um den Nachdruck zu legen auf einen bestimmten, in diesem Falle entscheidenden Aspekt des Geistes. Eine weitere Ausarbeitung von dem, was dem Geist wesentlich eigen ist, gehört hier nicht zu unserer Aufgabe. Dazu schlage man Th. Litts Werke nach.

kann. Menschsein und Intelligenz bedingen sich in dem Sinne gegenseitig, daß sich in der Intelligenz der Mensch konstituiert. Das ist keine ganze Wahrheit, denn „Geist“ – wie wir schon sagten – umfaßt auch wesentlich anderes als diese Intelligenz. Wenn man da ehemals von „Vermögen“ gesprochen hat, war das geistesgeschichtlich bedingt und erst im Lichte der neueren Anthropologie unrichtig zu nennen. Man verband damit aber zweierlei Fehler:

1. Man übertrug *diese* Vermögen von der anthropologisch-ontologischen Analyse unmittelbar, sozusagen auf gleicher Ebene, auf die empirische Psychologie, und diese hatte demgegenüber noch recht geringen eigenen Gehalt;
2. man hatte auf anthropologisch-ontologischem Niveau eine theoretische Psychologie am grünen Tisch ausgearbeitet, und auch von dort aus oder daraufhin entwickelten und verwickelten sich die bedenklichsten Theorien.

Kein Wunder, daß man das Fräulein nicht mehr von einer Spukgestalt unterscheiden konnte.

Weil eine „Eigenschaft“ dem Geist nicht anhaftet, sondern ihm eigen ist, war es schon ein zweifelhaftes Verfahren in der Betrachtung des Geistes, „Vermögen“ zu benennen und aus dem Ganzen loszutrennen. Nachher mußte dann das Bild einer „Summe von Eigenschaften = Geist“ entstehen[1] oder das Bild einer Substanz, deren Eigenschaft z.B. die Intelligenz war. Was wäre diese Substanz, die etwas anderes sein sollte als ihre Eigenschaften?

Nachher entstand dann die falsche Vorstellung einer „Separatfunktion“, die man dann wieder in „Leistungsexperimenten“ „messen“ konnte. Dabei vollzog sich aber eine *Μετάβασις εἰς ἄλλο γένος*: von der Intelligenz im anthropologischen Sinn kam man unmittelbar, als ob man mit demselben Objekt zu tun hätte, zu der individuellen Aktualisierung, wobei die Frage war: wie hat sich in *diesem* Menschen die Ablösungs- und Deutungswirksamkeit, welche dem Menschen als *Kategorie* eigen ist, gestaltet? Im einen Falle handelt es sich um eine in jedem, also auch in diesem Menschen gegebene konstitutive Eigenschaft des menschlichen Seins, im anderen Falle um die persönliche „Bewerkzeugung“ und ihre Bildungsgeschichte. Im ersten Falle hatte es keinen Sinn zu „vergleichen“ – es sei denn in rein qua-

[1] Auch wo man gerade die Vermögenpsychologie erfolgreich bekämpft, taucht dieses falsche Bild noch auf. Vgl. H. G. Wyatt, The psychology of intelligence and will, London 1930, S. 8: „. . . independent powers of the mind . . . *the sum of which* working together constituted the mind in action“.

litativem Sinne, so wie z. B. zwischen dem „Weltbild" des Imbezillen und dem des normalen Menschen –, im letzten Falle konnte man „Leistungen" und die auf deren Grund vorausgesetzte „Kapazität" oder „Kapazitäten" topologisch ordnen und „vergleichen". Im ersten Falle hatte man – um mit Brentano zu sprechen – mit einer „Weise des Bewußtseins" zu tun, im zweiten mit der aktuellen Organisation intentionaler Akte und Prozesse.

8.

Nun aber müssen wir doch von dem Fräulein unserer Träume – zur Enttäuschung ihrer Freier – sagen, daß es kein „Vermögen" im üblichen, begriffsrealistischen Sinne vertritt. Wir wollen in einer Anthropologie auf humanem Niveau keine Geschichtchen erzählen über ein Vermögen, das irgendwo „sitzt". Das überlassen wir Thomson und sonstigen offenen oder verkappten Vermögenspsychologen. Die guten alten „Vermögen" sind Verhaltensweisen des menschlichen Seins zur Welt und – sekundär – zu sich selbst, und zwar Grundmodi. Sie setzen den *ganzen* Organismus voraus und den Organismus im Ganzen des Mensch-Seins selbst[1]. Deshalb gibt es kein intelligentes „Vermögen" als Leistungssystem innerhalb des menschlichen Seins, genausowenig wie es ein „Vermögen" des Willens oder des Gefühls gibt. Es gibt nur einen intelligierenden Menschen, einen wollenden Menschen usw. Demgegenüber sind psychologische Kategorien sekundär. An und für sich unverständlich[2] und nur klassifikationstechnisch-operationell hantierbar sind solche Kategorien in einer Psychologie, die an dem vorbeizugehen wünscht, was ihr einen wissenschaftlichen Sinn verleihen könnte und nicht nur einen innerhalb eines gewissen Kollektivs gültigen Ruf.

---

[1] D.h., sie setzen eine Anthropologie voraus. Litt ist bestimmt nicht ohne Anteil an dieser Einsicht. Ich darf dabei verweisen auf Bollnow (Das Wesen der Stimmungen), Strasser (Das Gemüt) und Paul Ricœur (Philosophie de la volonté, 1950) nebst Wilhelm Keller (Psychologie und Philosophie des Wollens, 1954).

[2] Deshalb nimmt man zuweilen seine Zuflucht dazu, die psychologischen Kategorien zu *erklären* aus Nervenverbindungen und dergleichen. Wie schon früher im Text gesagt: So nimmt man die Knochen für das Fräulein. Oder, anders gewendet, man erklärt den Kölner Dom aus den Steinen (Buber). Ohne Steine kein Dom. Sicher. Aber Steine machen keinen Dom. Sehr schön hat das Gusdorf gesagt in seinem fesselnden Traité de Metaphysique, Paris 1956, S. 185: „Jene Philosophie, Herrin aller Weisheit, schöpft ihre Inspiration aus der Erkenntnis der leblosen Materie und der toten Strukturen und will nichts wissen vom menschlichen Leben."

Erst recht unhaltbar aber wird eine operationelle Bestimmung der intelligenten Leistung, wenn man sich vergegenwärtigt, was das operationelle Denken als solches voraussetzt. Es setzt eine Zweiheit – ohne Zweifel naturwissenschaftlicher Herkunft – voraus, die zu einer bestimmten Entwicklung des Idealismus gehört. Nämlich die Zweiheit des Menschen und einer Welt-an-sich, welche nur in einem rein symbolischen Entwurf gedacht werden kann und *nur* so zur Welt *des* Menschen wird, oder vielmehr: das immer schon war. Um so eigentümlicher, wenn sich operationalistische Denker als Realisten ansehen. Eine solche Zweiheit ist, wo über den Menschen als solchen gesprochen wird, ein grundsätzlicher Irrtum. Denn immer bleibt der Mensch, auch wenn er es ist, der die Weltlichkeit vollzieht und als Vollzieher, als ihr Subjekt, ihr innewohnt, zugleich ihr *gegenüberstehen*, und zwar nicht nur als Vollzieher, sondern wesentlich auch als das Wesen, welches „Welt" in ihrer vollen Realbedingtheit antrifft. Den Menschen als Welt zu behandeln, ist ja das Verdienst dieses Operationalismus. Täte der Operationalist konsequenterweise sich selbst gegenüber dasselbe, so entstände das große Schweigen der Welt.

Nur erst diese Weltbezogenheit des Menschen, dieses Verhältnis eines Ich zu einer Welt, die dieses Ich *nicht* ist, und zu *sich* selbst, macht eine „Intelligenz" möglich. Diese Bezogenheit ist aber ebenfalls die Bedingung der Möglichkeit „je meiner" Intelligenz, d.h. also der Intelligenz als Individualfunktion in der konkreten Einheit dieses bestimmten Individuums. Es scheint mir hier an erster Stelle die anthropologische Frage zu beantworten zu sein, welche Modi menschlichen Seins und welche qualitativen Varianten der Intelligenz vorliegen bei „nicht-alltäglichen" Menschen – wie Künstlern, Hochbegabten, Verbrechern, Imbezillen, Psychopathen usw. –, verglichen mit dem Weltbild des „normalen" Menschen[1]. Es scheint mir an zweiter Stelle die Frage zu bestehen, inwiefern verschiedene Daseinsbedingungen verschiedene Aktualisierungsformen der Intelligenz herbeiführen. Ich denke dabei an die kulturelle Anthropologie und ihre Forschungsaufgaben (Benedict, Mead, usw.), aber auch an Forschungen sozialpsychologischer Art. In allen Fällen würde es sich um eine Gestaltlehre der Intelligenz handeln, nicht um einen Quantifizierungsfeldzug.

[1] Ich halte also den Gedanken, „. . . daß Schwachsinn nicht eine ‚Art' ist, sondern daß es einen kontinuierlichen Übergang gibt vom Genie bis zum Imbezillen", für ein arithmetisches Artefakt, das hauptsächlich testbedingt ist. Der Gegensatz „intelligent" – „debil" ist also meines Erachtens nicht richtig. Die beiden Glieder des Gegensatzes gehören ja nicht zu derselben Kategorie.

In diesem Lichte betrachte man nun auch folgendes. Neben der morphologischen Differenzierung der Intelligenz gibt es, wie allgemein bekannt, die genetische. Es ist von vorzüglichen Kennern der Entwicklung der frühkindlichen „Intelligenz" (wie z. B. Nancy Bayley) wiederholt dargelegt worden, wie unzuverlässig die Voraussagen der Intelligenztests sind bei der „Messung" jüngerer Kinder. Das kann uns nur wundernehmen, wenn wir von der Voraussetzung ausgehen, 1. daß die Funktion der Intelligenz in der Psyche des Kleinkindes die gleiche ist wie die in der Seele der Sechs-, Zehn- oder Sechzehnjährigen[1], 2. daß die Analyse der Intelligenz in ähnlichen Differenzierungen in verschiedenen Altersgruppen möglich wäre. Auch hier geht die qualitative Erforschung der Quantifizierung voraus. Etwas davon muß auch Thurstone vorgeschwebt haben, als er schrieb: „Wenn wir annehmen, daß die geistigen Fähigkeiten (‚mental abilities') des Kleinkindes nicht deutlich differenziert sind, wird es eine größere Reihe von Fähigkeiten gebrauchen (sc. zu einer bestimmten Leistung) als später, weil es seine Bestrebungen dann beschränken kann auf jene geistigen Fähigkeiten, die am meisten geeignet sind für das Problem[2]." Es ist klar, daß dieses Stadium, wo die „mental abilities" nicht deutlich differenziert sind, in seiner eigenen Wesensart erforscht werden muß. Dabei vergesse man nicht, daß die kindliche Entwicklung bei der Geburt anfängt und nicht vom Schulalter rückwärts. Man frage sich, was man eigentlich prognostiziert: den Erfolg des Kindes in der Schule oder den Erfolg der Schule bei diesem Kinde? Angesichts der Tatsache, daß Gott die Kinder und die Menschen die Schule machen, ist dieser Unterschied erheblich, ja sogar wesentlich.

Freud und die Psychologie und Psychopathologie nach ihm haben uns viel gelehrt über die Entwicklung des Gefühlslebens. Von der Entwicklung des „Willenlebens" wissen wir recht wenig . . . und im Lichte von Arbeiten wie denen von Ricœur und Keller ist es wahrscheinlich, daß wir da ganz wesentlich umzulernen haben. Piaget hat

---

[1] Pierre Janet, L'intelligence avant le langage, Paris 1936 behauptet sogar, daß die Sprache allmählich die *ganze* Intelligenz transformiert; a.a.O., S. 6.

[2] Dieser köstliche Satz findet sich S. 87–88 in seinem berühmten Buch: Primary Mental Abilities, Chicago 1938 (2. Aufl. 1957). Man denke sich also „eine größere Reihe von Fähigkeiten", die aber nicht differenziert sind, wovon man aber nichtsdestoweniger eine Anzahl gebraucht. Man bedenke dazu noch, daß Thurstone die folgenden sieben Grundfähigkeiten unterscheidet: räumliche Orientierung, Wahrnehmung, Zahl, Sprache, Verfügung über Worte, Gedächtnis, Argumentierung (Reasoning).

in einem großen Wurf versucht, die Entwicklung der Intelligenz zu erfassen. Ich halte diesen Versuch für nicht gelungen und glaube, daß Piagets Anthropologie nicht imstande ist, die Kategorien einer adäquaten Analyse seines Themas abzugeben. Nichtsdestoweniger liegt hier, wenn auch in (meines Erachtens) unhaltbarer Form eine Voraussetzung für das Testverfahren. Zu sehr „nur pragmatisch" hat man die Intelligenztests, besonders diejenigen, die eine „geistige Altersstufe" angeben sollten, auszubilden versucht, ohne eine ausreichende entwicklungspsychologische Grunddisposition zur Verfügung zu haben. Noch bedeutend weniger aber wissen wir von dem individualpsychologischen Entwicklungsverlauf beim Kind und beim Jugendlichen im ganzen seiner personalen Entwicklung. Deshalb verdecken uns Längsschnitt-Untersuchungen an Hand von wiederholten Intelligenztests die *personale* Entwicklung der Intelligenz mehr, als daß sie diese freilegen. Sie zeigen ja immer nur, wie ein Exemplar sich zu einer Klasse verhält. Wenn wir vom Gleichbleiben des Intelligenzquotienten oder von der Variabilität desselben hören, wissen wir in beiden Fällen nicht, welche konstituierenden Funktionen und personalen Gestaltungsprozesse sich im Kinde selbst abspielen.

Von dieser Auffassung aus aber kann man auch einen positiven Gesichtspunkt zu den Intelligenztests gewinnen. Insofern sie von einer naiven Empirie des „intelligenten Verhaltens" ausgehen, bleiben sie, was sie manchmal nur sein möchten: ein Klassifikationsverfahren. Insofern eine Person in einer psychologischen Untersuchung „gnostiziert" wird, kann der Test – einerseits – nur das Rätsel seiner Auskunft aufgeben, andererseits aber kann er auf eine „Lebensform" hindeuten. D. h. er kann zeigen, wie eine bestimmte Person mit diesen Aufgaben fertig wird, unter der Voraussetzung, sie würde sich auch anderer Aufgaben auf dieselbe Weise entledigen. Noch immer ist der Test hier: Aufgabe der qualitativen Interpretation. Ans Ende einer solchen Untersuchung gehört die bei jedem Sub-Test zu wiederholende Frage: „*Weshalb* kann dieses Kind das wohl (oder: nicht)?" Schließlich zeigt er nun auch dieses Kind „gemessen" an Leistungen, die für die Schule und sonstige soziale Lebensaufgaben praktisch prognostizierenden Wert haben. Die Schule ist auf der chronologischen Alterseinteilung aufgebaut; meistens erlauben auch die Tests die Errechnung eines Erfolgs, der sich in einem Verhältnis zum Lebensalter ausdrücken läßt[1]. Das sind alles praktische Maßnahmen.

[1] Thurstone schreibt: „An example of such a failure by the writer was a hypothesis that the general intellective factor was a maturation factor. Factorial results at different age levels have recently shown that such a

Man muß sich darüber klar sein, daß letztlich die Tests nur einen praktischen Klassifizierungsanspruch erheben können. Ob sie „die Intelligenz" testen, ist fraglich. Das hängt nämlich davon ab, inwiefern sich bei *qualitativer* Analyse herausstellt, ob wir diese konkrete Person als solche in ihrer aktiven, auch lebenshistorisch bedingten Beziehung zur Welt und zu sich selbst zu sehen bekommen. Sehr oft lassen uns die Intelligenztests in dieser Hinsicht vollkommen im Stich. Ja, sie betrachten es manchmal gar nicht als ihre Aufgabe und versuchen, eine spezifisch unpersönliche, situationslose Reihe von Aufgaben zu entwickeln. Die gute Testierbarkeit setzt nun eine gewisse Haltung voraus, die besonders auffällig fehlt, wenn man Kinder primitiver Naturvölker untersucht. Es fehlen dann nicht nur Kenntnisse und Erfahrungen mit gewissen Gegenständen. Es fehlt dann die ganze, blaß-intellektuelle, unverbindlich-doch-verbindliche Haltung, die man als Haltung des gut (nicht des best) Testierbaren bei gewissen Tests antrifft und vorauszusetzen scheint. Hier ist die Schule und, im allgemeinen, die schulmäßig geübte und geordnete Leistungshaltung von großer Bedeutung. Ein Untersucher wie Thurstone spricht sich immer wieder mit größter Reserve über die Möglichkeiten der heutigen Tests aus. Er ist sich der Übervereinfachung völlig bewußt. Sein Anliegen ist *völlig* praktisch. Die Erzieher dagegen haben es manchmal mit testfreudigen Beratern zu tun, die die Testauskünfte allzu problemlos als letzte Instanz auffassen, gegen die kaum eine Berufung möglich ist. Die Erzieher haben weiter zu tun mit der Tatsache, daß ihr Kind (singulare) in einem Kollektivverfahren beurteilt wird, und sie können dieses Verfahren nicht als pädagogisch zulässig verstehen. Es ist nicht sicher, daß sie darin recht haben, denn zwar nicht das Kind, wohl aber Aspekte des Kindes können in einer Klasse betrachtet werden (es gibt „Volksschulkinder", „Astheniker", „ängstliche", „muttergebundene" usw.). Die Frage ist nur, auf welchen Kriterien die Klasse gebaut ist, nach welchen analytischen Kategorien die Zugehörigkeit zur Klasse festgestellt wird, inwiefern dadurch pädagogische Gesichtspunkte und Aufgaben unterschlagen bzw. unsichtbar gemacht oder verstellt werden. Für den Erzieher ist *jedes* Kind eine moralische Einzelinstanz. Als Erzieher hat er für jedes ihm anvertraute Kind an sich die Verantwortung, namentlich die Verantwortung der Entscheidung. Es ist klar, daß er sich seine Evidenzen soweit wie

hypothesis is probably wrong." Multiple-factor analysis. Chicago 1947, p. 507. – Und vgl. a.a.O. S. 333: „Tests of high complexity, such as a mental age score, cannot be expected to centribute to the indentification of primary factors."

möglich selber verschaffen muß. Das gilt auch für das nötige psychologische Tatsachenwissen. Weil der Erzieher Entscheidungen treffen muß, hat er aber andererseits in Fragen des menschlichen Seins wesentlich andere als nur operationalistische Annahmen zu machen. Mit Hypothesen kann man kein Kind erziehen. Gerade weil die Möglichkeiten des Menschen unerschöpflich sind, kann er den Zögling dieser Unbestimmtheit nicht einfach ausliefern. Hier tritt der Erzieher mit einem Zögling in die Entscheidung in der unableitbaren, konkreten Situation. Zusammen stehen sie in dieser Erziehungsarbeit, haben sie ihren bescheidenen Anteil an der Arbeit des Menschen. Darin ist die Intelligenz aufgenommen, und damit übernimmt sie einen Teil der Verantwortung für sich selbst.

Bibliographie

BERGSON, H.: L'Evolution créatrice, Paris 1907

– L'Energie spirituelle, Paris 1919

BINET, A.: L'Etude expérimentale de l'intelligence, Paris 1903

– La pensée sans images. In: Revue Philosophique 1 (1903)

BINSWANGER, L.: Einführung in die Probleme der allgemeinen Psychologie, Berlin 1932

BOURDON, B.: L'Intelligence, Paris 1926 (erneut 1937)

BURT, C.: The factors of the mind, New York 1941

BUSEMANN, A.: Psychologie der Intelligenzdefekte, München/Basel 1959

CLAPARÈDE, E.: La psychologie de l'intelligence. In: Scientia 22 (1917)

DELACROIX, H.: Les opérations intellectuelles. In: G. Dumas: Nouveau traité de psychologie, Bd. 5, Paris 1936

– Psychologie de la raison, a.a.O.

– L'Invitation et la génie, a.a.O. Bd. 6, Paris 1939

EKMAN, G.: Intelligenz und Intelligenzmessung. In: Handbuch der Psychologie, hrsg. von D. Katz, Basel 1951

FLETCHER, R.: Instinct in man in the light of recent work in comparative psychology, London 1957

GARNIER, A.: Traité des Facultés de l'Ame, Paris 1852

HINGSTON, R. W. C.: Problems of instinct and intelligence, London 1928

KELLEY, T. L.: Essential traits of mental life, Cambridge/Mass. 1935

KOHNSTAMM, PH.: Stil-leesstof als denk-materiaal en denk-maatstaf.

Een onderzoek aangaande de vorming en toetsing van „theoretische intelligentie", Groningen 1935
- Leren denken, Groningen 1938. S. auch: Keur uit de didactische werken van Kohnstamm, Groningen 1948, S. 259–303 (2. Aufl. 1952)
- Over het probleem van „psychische metingen" in 't algemeen en van „intelligentie-metingen" in 't bijzonder. In: Tijdschrift voor Philosophie 4 (1942) und Keur uit de didactische werken van Kohnstamm (s. o.)
LANGEVELD, M. J.: Intelligence as an educable conglomerate. A Synthesis. In: Journal of Human Development 10 (1967)
MYERS, C. S., C. LLOYD MORGAN, G. F. STOUT, H. WILDON CARR, W. McDOUGALL: Instinct and intelligence. In: British Journal of Psychology 1910 (Symposium)
PETERSON, J.: Early conceptions and tests of intelligence, New York 1925
PIAGET, J.: La psychologie de l'intelligence, Paris 1947 (vgl. auch die dort zitierten Werke Piagets)
PRADINES, M.: Traité de psychologie générale, 2 Bde., Paris 1946 (s. vor allem Bd. II, 2)
RAVEN, J. C.: The instinctive disposition to act intelligently. In: British Journal of Psychology 42 (1951)
REY, A.: L'Intelligence pratique chez l'enfant, Paris 1935
SPEARMAN, C.: The nature of intelligence and the principles of cognition, London 1923
- The abilities of man. Their nature and measurement, London 1927
- Psychology down the ages, 2 Bde., London 1937 (s. vor allem Bd. I Kap. V und VI, Bd. II Kap. XXXVIII und XXXIX)
STERN, W.: Die Intelligenz der Kinder und Jugendlichen, Leipzig ^{4}1928
TAINE, H.: L'Intelligence, Paris 1870
TERMAN, L. M.: The Measurement of intelligence, Boston 1916
THOMSON, G. H.: The factorial analysis of human ability, London 1939
THORNDIKE, E. L.: Animal intelligence, New York 1898 (erneut 1911)
- Educational psychology, New York 1903
- The measurement of intelligence, New York 1926
THURSTONE, L. L.: Primary mental abilities, Chicago 1938
- Multiple-factor analysis, Chicago 1947
VERNON, PH.: The structure of human abilities, London 1950
WYATT, H. G.: The psychology of intelligence and will, London 1930